Guttentag'sche Sammlung
№ 20. Deutscher Reichsgesetze. № 20.
Text-Ausgaben mit Anmerkungen.

Krankenversicherungsgesetz

vom 15. Juni 1883.

in der Fassung der Novelle vom 10. April 1892.

Text-Ausgabe mit Anmerkungen und Sachregister

von

Dr. E. v. Woedtke,
Direktor im Reichsamt des Innern.

Siebente Auflage.

Berlin SW. 48.
Wilhelmstraße 119/120.
J. Guttentag, Verlagsbuchhandlung.
1898.

Vorwort zur ersten Auflage.

In dem Vorwort zu seinem Kommentar des Krankenversicherungsgesetzes hat der Verfasser sein Bestreben näher dargelegt, die Kenntniß dieses schwierigen und doch so ungemein wichtigen Gesetzes, bei dessen Zustandekommen er in amtlicher Eigenschaft thätig gewesen ist, zu erleichtern und dadurch seinerseits zur richtigen und rechtzeitigen Ausführung dieses ersten Werkes auf dem Gebiet der sozialen Reformen beizutragen.

Die vorliegende Textausgabe mit Anmerkungen, welche sich als ein kurzer, nur das Nothwendigste enthaltender Auszug aus dem Kommentar darstellt, ist dazu bestimmt, die Bekanntschaft mit dem Gesetz auch in weitere, insbesondere in solche Kreise des deutschen Volkes hineinzutragen, welche statt eines ausführlichen Kommentars ein wohlfeiles Handbuch brauchen. In diesem Sinne soll die Ausgabe ergänzend neben den Kommentar treten. Insbesondere die Betheiligten selbst, deren Förderung alleiniger Zweck der von Seiner Majestät dem Kaiser und den verbündeten Regierungen in so hochherziger Weise eingeschlagenen Sozialpolitik und speziell des vorliegenden Gesetzes ist, sollen nach der Absicht des Verfassers in diesem Büchlein dasjenige erläutert finden, was für sie das nächste Interesse bietet.

Auch an dieser Stelle aber wendet sich der Verfasser an alle wahren Freunde des Volkes mit der Bitte, auch ihrerseits mit dem Gesetz sich bekannt zu machen und dann dazu mitzuwirken, daß in den Betheiligten das Verständniß für die zu ihren Gunsten unternommenen Maßregeln der Gesetzgebung, dankbare Erkenntlichkeit gegen Kaiser und Reich und Vertrauen zu den weiteren Schritten auf dem Gebiete der sozialen Reformen geweckt werde. Auch an dieser Stelle wiederholt der Verfasser, daß wir Alle, ohne Unterschied von Stand und Stellung, unserem herrlichen Kaiser und den verbündeten Regierungen dafür verantwortlich sind, daß dies grundlegende Gesetz in Fleisch und Blut des Volkes übergeht und daß seine Segnungen dem letzteren nicht nur voll und in der von dem Gesetzgeber gewollten Form zugeführt, sondern als solche auch verstanden werden. Arbeiten wir Alle, jeder innerhalb seines Kreises, in diesem Sinne mit an der sozialen Reform!

Berlin, im Juli 1883.

Der Verfasser.

Vorwort zur vierten Auflage.

Die erheblichen Veränderungen, welche die Novelle zum Krankenversicherungsgesetz gebracht hat, machten eine vollständige Umarbeitung dieses kleinen Handbuchs nothwendig. Die Umarbeitung des Kommentars soll demnächst folgen, sobald die Dienstgeschäfte dem Verfasser die hierzu nöthige Zeit lassen. Einstweilen dürfte dieses Handbuch ausreichen, um die zunächst nothwendige Orientirung über die gesetzlichen Vorschriften, wie sie durch die Novelle sich gestaltet haben, zu ermöglichen. Da der Verfasser dienstlich Veranlassung hatte, auch bei der Novelle mitzuwirken, so hofft er, die Absichten des Gesetzgebers richtig verstanden zu haben und demgemäß durch dieses Buch zu ihrer richtigen Durchführung beitragen zu können.

Berlin, im März 1892.

Der Verfasser.

Vorwort zur siebenten Auflage.

Das Bürgerliche Gesetzbuch und das Handelsgesetzbuch, insbesondere aber die sog. Innungs-Novelle zur Gewerbeordnung (Gesetz, betr. die Abänderung der Gewerbeordnung, vom 26. Juli 1897), durch welche die Bestimmungen des Krankenversicherungsgesetzes über Innungs-Krankenkassen wesentlich beeinflußt worden sind, machten eine Ueberarbeitung dieses kleinen Handbuchs erforderlich, wobei insbesondere die Innungs-Krankenkassen eine eingehende Behandlung erfahren haben. Auf diese Kassenart sich beziehende Auszüge aus der Innungs-Novelle und aus der dazu erlassenen Preußischen Ausführungs-Anweisung sind unter den Anlagen beigegeben.

Berlin, im März 1898.

Der Verfasser.

Inhalt.

Einleitung.

„Schon im Februar d. J. haben Wir Unsere Ueberzeugung aussprechen lassen, daß die Heilung der sozialen Schäden nicht ausschließlich im Wege der Repression sozialdemokratischer Ausschreitungen, sondern gleichmäßig auf dem der positiven Förderung des Wohles der Arbeiter zu suchen sein werde. Wir halten es für Unsere Kaiserliche Pflicht, dem Reichstage diese Aufgabe von Neuem ans Herz zu legen, und würden Wir mit um so größerer Befriedigung auf alle Erfolge, mit denen Gott Unsere Regierung sichtlich gesegnet hat, zurückblicken, wenn es Uns gelänge, dereinst das Bewußtsein mitzunehmen, dem Vaterlande neue und dauernde Bürgschaften seines inneren Friedens und den Hülfsbedürftigen größere Sicherheit und Ergiebigkeit des Beistandes, auf den sie Anspruch haben, zu hinterlassen. In Unseren darauf gerichteten Bestrebungen sind Wir der Zustimmung aller verbündeten Regierungen gewiß und vertrauen auf die Unterstützung des Reichstags ohne Unterschied der Parteistellungen.

In diesem Sinne wird zunächst der von den verbündeten Regierungen in der vorigen Session vorgelegte Entwurf eines Gesetzes über die Versicherung der Arbeiter gegen Betriebsunfälle mit Rücksicht auf die im Reichstage stattgehabten Verhandlungen über denselben einer Umarbeitung unterzogen, um die erneute Berathung desselben vorzubereiten. Ergänzend wird ihm eine Vorlage zur Seite treten, welche sich eine gleichmäßige Organisation des gewerblichen Krankenkassenwesens zur Aufgabe stellt. Aber auch diejenigen, welche durch Alter oder Invalidität erwerbsunfähig werden, haben der Gesammtheit gegenüber einen begründeten Anspruch auf ein höheres Maß staatlicher Fürsorge, als ihnen bisher hat zu Theil werden können.

Für diese Fürsorge die rechten Mittel und Wege zu finden, ist eine schwierige aber auch eine der höchsten Aufgaben jedes Gemeinwesens, welches auf den sittlichen Fundamenten des christlichen Volkslebens steht. Der engere Anschluß an die realen Kräfte dieses Volkslebens und das Zusammenfassen der letzteren in der Form korporativer Genossenschaften unter staatlichem Schutz und staatlicher Förderung werden, wie Wir hoffen, die Lösung auch von Aufgaben möglich machen, denen die Staatsgewalt allein in gleichem Umfange nicht gewachsen sein würde. Immerhin aber wird auch auf diesem Wege das Ziel nicht ohne die Aufwendung erheblicher Mittel zu erreichen sein."

Mit diesen herrlichen Worten deutete Se. Majestät der in Gott ruhende Kaiser Wilhelm I. in der Allerhöchsten Botschaft vom 17. November 1881, durch welche die erste Session der 5. Legislaturperiode des Deutschen Reichstags eröffnet wurde, die nächsten Ziele der auf Anrathen des Reichskanzlers Fürsten v. Bismarck im Reich eingeschlagenen Sozialpolitik an, welche sich als eine Forderung des christlichen Staatslebens die Verbesserung der materiellen Lage der arbeitenden Klassen zur Aufgabe stellt.

„Daß der Staat sich in höherem Maße als bisher seiner hülfsbedürftigen Mitglieder annehme, ist nicht blos eine Pflicht der Humanität und des Christenthums, von welchen die staatlichen Einrichtungen durchdrungen sein sollen, sondern auch eine Aufgabe staatserhaltender Politik, welche das Ziel zu verfolgen hat, auch in den besitzlosen Klassen der Bevölkerung, welche zugleich die zahlreichsten und am wenigsten unterrichteten sind, die Anschauung zu pflegen, daß der Staat nicht blos eine nothwendige, sondern auch eine wohlthätige Einrichtung sei. Zu dem Ende müssen sie durch erkennbare direkte Vortheile, welche ihnen durch gesetzgeberische Maßregeln zu Theil werden, dahin geführt werden, den Staat nicht als eine lediglich zum Schutz der besser situirten Klassen der Gesellschaft erfundene, sondern als eine auch ihren Bedürfnissen und Interessen dienende Institution aufzufassen." (Aus den Motiven des Gesetzentwurfs über die Unfallversicherung der Arbeiter, R.T.Dr.S. 1882 Nr. 19 S. 31.)

Der erste Schritt zur Erreichung des gesteckten Zieles sollte die Abwendung der wirthschaftlichen Folgen von Unfällen und Krankheiten der Arbeiter sein. Die in der Allerhöchsten Botschaft vom 17. November 1881 angekündigten Gesetzentwürfe über die Krankenversicherung (Nr. 14 der Drucksachen 1882) und die Unfallversicherung (Nr. 19 der Drucksachen 1882) der Arbeiter, von denen der letztere an einen schon früher vorgelegten, aber nicht Gesetz gewordenen ähnlichen Entwurf sich anschloß, waren im Preußischen Volkswirthschaftsrath vorberathen worden und hatten dort freudige Zustimmung gefunden. Beide waren derart mit einander in Verbindung gebracht, daß die Entschädigung für Unfälle während der ersten 13 Wochen von den Organisationen der Krankenversicherung, bei längerer Erwerbsunfähigkeit aber sowie im Fall des Todes aus der Unfallversicherung geleistet werden, daß jeder gegen Unfall zu Versichernde auch gegen Krankheit versichert sein sollte, und daß für die Aufbringung der Lasten eine gewisse Wechselbeziehung zwischen beiden Versicherungen stattzufinden habe. Ein liberaler Jurist, O. Bähr, bezeichnete diese Verbindung als einen durchaus glücklichen Gedanken und nannte die vorgelegte Arbeit ein Riesenwerk, in welchem eine Fülle des Stoffes bewältigt sei, wie kaum in irgend einem andern Gesetz, und die um so schwieriger gewesen sei, als man völlig neu habe aufbauen müssen.

Erschien hiernach die Krankenversicherung als nothwendige Voraussetzung der Unfallversicherung, so war ihre Durchführung doch auch unabhängig von der letzteren erforderlich, um die wirthschaftliche Lage der Arbeiter zu verbessern, weil letztere gerade durch Krankheit, während deren der Lohnbezug aufhört, in oft verhängnißvoller Weise gefährdet wird.

Im Reichstag wurden die ersten Lesungen beider Gesetzentwürfe mit einander vereinigt, worauf beide an eine und dieselbe (achte) Kommission verwiesen wurden. Letztere hat im Beisein mehrerer Regierungskommissare, insbesondere des damaligen Direktors im Reichsamt des Innern Dr. Bosse*) und des damaligen Geh. Ober-Regierungsraths Lohmann**), welcher die Entwürfe verfaßt hat, unter dem Vorsitz des Frhrn. von und zu Franckenstein zunächst den Gesetzentwurf über die Krankenversicherung in 50 Sitzungen überaus gründlich

*) Später Staatssekretair des Reichs-Justizamts, gegenwärtig Preußischer Minister der geistlichen, Unterrichts- und Medizinal-Angelegenheiten.

**) Jetzt Unterstaatssekretair im Preuß. Ministerium für Handel und Gewerbe.

durchgearbeitet, und in der Ueberzeugung, daß es ihr nicht gelingen werde, in derselben Session auch noch den zweiten noch schwierigeren Entwurf des Unfallversicherungsgesetzes fertig zu stellen, zunächst nur diesen einen Entwurf mittels umfangreichen, von dem Referenten Frhrn. v. Maltzahn-Gültz*) mit seltener Sorgfalt und Hingebung verfaßten schriftlichen Berichts (Nr. 211 der Drucksachen) wieder an das Plenum gebracht. Es geschah dies, nachdem über den Gesetzentwurf unter Annahme der grundlegenden Bestimmungen der Regierungsvorlage in fast allen Punkten eine Uebereinstimmung erzielt und durch Entfernung der Beziehungen zur Unfallversicherung die Möglichkeit gegeben worden war, daß die Krankenversicherung selbständig, und ohne an die gleichzeitige Einführung der Unfallversicherung gebunden zu sein, ins Leben treten konnte. Nach weiteren eingehenden Verhandlungen im Plenum wurde das Gesetz „betr. die Krankenversicherung der Arbeiter" in der Sitzung vom 31. Mai 1883 mit der imposanten Mehrheit von 216 gegen 99 Stimmen (Sten. Ber. 1883 S. 2696) in namentlicher Abstimmung angenommen, nachdem zuvor von dem Stellvertreter des Reichskanzlers die Erklärung abgegeben worden war, daß das Gesetz nach seiner Loslösung von der Unfallversicherung, welche nach wie vor wichtiger und für die Abhülfe berechtigter Klagen dringender erscheine, und ohne gleichzeitige Verabschiedung der Unfallversicherung für den von Allen verfolgten Zweck

*) Später Staatssekretair des Reichs-Schatzamts.

einer Verbesserung der Lage der Arbeiter zwar sehr viel weniger biete, als die verbündeten Regierungen nach ihren Vorlagen gewünscht und zu erreichen gehofft hätten, daß die letzteren aber trotz mancher Bedenken doch bereit seien, für jetzt auch mit dem Weniger sich zufrieden zu geben (Sten. Ber. 1883 S. 2513).

Wenn das Erreichte zunächst auch nur verhältnißmäßig wenig bot, so war doch eine Grundlage für weitere Maßnahmen geschaffen, ein erster Anfang gemacht. Die bis in die Reihen der damaligen liberalen Vereinigung hineinreichende und auch die Volkspartei umfassende große Mehrheit, welche sich im Reichstag für diesen ersten Schritt zusammenfand, ließ schon damals erwarten, daß es trotz vieler und großer Schwierigkeiten in nicht zu ferner Zeit gelingen werde, zum Heile des deutschen Volkes die weiteren sozialen Reformen*) durchzuführen, deren Förderung der hochselige Kaiser Wilhelm I. noch in einer ferneren Allerhöchsten Botschaft vom 14. April 1883 dem Reichstag wiederholt und dringend ans Herz gelegt hatte. Wenn auch ein kleiner und schüchterner, so war es doch immer der erste überaus wichtige und folgenreiche Schritt

> „für die Verbesserung der Lage der Arbeiter, welcher, die Nation weiß es, das lebhafteste Interesse und das Herz des Kaisers zugewendet ist, und welche die verbündeten Regierungen ein-

*) Inzwischen sind die Gesetze über Unfallversicherung sowie über Invaliditäts- und Altersversicherung erlassen und in Kraft getreten.

müthig beschlossen haben, im Wege der Gesetzgebung, Schritt für Schritt zwar nur, aber doch ohne jeden vermeidlichen Aufenthalt thunlichst so weit zu fördern, daß den berechtigten Klagen die Abhülfe, dem anzuerkennenden Bedürfniß die Befriedigung, dem ganzen Volk der innere Friede, Freude und Genüge an unsern Staatseinrichtungen gesichert werde." (Erklärung des Stellvertreters des Reichskanzlers zur dritten Berathung des Gesetzentwurfs, Sten. Ber. 1883 S. 2513.)

Hiernach ist das Krankenversicherungsgesetz das erste der großen sozialpolitischen Arbeiterversicherungsgesetze der Neuzeit und schon aus diesem Grunde von besonderer Bedeutung.

Eine Ergänzung erfuhr das Gesetz zunächst durch das sogenannte Ausdehnungsgesetz vom 28. Mai 1885, durch welches die Krankenversicherung auf einige weitere Betriebszweige, insbesondere auf die Transportgewerbe, ausgedehnt wurde. Demnächst wurden durch das Gesetz, betr. die Unfall- und Krankenversicherung in land- und forstwirthschaftlichen Betrieben, vom 5. Mai 1886 einige Modifikationen für die Krankenversicherung in diesem Berufszweig vorgesehen. Durch die Novelle vom 10. April 1892 wurde sodann eine umfassende Revision des Krankenversicherungsgesetzes durchgeführt, wobei namentlich die Erfahrungen berücksichtigt worden sind, welche inzwischen in der Praxis gemacht worden waren. Hierbei wurden zugleich die Bestimmungen des Ausdehnungsgesetzes in das Krankenversicherungsgesetz hineingearbeitet, so daß ersteres, soweit es sich um die Krankenversicherung handelt, außer Kraft gesetzt werden konnte. Sodann sind Zweifel, zu denen die bisherigen Vorschriften Anlaß gegeben hatten, beseitigt, die einzelnen Organisationen (Gemeinde-Krankenversicherung und Krankenkassen) dem Bedürfniß entsprechend weiter ausgebaut, auch ihr Verhältniß zu einander mehr als bisher klargestellt worden. Endlich sind die Voraussetzungen, unter denen Hülfskassen ohne Beitrittszwang neben den Zwangsorganisationen zur Durchführung der Versicherungspflicht zugelassen werden, im Interesse der Versicherten wie der Zwangskassen zum Theil anderweit nach der Richtung geregelt worden, daß die von solchen Hülfskassen zu gewährende Fürsorge ausgiebiger bemessen und der von dem Gesetzgeber für erforderlich erachteten Mindestleistung an Erkrankte mehr als bisher angepaßt worden ist. Endlich sind durch die sog. Handwerker-Novelle (Innungs-Novelle) zur Gewerbeordnung (Gesetz v. 26. Juli 1897), deren bezügliche Bestimmungen am 1. April 1898 in Kraft treten, die Innungs-Krankenkassen weiter ausgebaut worden.

Durch die Novelle von 1892 war der Reichskanzler ermächtigt worden, die neue Fassung des Gesetzes als „Krankenversicherungsgesetz" zu veröffentlichen. Dies ist durch die Bek. v. 10. April 1892 (R.G.Bl. S. 417) geschehen.

Der wesentlichste Inhalt des Gesetzes, wie er sich nach der Novelle gestaltet hat, läßt sich bei Uebergehung aller weniger wichtigen Bestimmungen in folgenden Sätzen kurz skizziren:

Das Gesetz geht davon aus, daß die legislatorischen Bemühungen zur Verbesserung der materiellen Lage der Arbeiter zunächst darauf gerichtet sein müssen, der Noth thunlichst vorzubeugen, in welche bei dem immerhin häufigen Fall vorübergehender Krankheit (wohin auch die Folgen von Unfällen gehören) und einer dadurch bedingten Erwerbsunfähigkeit der auf seinen Lohn angewiesene Arbeiter mit seiner Familie gerathen muß. Denn sobald nicht eine besondere Fürsorge für ihn eintritt, wird ein erkrankter Arbeiter aus Mangel an den nöthigen Mitteln die rechtzeitige und ausgiebige Zuziehung des Arztes unterlassen, dadurch seinen Zustand verschlimmern, die geringen Ersparnisse aufzehren, Hab und Gut veräußern und, wirthschaftlich ruinirt, schließlich der öffentlichen Armenpflege mit ihren entwürdigenden Formen und Folgen anheimfallen. Den bisherigen relativen Wohlstand vermag ein nach längerer Krankheit wieder genesener Arbeiter nur selten wiederzuerlangen. Eine Fürsorge, welche würdig und zugleich geeignet ist, diese Folgen thunlichst abzuwenden oder doch zu mildern — aus der Welt schaffen läßt sich Noth und Elend nicht, die Fürsorge kann nur dahin gerichtet sein, dasselbe erträglich zu machen und thunlichst abzuschwächen —, kann nur bei einer unter staatlicher

Autorität und unter Betheiligung der Arbeitgeber eintretenden allgemeinen **Versicherung** gefunden werden, und aus ihrer öffentlich-rechtlichen Nothwendigkeit ergiebt sich wiederum das Bedürfniß, diese Versicherung überall da zu **erzwingen**, wo der Zwang angezeigt und durchführbar ist. Die bisherige Gesetzgebung überließ in gewissem Umfange den Gemeinden und weiteren Kommunalverbänden die Einführung solchen Zwanges; von dieser Befugniß ist aber in so seltenen Fällen Gebrauch gemacht worden, daß die Versicherung bisher keineswegs in ausreichendem Maße durchgeführt war. Dies führte zur Aufstellung des **gesetzlichen Versicherungszwanges** für fast alle in dauerndem Arbeitsverhältniß stehenden Arbeiter in der Industrie, dem Handel und dem Handwerk, sowie für die den Arbeitern in wirthschaftlicher Beziehung ungefähr gleichstehenden unteren Betriebsbeamten (bis zu 2000 ℳ Gehalt), und zur Gestattung eines **statutarischen Versicherungszwanges** für solche Kategorien, für welche jene Voraussetzungen, wie es u. a. bei den Arbeitern der Land- und Forstwirthschaft und bei den Hausindustriellen zutrifft, nicht allgemein, sondern nur unter besonderen örtlichen Verhältnissen als vorhanden anerkannt werden konnten. Der Verpflichtung sind nur solche Personen unterworfen, welche von Arbeitgebern für einige Dauer beschäftigt werden: die **unselbständige Beschäftigung** ist also die Grundlage und die Voraussetzung des Versicherungszwangs, derart, daß gewerblich selbständige Personen mit alleiniger

Ausnahme der eine Uebergangsstufe bildenden Hausindustriellen demselben nicht unterworfen werden können. Neben der Verpflichtung begründet das Gesetz aber auch die Berechtigung solcher Arbeiter und Betriebsbeamten, für welche die Verpflichtung nicht besteht, an der durch das Gesetz geordneten Versicherung freiwillig sich zu betheiligen, und zwar durch freiwilligen Eintritt in die Versicherung oder freiwillige Fortsetzung des Versicherungsverhältnisses, letzteres für den Fall, daß die frühere Grundlage der Versicherung, nämlich die unselbständige Beschäftigung als Arbeiter ꝛc., fortgefallen sein sollte. Das gleiche Recht ist auch dem Gesinde gegeben worden und darf durch statutarische Bestimmung auch anderen Personen mit niedrigem Einkommen (bis zu 2000 Mark) eingeräumt werden.

Dem Versicherungszwang entspricht es, daß nun auch überall Organisationen vorhanden sein müssen, in welchen die Versicherungspflichtigen ihrer mit der Thatsache der Beschäftigung eintretenden Verpflichtung zur Versicherung genügen können. Zu diesem Zweck sieht das Gesetz ein weitverzweigtes System von Zwangskassen vor, welche, auf berufsgenossenschaftlicher Grundlage errichtet, die Versicherten je nach Ort und Art ihrer Beschäftigung aufzunehmen haben, und subsidiär zur Aufnahme des hiernach verbleibenden Restes eine besondere kommunale Einrichtung, die Gemeinde-Krankenversicherung.

Für jede versicherungspflichtige Beschäftigung besteht in dem betreffenden örtlichen Bezirk nur eine Zwangskasse, so daß der einzelne Versicherte keine Wahl hat, welcher von mehreren Zwangskassen er angehören will. Dagegen darf er den Zwangsorganisationen dieses Gesetzes überhaupt fern bleiben, wenn er einer freien Hilfskasse ohne Beitrittszwang, welche wenigstens die Mindestleistungen, also die Leistungen der Gemeinde-Krankenversicherung seines Beschäftigungsortes gewährt, angehört. Insofern kann man sagen, das Gesetz begründe Kassenzwang, aber keine Zwangskassen; die einzelnen Zwangsorganisationen aber schließen einander aus.

Was nun die Abgrenzung der verschiedenen Zwangsorganisationen gegen einander anbetrifft, so wird in erster Reihe eine Versicherung auf Gegenseitigkeit angestrebt, und zwar in korporativen, auf Selbstverwaltung beruhenden Verbänden der Berufsgenossen, weil dieselbe (nach den Motiven)

1) bei der relativen Gleichheit der Krankheitsgefahr die rationellste ist;
2) durch die bei ihr am leichtesten durchzuführende Selbstverwaltung einen wohlthätigen moralischen Einfluß ausübt;
3) durch die nahen Beziehungen der Kassenmitglieder zu einander die zur Bekämpfung der Simulation unentbehrliche Kontrole erleichtert.

Zur Durchführung dieser gegenseitigen Krankenversicherung der Berufsgenossen werden mit gewissen Modifikationen zunächst diejenigen Arten (organisirter) Krankenkassen in Wirksamkeit belassen, welche bereits auf Grund der bisherigen Gesetzgebung errichtet werden durften, nämlich

1) die Knappschaftskassen, welche auf Grund berggesetzlicher Vorschriften der Einzelstaaten bestehen;
2) die für die Gesellen, Lehrlinge und Arbeiter von Innungsmitgliedern errichteten, durch das Reichsgesetz vom 18. Juli 1881 (R.G.Bl. S. 233) neu geregelten und neuerdings durch die Handwerker-Novelle zur Gewerbeordnung v. 26. Juli 1897 selbständiger ausgestalteten Innungs-Krankenkassen.

Versicherungspflichtige, welche nach Maßgabe ihrer Beschäftigung einer dieser Kassen nicht angehören, sind in lokale, nach Berufszweigen derart einzurichtende Krankenkassen, daß dieselben, soweit möglich und thunlich, die Arbeiter (Beamten) nur eines und desselben Gewerbszweiges (einer und derselben Betriebsart) innerhalb gewisser lokaler Bezirke, oder die Arbeiter (Beamten) einer einzelnen gewerblichen Unternehmung (Fabrik u. s. w.) umfassen, einzureihen. Zu dem Zweck wurden neben den oben erwähnten Kassen in Anlehnung an bereits bestehende, bisher aber dem Belieben der Gemeinden oder Betriebsunternehmer überlassene und in diesem Sinne fakultative Organisationen vorgesehen:

3) Orts-Krankenkassen für die in einzelnen Gemeinden oder Bezirken beschäftigten Versicherungspflichtigen, und zwar derart, daß im Grundsatz für die verschiedenen an dem Ort

oder in dem Bezirk vertretenen Gewerbszweige und Betriebsarten — soweit dies unbeschadet der Leistungsfähigkeit geschehen kann — je eine besondere Orts-Krankenkasse errichtet werden soll, während jedoch auch mehrere und selbst alle Gewerbszweige und Betriebsarten eines Bezirks in einer Kasse vereinigt werden dürfen;

4) Betriebs- (Fabrik-) Krankenkassen für die Arbeiter je eines größeren Unternehmens (wie sie seit längerer Zeit üblich sind und bei guter Leitung sich bewährt haben) mit der Maßgabe, daß ein Unternehmer, welcher mehrere gewerbliche Etablissements hat, für dieselben nur eine einzige Krankenkasse zu errichten braucht;

5) Bau-Krankenkassen für größere, vorübergehende Bauunternehmungen mit vorwiegend fluktuirender Arbeiterschaft.

Aber auch die Orts-, Betriebs- (Fabrik-) und Bau-Krankenkassen können noch nicht alle Versicherungspflichtigen ohne Ausnahme aufnehmen. Es hat vielmehr noch weitere Fürsorge für solche Arbeiter (Beamte) getroffen werden müssen, welche in den Orts-, Betriebs- (Fabrik-), Bau-, Innungs-Krankenkassen und Knappschaftskassen keine Stelle finden können, sei es um deswillen, weil diese Kassen nach ihrer Bestimmung sie nicht aufnehmen können, oder weil diese Kassen trotz der Vorschrift des Gesetzes nicht oder doch nicht rechtzeitig zu Stande kommen sollten. Insbesondere trifft dies zu:

a) bei Versicherten, welche in so kleinen Gemeinden beschäftigt sind, daß „die Zahl der in einem oder mehreren Gewerben, ja selbst der in allen Gewerben Beschäftigten zur Bildung einer lebensfähigen Krankenkasse mit besonderem Verwaltungsapparat nicht ausreicht und welche auch nach ihrer Belegenheit mit anderen Gemeinden behufs Bildung gemeinsamer Krankenkassen nicht vereinigt werden können“;

b) bei denjenigen Klassen von Versicherten in größeren Gemeinden, welche bei Bildung der Orts-Krankenkassen ohne Gefährdung ihres berufsgenossenschaftlichen Charakters nicht berücksichtigt werden konnten, sondern übrig geblieben sind.

Um für diesen Rest der Versicherungspflichtigen den Versicherungszwang überhaupt oder doch in gegebener Zeit durchzuführen, bedurfte es zur Ergänzung des Systems noch einer Form der Krankenversicherung,

welche höchst subsidiär, überall möglich, und so geregelt ist, „daß sie für diejenigen, welche ihrer Verpflichtung nicht nachkommen, mit empfindlichen Nachtheilen verbunden wird und dadurch einen wirksamen indirekten Zwang zur Erfüllung jener Verpflichtung ausübt.“ (Motive.)

Diese höchst subsidiäre Form der Krankenversicherung ist

6) die Gemeinde-Krankenversicherung, keine Krankenkasse, sondern eine kommunale Einrichtung, welche für alle Gemeinden ohne Ausnahme,

soweit nicht für die zu Versichernden anderweit gesorgt wird, obligatorisch ist, und welche die Gemeinden unmittelbar kraft des Gesetzes und unabhängig von jeder durch eine Mitwirkung der Betheiligten oder der Behörden bedingten Organisation verpflichtet, gegen Erhebung eines gesetzlich bemessenen Versicherungsbeitrages

„jedem in ihrem Bezirk beschäftigten, dem Krankenversicherungszwange unterworfenen Arbeiter, welcher (aus irgend einem Grunde) keiner der vorgesehenen organisirten Krankenkassen zuzuweisen ist, für den Fall der durch Krankheit bedingten Erwerbsunfähigkeit eine nach Höhe und Dauer gesetzlich bemessene Unterstützung zu gewähren" (Motive).

Diese Einrichtung lehnt sich an eine bayerische Institution und an die auf Grund des Bundesgesetzes vom 6. Juni 1870 (B.G.Bl. S. 360) bestehende Verpflichtung der Ortsarmenverbände zur zeitweisen Unterstützung erkrankter Dienstboten, Gehülfen und Lehrlinge (ohne Anspruch auf Kostenerstattung) an, stellt sich aber nicht, wie die letztere, als Ausfluß der öffentlichen Armenpflege, sondern als gesetzlich geregelte, auf dem Versicherungsprinzip beruhende Krankenunterstützung dar.

Aeltere Zwangskassen gelten fortan als Orts-, Betriebs- (Fabrik-), Bau-, Innungs-Krankenkassen nach Maßgabe dieses Gesetzes; sie hatten die Verpflichtung, ihre Statuten binnen bestimmter Frist nach den Vorschriften des letzteren zu revidiren.

Neben diese Zwangsorganisationen treten, wie bereits angedeutet wurde, für solche Versicherte, welche der für sie errichteten Organisation sich nicht anschließen mögen, die auf freier Uebereinkunft beruhenden Hülfskassen ohne Beitrittszwang, und zwar in doppelter Form:

a) die eingeschriebenen Hülfskassen nach Maßgabe des Reichsgesetzes vom 7. April 1876 (R.G.Bl. S. 125) in der Fassung der Novelle vom 1. Juni 1884 (R.G.Bl. S. 54),
b) sonstige freie, auf landesrechtlichen Bestimmungen beruhende Hülfskassen.

In diesen Hülfskassen dürfen aber fortan Versicherungspflichtige ihrer gesetzlichen Versicherungspflicht nur dann genügen, wenn diese Kassen mindestens dasselbe gewährleisten, was der betr. Versicherte von der Gemeinde-Krankenversicherung seines Beschäftigungsorts im Krankheitsfall zu beanspruchen haben würde. (Früher wurde hierzu für ausreichend erachtet, wenn die Hülfskassen das Krankengeld nur nach den für den Kassensitz maßgebenden Sätzen, und wenn sie an Stelle der freien ärztlichen Behandlung eine (nicht auskömmliche) baare Zusatz-Entschädigung zum Krankengelde in Höhe der Hälfte des Krankengeldes gewährten.) Landesrechtliche Hülfskassen sind außerdem fortab nur dann als ausreichend anzusehen, wenn ihre Statuten behördlich genehmigt sind, eine Voraussetzung, die früher nicht bestand. Hülfskassen, welche diesen Voraussetzungen nicht genügen, bleiben als Zuschußkassen in Wirksamkeit, d. h. ihre Mitglieder müssen zwar der für ihren Bezirk geltenden Zwangsorganisation auch noch angehören, erhalten dafür aber im Krankheitsfall auch höhere Leistungen (aus beiden Kassen). In gleicher Weise können auch solche freie Hülfskassen, welche den obigen Voraussetzungen genügen, also an sich ausreichend sind, von Versicherungspflichtigen als Zuschußkassen benutzt werden. Um einer Ueberversicherung vorzubeugen, kann aber der Gesammtbezug an Krankengeld auf den Betrag des vollen Lohns herabgesetzt werden.

Der Umstand, daß das Gesetz zunächst die höchst subsidiäre Gemeinde-Krankenversicherung, demnächst die Orts-, die Betriebs- (Fabrik-) und die Bau-Krankenkassen und erst zum Schluß die Knappschafts-, Innungs- und Hülfskassen abhandelt, hat nur redaktionelle Bedeutung. Dabei ist in Betracht zu ziehen, daß für die organisirten, auf Grund der bisherigen Gesetze bestehenden Innungs-, Knappschafts-, eingeschriebenen und freien Hülfskassen nur einzelne Vorschriften zu dem Zweck zu geben waren, um dieselben in das System einzufügen und den im Interesse der gleichmäßigen Regelung der Versicherung getroffenen Bestimmungen anzupassen, während die letzteren selbst bei denjenigen Einrichtungen darzulegen waren, welche zwangsweise und insofern neu vorgeschrieben werden mußten.

Erwägt man, daß die Innungs-Krankenkassen und Knappschaftskassen nur für gewisse Berufsarten, Bau-Krankenkassen nur für gewisse, nach der Dauer der

Bauten bemessene Zeit in Betracht kommen, die Hülfskassen aber auf dem Prinzip der Freiwilligkeit beruhen, so ergiebt sich, daß das Schwergewicht des Gesetzes, welches die Zwangsversicherung für alle Arbeiter, soweit die letzteren einem durchführbaren allgemeinen Zwange überhaupt unterworfen werden können, ausspricht, in die Organisation der Orts- und der Betriebs- (Fabrik-) Krankenkassen fällt, während die Gemeinde-Krankenversicherung als höchst subsidiärer Nothbehelf ohne eigene Organisation nur dazu berufen ist, die Lücken auszufüllen, welche das System der organisirten Krankenkassen bestehen läßt. Durch das ganze Gesetz zieht sich denn auch das Bestreben, die Orts- und die Betriebs- (Fabrik-) Krankenkassen in den Vordergrund zu stellen, bei denselben die Mitwirkung der Betheiligten so ausgiebig wie möglich zu gestalten, die Leistungen so hoch und vielseitig wie möglich zu bemessen und damit die Anziehungskraft zu vermehren, überhaupt diese Kassen nach jeder Richtung hin thunlichst auszugestalten, außerdem aber auch das Interesse der Gemeinden an der Errichtung und der Erhaltung lebensfähiger Orts-Krankenkassen im Gegensatz zur Gemeinde-Krankenversicherung zu erhöhen. Insbesondere die Orts-Krankenkassen sollen gleichsam das Gerippe der Gesammtorganisation sein und die Regel bilden.

Die Verschiedenartigkeit der durch das Gesetz zugelassenen Formen der Krankenversicherung und die große Zahl der durch das System gebotenen Krankenkassen mag vielleicht die örtliche Uebersicht und wenigstens für den Anfang die Orientirung im Gesetz erschweren. Die Organisation vermeidet aber den Charakter des Schablonenhaften und bietet namentlich dadurch, daß sie den verschiedenen Lebensstellungen, Beschäftigungen und örtlichen Verhältnissen Rechnung trägt, sowie dadurch, daß in den zahlreichen kleineren Kassen die Betheiligung der Arbeitnehmer an der Verwaltung und deren Selbstkontrole gegen Ausbeutung durch schlechte Elemente im Allgemeinen leichter und besser zu ermöglichen ist als in einer großen Kasse, unverkennbare und sonst nicht erreichbare Vortheile. Wenn das Gesetz grundsätzlich die Bildung kleinerer Kassen begünstigt, so ist doch deren dauernde Leistungsfähigkeit (welche allerdings bei kleinen Kassen häufiger gefährdet sein kann als bei größeren) durch die den Behörden bei der Errichtung und dem Bestehen der Kassen eingeräumten Befugnisse, insbesondere durch das Recht und die Pflicht zur Schließung lebensunfähiger Organisationen sowie dadurch ausreichend sichergestellt, daß den Gemeinden die eventuelle Verpflichtung zu Vorschüssen für die Gemeinde-Krankenversicherung und den Fabrikbesitzern, Bauherren und Innungen die eventuelle Verpflichtung zu Zuschüssen für ihre Betriebs- (Fabrik-), Bau- oder Innungs-Krankenkassen auferlegt ist. Immerhin ist auch die Errichtung von Kassen mit größerem Umfange für solche Verhältnisse, in denen dies zweckmäßig und ausführbar ist, nicht ausgeschlossen, und auch die Zusammenschließung mehrerer Kassen zu umfassenden Verbänden behufs gemeinschaftlicher Bestreitung gewisser Bedürfnisse wird durch das Gesetz zugelassen.

Das Versicherungsverhältniß soll den Versicherten bei mäßigen Beiträgen, deren Höhe in allen durch dieses Gesetz begründeten Zwangsorganisationen gesetzlich beschränkt ist, in den Grenzen des Erreichbaren eine allezeit sichere, und wenn auch nicht reichliche, so doch allenfalls auskömmliche Unterstützung in Krankheitsfällen (wohin auch die Folgen von Unfällen gehören) gewähren. Für die Unterstützung ist ein Mindestbetrag vorgeschrieben, es sind ihr aber auch gewisse Obergrenzen gezogen.

Die Mindestleistungen müssen bei allen Kasseneinrichtungen einschl. der Gemeinde-Krankenversicherung bestehen a) in freier ärztlicher Behandlung, freier Arznei und kleinen Heilmitteln (Brillen, Bruchbänder ꝛc.), und zwar für Versicherungspflichtige immer von Beginn der Krankheit ab, außerdem aber b) im Fall der Erwerbsunfähigkeit, jedoch erst vom dritten Tage nach Eintritt der Krankheit ab, in einem Krankengeld von mindestens 50 Prozent desjenigen Lohns, nach welchem die Beiträge bemessen werden (cf. unten). An die Stelle dieser Leistungen kann freie Kur und Verpflegung in einem Krankenhaus treten, neben welcher unter Umständen ein Bruchtheil des Krankengeldes zu verabreichen ist. Nur in einem einzigen Ausnahmefall, nämlich bei außerhalb wohnenden freiwilligen Kassenmitgliedern, kann statt der freien ärztlichen Behandlung, Arznei und Heilmittel ein erhöhtes Krankengeld gewährt werden. Die Krankenunterstützung währt bis zur Beendigung der Krankheit, aber höchstens 13 Wochen nach dem Beginn der Erwerbsunfähigkeit. Zu den Mindestleistungen der Orts-Krankenkassen und anderen Zwangskassen gehört außerdem c) ein Sterbegeld im mindestens 20fachen Betrage desjenigen Lohns, nach welchem die Beiträge bemessen werden, so daß die organisirten Krankenkassen zugleich den Charakter von Sterbekassen annehmen; ferner während mindestens vier Wochen nach der Niederkunft d) eine Wöchnerinnen-Unterstützung an solche Wöchnerinnen, welche während des Wochenbetts nicht eigentlich krank sind und während des letzten Jahres schon mindestens sechs Monate hindurch versichert waren, in Höhe des Krankengeldes.

Weitergehende Leistungen können innerhalb bestimmter Grenzen durch die Kassenstatuten vorgesehen, und auch für erkrankte Familienangehörige der Kassenmitglieder kann freie ärztliche Behandlung sowie ein Sterbegeld gewährt werden. Andere Arten von Unterstützungen, insbesondere Invaliden-, Wittwen- und Waisenpensionen, sind aber in diesen Kassen durchaus unzulässig und von älteren als Krankenkassen fortbestehenden Kassen eventuell abzuzweigen. Derjenige, dem diese Leistungen nicht genügen, kann sich durch Doppelversicherung (Zuschlagsversicherung) bei Hülfskassen eine höhere Krankenunterstützung, in der Regel aber nur bis zum Betrage des eigenen Durchschnittsverdienstes, freiwillig sichern.

Die Mindestleistungen dürfen für versicherungspflichtige Mitglieder von einer Karenzzeit nicht abhängig gemacht werden; für freiwillige Mitglieder aber (welche außerdem bei Krankheiten, die schon zur Zeit der Beitrittserklärung eingetreten waren, keine Unterstützung erhalten) darf eine kurze Karenzzeit durch Beschluß oder Statut eingeführt werden.

Die Kassenbeiträge sind für die Knappschaftskassen und die Hülfskassen ohne Beitrittszwang durch dieses Gesetz nicht fixirt, weil bei den ersteren an den landesgesetzlichen Bestimmungen so wenig wie möglich geändert werden sollte, und für die letzteren der Beitrittszwang fehlt, welcher die Beschränkung der Beiträge als Aequivalent des Zwanges erforderlich machen würde. Im Uebrigen aber beschränkt das Gesetz die Beiträge, und zwar zu der Gemeinde-Krankenversicherung, deren Leistungen geringer sind als die der organisirten Kassen, auf 1½ Prozent bis höchstens 2 Prozent des ortsüblichen Tagelohns gewöhnlicher Tagearbeiter, für die Mitglieder der Orts-, Betriebs- (Fabrik-), Bau- und Innungs-Krankenkassen auf 3 bis höchstens 4½ Prozent (falls nicht behufs Deckung der Minimalleistungen ein höherer Beitrag zu dem Zweck bewilligt wird, um bestehende Kassen vor der Schließung zu bewahren) des Durchschnittslohns derjenigen Klasse von Arbeitern, für welche die Kasse errichtet wird. Dieser letztere Durchschnittslohn darf klassenweise abgestuft, auch darf an dessen Stelle der Individuallohn gesetzt werden; der Durchschnittslohn kommt aber nur bis zum Betrage von täglich 3 Mark oder bei klassenweiser Abstufung bis zum Betrage von täglich 4 Mark, der Individuallohn nur bis zu täglich 4 Mark in Anrechnung. Von diesen Beiträgen hat bei Versicherungspflichtigen der Arbeitgeber $^1/_3$ aus eigenen Mitteln aufzubringen, so daß die Beiträge der Versicherungspflichtigen auf höchstens $1^1/_3$ bezw. 3 Prozent sich belaufen. In dem gleichen Verhältniß ($^1/_3 : ^2/_3$) sind Arbeitgeber und Versicherte bei der Verwaltung der Kasse im Vorstand und in der Generalversammlung betheiligt. Bei Innungs-Krankenkassen ermöglicht §. 90 Gesetz v. 26. Juli 1897 die Betheiligung der Arbeitgeber an der Kassen-Verwaltung zu $^1/_2$, wenn sie in diesem Verhältniß auch bei Aufbringung der Beiträge sich betheiligen. Ganz kleine Arbeitgeber, deren wirthschaftliche Lage von der ihrer wenigen Arbeiter sich nicht unterscheidet, können von der Entrichtung eigener Beiträge befreit werden. Nichtversicherungspflichtige Mitglieder haben die vollen Beiträge selbst zu tragen. Eintrittsgelder sind nur in sehr beschränktem Umfange zulässig; dieselben trägt ausschließlich der Versicherte. Reichen die Höchstbeiträge nicht aus, so sind die Folgen verschieden. Bei der Gemeinde-Krankenversicherung muß die Gemeinde die erforderlichen Deckungsmittel, vorbehaltlich demnächstiger Erstattung aus etwaigen späteren Ueberschüssen, vorschießen; bei Betriebs- (Fabrik-) Krankenkassen muß der Fabrikherr, bei Innungs-Krankenkassen die Innung, bei Bau-Krankenkassen der Bauherr oder, falls dessen Verpflichtung mit behördlicher

Genehmigung auf den Bauunternehmer übertragen worden ist, der letztere die erforderlichen Mittel ohne Anspruch auf demnächstige Erstattung zuschießen; Orts-Krankenkassen endlich müssen im Fall der Insuffizienz geschlossen werden.

Die Verwaltungskosten trägt bei der Gemeinde-Krankenversicherung die Gemeinde, im Uebrigen die Kasse, bei den Betriebs- (Fabrik-) und den Bau-Krankenkassen jedoch z. Th. der Fabrik- und der Bauherr (event. der Bauunternehmer).

Für Eingehung und Aufrechterhaltung des Versicherungsverhältnisses hat der Versicherungspflichtige selbst insofern gar nichts zu thun, als er sich nicht zu melden und die Beiträge selbst nicht einzuzahlen braucht. Er tritt mit dem Beginn der die Versicherung begründenden Beschäftigung kraft Gesetzes von selbst in die Versicherung bei derjenigen Kasse ein, welche für Ort und Art seiner Beschäftigung errichtet ist; befreit hiervon ist er nur so lange, wie er einer die Mindestleistungen gewährenden Hülfskasse angehört, und dies letztere muß er allerdings dem Arbeitgeber nachweisen. Dagegen hat zur Kontrole der Durchführung der Versicherung jeder Arbeitgeber, für dessen Arbeiter eine Orts-Krankenkasse oder die Gemeinde-Krankenversicherung zuständig ist, die Verpflichtung zur Anmeldung und Abmeldung aller seiner Arbeiter, die nicht einer die Mindestleistungen gewährenden Hülfskasse angehören. (Bei Betriebs- [Fabrik-] und Bau-Krankenkassen bedarf es einer solchen Verpflichtung nicht, weil der Arbeitgeber für die erforderliche Meldung bei der für seinen eigenen Betrieb errichteten Kasse schon im eigenen Interesse sorgen wird; bei Innungs-Krankenkassen kann sie durch das Nebenstatut begründet werden.) Die Meldung muß im Allgemeinen innerhalb dreier Tage seit dem Beginn der Beschäftigung erfolgen; bei Mitgliedern von Hülfskassen beginnt die Meldepflicht unter Umständen erst nach Ablauf von 14 Tagen. Arbeitgeber, welche die Meldung vorsätzlich oder fahrlässig unterlassen, sind strafbar und für etwaige Aufwendungen, welche die Kasse bei Erkrankung der nicht gemeldeten Person hat machen müssen, civilrechtlich verantwortlich. Veränderungen während der Dauer der Beschäftigung hat der Arbeitgeber, wenn nachträglich die Versicherung bei der Hülfskasse fortfällt und demgemäß die Zugehörigkeit zu einer Zwangsorganisation eintritt, im Allgemeinen nicht zu kontroliren; für solche Fälle besteht vielmehr eine Meldepflicht der Hülfskassen. Die Einzahlung der Beiträge liegt, soweit es sich um Versicherungspflichtige handelt, dem Arbeitgeber ob; bei der Lohnzahlung rechnet er den Versicherungspflichtigen den auf sie entfallenden Antheil ab.*) Die Beitragspflicht wird auf diese Weise den Versicherungspflichtigen kaum merkbar sein; sie

*) Ob diese Bestimmungen auch bei der statutarischen Erstreckung der Versicherungspflicht auf unständige Arbeiter und Hausgewerbetreibende gelten sollen, ist durch die statutarische Bestimmung zu regeln (§ 54).

treten in nähere Berührung mit der Kasse erst dann, wenn es sich um ihre Unterstützung im Fall einer Krankheit, oder wenn es sich um die Betheiligung an der Kassenverwaltung handelt, welche mit Ausnahme der Gemeinde-Krankenversicherung, die keine selbständige Kasse ist, und der Knappschaftskassen, bezüglich deren es bei den Landesgesetzen bewendet, der Selbstverwaltung der Versicherten unter einer ihrer Beitragspflicht im Allgemeinen entsprechenden Mitwirkung der Arbeitgeber und unter Aufsicht der Behörden untersteht. —

Auf den Vorwurf, daß hier eine Klassengesetzgebung vorliege — ein nichtssagendes Schlagwort, welches ebenso wenig oder ebenso sehr berechtigt ist, als wenn man die Gewerbeordnung, das Handelsgesetzbuch, die Rechtsanwaltsordnung und andere Gesetze, welche vorzugsweise die Rechte und Pflichten einzelner Kategorien der Bevölkerung regeln, Klassengesetze nennen wollte —, ist von Seiten eines Kommissars der verbündeten Regierungen (Lohmann) Folgendes ausgeführt worden (Sten. Ber. 1883 S. 2032):

> „Das ist ja gerade das Eigenthümliche unserer modernen Entwickelung, daß sich daraus für die ganze Arbeiterklasse Verhältnisse ergeben haben, welche den Staat dazu nöthigen, mit einer speziellen Gesetzgebung in diese Verhältnisse einzugreifen, wenn er nicht erleben will, daß sie zum völligen Ruin führen. Aus dieser Nothwendigkeit ist bereits eine ganze Zahl von Reichs-

gesetzen hervorgegangen. Ich mache Sie nur aufmerksam auf das Gesetz, betr. die Beschlagnahme des Arbeits- und Dienstlohnes, auf das Haftpflichtgesetz, auf die Bestimmungen der Gewerbeordnung über das Trucksystem, ebenso auf die Bestimmungen der Gewerbeordnung über die Beschäftigung jugendlicher Arbeiter. Alle diese Gesetze enthalten eine Beschränkung des freien Arbeitsvertrags, und das ist gerade das Wesen dieser ganzen neueren Gesetzgebung, daß sie dasjenige, was der Herr Abgeordnete Dr. Hirsch die Grundlage unserer modernen Wirthschaftsordnung nennt, nämlich den freien Arbeitsvertrag, wieder beschränkt, weil die konsequente Durchführung dieser Grundlage der modernen Wirthschaftsordnung eben zum Ruin der betheiligten Klassen führen würde."

Krankenversicherungsgesetz

vom 15. Juni 1883 (Reichs-Gesetzbl. S. 73)

in der Fassung der Novelle vom 10. April 1892. (Reichs-Gesetzbl. S. 379.)
(Reichs-Gesetzbl. S. 417.)

Wir **Wilhelm**, von Gottes Gnaden Deutscher Kaiser,
König von Preußen ꝛc.
verordnen im Namen des Reichs, nach erfolgter Zustimmung des Bundesraths und des Reichstags, was folgt:

A. Versicherungszwang.

§. 1.

I. Personen, welche gegen Gehalt oder Lohn beschäftigt sind:

1. in Bergwerken, Salinen, Aufbereitungsanstalten, Brüchen und Gruben, in Fabriken und Hüttenwerken, beim Eisenbahn-, **Binnen**schiffahrts- **und Baggerei**betriebe, auf Werften und bei Bauten,
2. **im Handelsgewerbe,** im Handwerk und in sonstigen stehenden Gewerbebetrieben,

2a. **in dem Geschäftsbetriebe der Anwälte, Notare und Gerichtsvollzieher, der Krankenkassen, Berufsgenossenschaften und Versicherungsanstalten,**

3. in Betrieben, in denen Dampfkessel oder durch elementare Kraft (Wind, Wasser, Dampf, Gas, heiße Luft u. s. w.) bewegte Triebwerke zur Verwendung kommen, sofern diese Verwendung nicht ausschließlich in vorübergehender Benutzung einer nicht zur Betriebsanlage gehörenden Kraftmaschine besteht,

sind mit Ausnahme **der Gehülfen und Lehrlinge in Apotheken, sowie** der im §. 2 unter Ziffer 2 bis 6 aufgeführten Personen, sofern nicht die Beschäftigung **durch die** Natur **ihres Gegenstandes oder im Voraus** durch den Arbeitsvertrag auf einen Zeitraum von weniger als einer Woche beschränkt ist, nach Maßgabe der Vorschriften dieses Gesetzes gegen Krankheit zu versichern.

Dasselbe gilt von Personen, welche in II.
dem gesammten Betriebe der Post- und Telegraphenverwaltungen, sowie in den Betrieben der Marine- und Heeresverwaltungen gegen Gehalt oder Lohn beschäftigt sind und nicht bereits auf Grund der vorstehenden Bestimmungen der Krankenversicherungspflicht unterliegen.

Die Besatzung von Seeschiffen, auf welche III.
die Vorschriften der §§. 48 und 49 der Seemannsordnung vom 27. Dezember 1872

(Reichs-Gesetzbl. S. 409) Anwendung finden, unterliegt der Versicherungspflicht nicht.

IV. **Handlungsgehülfen und -Lehrlinge unterliegen der Versicherungspflicht nur, sofern durch Vertrag die ihnen nach Artikel** *63* **des deutschen Handelsgesetzbuchs*) zustehenden Rechte aufgehoben oder beschränkt sind.**

V. Als Gehalt oder Lohn im Sinne dieses Gesetzes gelten auch Tantiemen und Naturalbezüge. **Für die** letzteren **wird der** Durchschnitts**werth** in Ansatz **gebracht; dieser Werth wird von der unteren Verwaltungsbehörde festgesetzt.**

*) An die Stelle des Art. 60 des bisherigen Handelsgesetzbuchs ist der seit 1. Januar 1898 in Kraft stehende §. 63 des neuen Handelsgesetzbuchs v. 10. Mai 1897 getreten. Vgl. Art. 1 Abs. 2 des Einführungsgesetzes zum H.G.B. v. 10. 5. 97 R.G.Bl. S. 437.

Zu § 1.

1. Die §§ 1 bis 3b „enthalten das Grundprinzip des Gesetzes, den Krankenversicherungszwang für die unter das Gesetz fallenden Arbeiterklassen, und bezeichnen zugleich diejenigen Kategorien von Arbeitern, auf welche dasselbe kraft Gesetzes oder statutarischer Bestimmung Anwendung finden soll". (Komm. Ber. S. 4.) Der Versicherungszwang ist entweder ein unbedingter gesetzlicher (§ 1), oder ein solcher, welcher auf Grund des Gesetzes durch behördliche oder statutarische Anordnung eingeführt werden kann (§§ 2 und 2a). Dem unbedingten gesetzlichen Versicherungszwang sind unterworfen:

a) alle Berg- und Fabrikarbeiter im weiteren Sinne, sowie die bei Bauten und in Transportbetrieben des Binnenlandes beschäftigten Personen;

b) die im Handwerk beschäftigten Gesellen, Gehülfen und Lehrlinge;

c) Personen, welche in sonstigen stehenden Gewerbebetrieben, sowie in sonstigen mit Dampfkesseln oder elementaren Triebwerken arbeitenden Betrieben beschäftigt sind;

d) Handlungsgehülfen und -Lehrlinge, soweit sie nicht in Apotheken beschäftigt sind, und nur für den Fall, daß ihre Ansprüche aus § 63 des neuen Handelsgesetzbuchs (früher § 60 des alten H.G.B.) vertragsmäßig beschränkt sind;

e) Personen in dem Geschäftsbetrieb gewisser publizistischer Stellen (Anwälte, Notare, Krankenkassen u. s. w.)

unter der Voraussetzung, daß

1. ihre Beschäftigung eine relativ dauernde ist (die Beschäftigung darf nicht durch die Natur ihres Gegenstandes oder im Voraus durch den Arbeitsvertrag auf weniger als eine Woche beschränkt sein),
2. die Beschäftigung gegen Lohn oder Gehalt stattfindet,
3. nicht ausnahmsweise eine Befreiung eintritt. Diese Befreiung findet entweder direkt kraft Gesetzes oder auf Grund besonderen Antrags statt. Direkt kraft Gesetzes sind Personen des Soldatenstandes und solche fiskalische und kommunale Arbeitskräfte befreit, welche in Krankheitsfällen ihren Lohn oder ihr Gehalt weiterbeziehen, oder für welche in Krankheitsfällen durch Reich, Staat oder Gemeinde anderweit genügend gesorgt ist (§ 3). Auf Antrag können befreit werden Arbeitskräfte von Privatpersonen, insbesondere Lehrlinge, für welche in Krankheitsfällen durch den Arbeitgeber genügend gesorgt ist (§§ 3a und 3b), Insassen von Arbeiterkolonien (§ 3b) sowie chronisch Kranke (§ 3a).

Unter den gleichen Voraussetzungen kann der Versicherungszwang durch behördliche Anordnungen erstreckt werden (§ 2a)

auf die in Betrieben oder im Dienste des Reichs oder eines Bundesstaats beschäftigten Personen, soweit sie der Krankenversicherungspflicht nicht bereits kraft gesetzlicher Vorschrift unterliegen.

Ferner darf der Versicherungszwang unter den Voraussetzungen zu 2 und 3 durch statutarische Bestimmung weiterer oder engerer Kommunalverbände erstreckt werden (§ 2) auf

a) die vorübergehend Beschäftigten,
b) Bedienstete von Kommunalverbänden, soweit sie der Krankenversicherungspflicht nicht bereits kraft Gesetzes unterliegen,
c) die im Gewerbebetriebe beschäftigten Familienangehörigen des Unternehmers,
d) Hausindustrielle,
e) Handlungsgehülfen und -Lehrlinge, soweit ihre Ansprüche aus § 63 H.G.B. nicht vertragsmäßig beschränkt sind,
f) Bedienstete in der Land- und Forstwirthschaft.

Der Versicherungszwang besteht für die in den oben genannten Betrieben u. s. w. (und zwar fortan ohne Unterschied, ob die Beschäftigung innerhalb oder außerhalb der Betriebsstätte stattfindet, vgl. Anm. 8 zu § 2) gegen Entgelt beschäftigten Hülfspersonen, d. h.

1. für die „gewerblichen Arbeiter" in demjenigen Sinne, in welchem dieser Ausdruck bisher in der Ueberschrift des Tit. VII der Gewerbeordnung vorkam (Gesellen, Gehülfen, Lehrlinge, Fabrikarbeiter), und zwar ohne Rücksicht auf die Höhe des Arbeitslohns, welcher bei ihnen nur für die Grenze der Versicherung, d. h. für die Höhe der Krankenunterstützung und die Höhe der Beiträge, eine Rolle spielt (§§ 6, 9, 20, 22); sowie
2. für „die Betriebsbeamten, Werkmeister und Techniker", soweit diese nach ihrer wirthschaftlichen Stellung den Arbeitern u. s. w. im Allgemeinen gleichstehen. Dies wird nach dem in den sozialpolitischen Gesetzen des Reichs allgemein durchgeführten Grundsatz dann angenommen, wenn die Betriebsbeamten nicht mehr als 6⅔ Mark für den Arbeitstag bezw. 2000 Mark jährlich an Lohn oder Gehalt bekommen.

Den „Betriebsbeamten" sind die nach § 2 Ziffer 2 und § 2a für versicherungspflichtig erklärten kommunalen und fiskalischen Beamten und die Bediensteten der Anwälte, Krankenkassen u. s. w., sowie die „Handlungsgehülfen und -Lehrlinge" (Art. 57 ff. H.G.B.), soweit die letzteren der Versicherungspflicht überhaupt unterliegen (vgl. Anm. 8), gleichgestellt (§ 2b).

Im Uebrigen unterliegen Beamte nach dem Reichsgesetz der Versicherungspflicht nicht. Ebensowenig besteht die letztere nach dem Reichsgesetze für solche Bedienstete, welche nicht zu dem gewerblichen

Hülfspersonal im obigen Sinne, zu den „freien“ Arbeitern, sondern zu dem „Gesinde“ (Dienstboten) gehören, d. h. gegen Arbeitgeber zu gemeinen häuslichen oder wirthschaftlichen Diensten sich verpflichtet haben. Dienstboten sind vielmehr nach dem Reichsgesetz nur berechtigt, nicht aber verpflichtet, in die Gemeinde-Krankenversicherung, aber auch nur in diese, einzutreten (§ 4); doch können auch Orts-Krankenkassen ihnen zugänglich gemacht werden (§ 26a Abs. 2 Nr. 5). Anträge, welche darauf abzielten, das Gesinde dem statutarischen Versicherungszwang zu unterwerfen, sind bei den Verhandlungen über die Novelle im Reichstag abgelehnt worden; man hielt z. Th. eine entsprechende Aenderung der landesrechtlichen Gesindeordnungen für zweckmäßiger *). Keine Anwendung ferner findet der Versicherungszwang nach dem Reichsgesetz auf „selbständige Gewerbetreibende“; nur die Hausindustriellen, welche eine Uebergangsstufe von den unselbständigen Arbeitern zu den selbständigen Gewerbsleuten bilden, können nach § 2 dem Versicherungszwang statutarisch unterstellt werden. Der Versicherungszwang besteht endlich nicht für den „Arbeiterstand“ als solchen, sondern nur für solche Personen, welche thatsächlich in Arbeit stehen, „beschäftigt“ sind, „hinsichtlich deren ein Arbeitgeber für die Eingehung und Aufrechthaltung des Versicherungszwanges verantwortlich gemacht werden kann“ (Motive). Abweichende Bestimmungen von Landesgesetzen, durch welche Dienstboten und Andere der Versicherungspflicht unterworfen werden, bleiben unberührt.

2. Neben dem Versicherungszwang kennt das Gesetz eine freiwillige Betheiligung an der Versicherung, und zwar sowohl einen freiwilligen Eintritt in dieselbe, wie eine freiwillige Fortsetzung

*) Nach dem Inkrafttreten des Bürgerlichen Gesetzbuchs (1. Januar 1900) haben Dienstboten, soweit sie in die häusliche Gemeinschaft aufgenommen sind und nach Landesrecht nicht weitergehende Ansprüche haben (Art. 95 Einf. Ges.), bei Krankheiten, die sie nicht selbst durch Vorsatz oder grobe Fahrlässigkeit herbeigeführt haben, Anspruch auf Verpflegung und Behandlung (event. in einer Krankenanstalt) bis zu 6 Wochen; die Kosten müssen sie sich auf den Lohn anrechnen lassen. Eine vertragsmäßige Vorausbeschränkung dieser Vorschrift ist unzulässig. Diese Verpflichtung des Dienstherrn tritt nicht ein, wenn für Verpflegung und ärztliche Behandlung des Dienstboten durch eine Versicherung Sorge getragen ist (§ 617 B.G.B.). Vgl. Anm. 5 zu § 26a, Anm. 2 zu § 56.

des Versicherungsverhältnisses nach Aufhören der Beschäftigung, auf Grund welcher dasselbe anfänglich eingetreten war, vgl. §§ 4, 11, 19, 27, 63, 72, 73. Wegen der zum freiwilligen Beitritt berechtigten Kategorien siehe Anm. 5 zu § 4.

3. Durch die Novelle sind die Vorschriften des sog. Ausdehnungsgesetzes (Ges., betr. die Ausdehnung der Unfall- und Krankenversicherung, v. 28. Mai 1885, R.G.Bl. S. 159) — durch welche die Unfallversicherung auf Transport- und andere Betriebe ausgedehnt und für diese gleichzeitig auch die Krankenversicherung begründet wurde, soweit die letztere für jene Betriebe noch nicht galt — in das Krankenversicherungsgesetz mit hineingearbeitet worden. Hieraus erklärt sich insbesondere der neue Absatz 2.

Ferner ist durch die Novelle die Versicherungspflicht erstreckt worden

a) allgemein auf Handlungsgehülfen und -Lehrlinge mit einem Verdienst bis zu jährlich 2000 Mark (vgl. § 2b), sofern ihre Ansprüche gegen den Prinzipal aus § 63 des neuen H.G.B. (früher § 60 H.G.B.) vertragsmäßig beschränkt sind; andernfalls unterliegen sie der statutarischen Versicherungspflicht, § 2 Ziffer 5. Früher konnten diese Personen auch in dem ersteren Falle nur durch statutarische Bestimmung versicherungspflichtig gemacht werden; für Gehülfen und Lehrlinge in Apotheken besteht die Versicherungspflicht nicht;

b) auf Personen im Geschäftsbetriebe der Anwälte, Krankenkassen u. s. w., bei denen ein Gewerbebetrieb im Allgemeinen nicht in Frage kommt.

Außerdem ist die Vorschrift über die vorübergehenden Dienstleistungen etwas modifizirt, ferner in Abs. 3 die Versicherungspflicht für Seeleute geregelt, und in Abs. 5 festgesetzt worden, daß die Naturalbezüge nach dem Durchschnittswerth, nicht nach Durchschnittspreisen anzusetzen sind. Vgl. § 3 Abs. 1 Inv. Ges.

4. Die Bestimmung des früheren Abs. 2 — Beschränkung der Versicherungspflicht von Betriebsbeamten auf einen Verdienst von $6^2/_3$ Mark bezw. 2000 Mark — steht jetzt in § 2b.

5. Unter die sonstigen stehenden Gewerbebetriebe gehören insbesondere die gewerblichen Kleinbetriebe, soweit sie weder als Handwerk, noch als Fabrik anzusehen sind, die Fischerei und die Apotheken

(excl. die Apothekergehülfen und -Lehrlinge). Ferner gehören hierher die in der Hausindustrie beschäftigten unselbständigen Arbeiter (Gesellen und Lehrlinge z. B. eines Hauswebers), während die Hausindustriellen selbst unter § 2 Ziffer 4 fallen.

6. Die Betriebsbeamten und Arbeiter in der Land- und Forstwirthschaft unterliegen nicht dem allgemeinen, sondern nur dem statutarischen Versicherungszwang gemäß § 2 Ziffer 5. Hieran ist auch durch § 133 des Ges., betr. die Unfall- und Krankenversicherung der in land- und forstwirthschaftlichen Betrieben beschäftigten Personen, v. 5. Mai 1886 (R.G.Bl. S. 132) nichts geändert.

Die obligatorische Krankenversicherung der land- und forstwirthschaftlichen Arbeiter erschien insbesondere um deswillen nicht rathsam, weil diese in einzelnen Gegenden schon jetzt besser gestellt sind, als sie durch dieses Gesetz gestellt werden würden, weil also die obligatorische Anwendung dieses Gesetzes nicht durchweg die Verbesserung der Lage dieser Arbeiterkategorien zur Folge haben würde, während doch eine solche Verbesserung der alleinige Zweck dieses Gesetzes ist. Wo die Verhältnisse so liegen, daß die Zwangsversicherung der land- und forstwirthschaftlichen Arbeiter zweckmäßig ist, kann sie durch statutarische Bestimmung eingeführt werden; die Entschließung hierzu wird dadurch erleichtert, daß durch das zitirte Gesetz v. 5. Mai 1886 für die Krankenversicherung dieses Berufszweiges besondere Bestimmungen zu dem Zweck erlassen worden sind, um auch im Falle der Krankenversicherung die in der Land- und Forstwirthschaft noch vielfach bestehende und für alle Betheiligten vortheilhafte Naturalwirthschaft aufrecht erhalten zu können.*)

Die Beschäftigung in den besonderen landwirthschaftlichen Nebenbetrieben (Brennereien u. s. w.) hat, wenn die letzteren als Fabriken anzusehen sind oder doch mit Dampf, Gas 2c. arbeiten, den allgemeinen gesetzlichen Versicherungszwang zur Folge. Vgl. den Komm. des Verf. Anm. 14 zu § 1, Anm. 11 zu § 2.

---

*) Nach dem Inkrafttreten des Bürgerlichen Gesetzbuchs (1. Januar 1900) finden die Vorschriften des § 617 über die Pflege in Krankheitsfällen auf die land- und forstwirthschaftlichen Arbeiter, soweit sie in die häusliche Gemeinschaft aufgenommen sind (Knechte 2c.) Anwendung. Vgl. Anm. * auf S. 45.

7. Krankheit ist jeder (anormale) Zustand, welcher objektiv ärztliche Behandlung und Arznei erforderlich macht (Pr. Ob.Verw.Ger.). Auf die Ursache kommt es nicht an; die Krankheit kann äußere oder innere Ursachen haben. So sind denn auch die Folgen eines Betriebsunfalles Krankheiten im Sinne dieses Gesetzes. Nach den Unfallversicherungsgesetzen sind die durch einen Betriebsunfall Verletzten während der ersten dreizehn Wochen nach dem Unfall im Allgemeinen auf die Krankenkassen angewiesen, und erst nach Ablauf dieser Zeit oder von dem früheren Eintritt des Todes ab treten die Berufsgenossenschaften ein.

8. Die auf Grund der Versicherung gewährte Unterstützung gilt nicht als öffentliche Armenunterstützung, § 77. Die Anwendung der Bestimmungen dieses Gesetzes darf zum Nachtheil des Versicherten durch die Arbeitgeber nicht ausgeschlossen oder beschränkt werden; dergl. Reglements oder Uebereinkünfte sind straffällig und nichtig, §§ 80, 82.

9. Ausf.Best.: Preußen Ziffer 3 Anw. v. 10. Juli 1892; Bayern Art. 1 Ges. v. 26. Mai 1892, Ziffer 1 Min. Bek. v. 15. Oktbr. 1892; Sachsen Min. Verf. v 6. Mai 1892; Württemberg § 8 Verf. v. 2. Novbr. 1892; Baden § 3 Verf. v. 3. Septbr. 1892; Hessen § 3 Verf. v. 5. Novbr. 1892.

§. 2.

I. Durch statutarische Bestimmung einer Gemeinde für ihren Bezirk, oder eines weiteren Kommunalverbandes für seinen Bezirk oder Theile desselben, kann die Anwendung der Vorschriften des §. 1 erstreckt werden:

1. auf diejenigen im §. 1 bezeichneten Personen, deren Beschäftigung **durch die** Natur **ihres Gegenstandes** oder **im Voraus** durch den Arbeitsvertrag auf einen Zeitraum von weniger als einer Woche beschränkt ist,
2. **auf die in Kommunalbetrieben und im Kommunaldienste beschäftigten Personen,**

auf welche die Anwendung des §. 1 nicht durch anderweite reichsgesetzliche Vorschriften erstreckt ist,

3. **auf diejenigen Familienangehörigen eines Betriebsunternehmers, deren Beschäftigung in dem Betriebe nicht auf Grund eines Arbeitsvertrages stattfindet,**
4. auf selbständige Gewerbetreibende, welche in eigenen Betriebsstätten im Auftrage und für Rechnung anderer Gewerbetreibender mit der Herstellung oder Bearbeitung gewerblicher Erzeugnisse beschäftigt werden (Hausindustrie), **und zwar auch für den Fall, daß sie die Roh- und Hülfsstoffe selbst beschaffen, und auch für die Zeit, während welcher sie vorübergehend für eigene Rechnung arbeiten,**
5. auf Handlungsgehülfen und -Lehrlinge, **soweit dieselben nicht nach §. 1 versicherungspflichtig sind,**
6. auf die in der Land- und Forstwirthschaft beschäftigten Arbeiter **und Betriebsbeamten.**

Die auf Grund dieser Vorschrift ergehenden II.
statutarischen Bestimmungen müssen die genaue Bezeichnung derjenigen Klassen von Personen, auf welche die Anwendung der Vorschriften des §. 1 erstreckt werden soll, **und in den Fällen der Ziffern 1 und 4** Bestimmungen über die Verpflichtung zur An- und Abmeldung, sowie über die Verpflichtung zur Einzahlung der Beiträge enthalten.

III. Sie bedürfen der Genehmigung der höheren Verwaltungsbehörde und sind in der für Bekanntmachungen der Gemeindebehörden vorgeschriebenen oder üblichen Form zu veröffentlichen.

Zu § 2.

1. Vgl. Anm. zu § 1. Der Gemeinde stehen die selbständigen Gutsbezirke und Gemarkungen gleich, § 83.

2. Die vorstehend aufgeführten Klassen von Arbeitern sind dem allgemeinen gesetzlichen Versicherungszwange um deswillen nicht unterworfen worden, weil ein solcher nicht für alle diesen Klassen angehörenden Personen gerechtfertigt (Ziffer 2, 3, 5, 6) oder ohne besondere örtliche Regelung nicht durchführbar (Ziffer 1, 4) erscheint. Die Frage, ob der Krankenversicherungszwang gerechtfertigt oder durchführbar ist, hängt in diesen Fällen von den örtlichen Verhältnissen ab und ist deshalb der Entschließung der Organe engerer oder weiterer Kommunalverbände übertragen worden (Motive). Wegen der Arbeiter in der Land- und Forstwirthschaft vgl. Anm. 6 zu § 1.

Es brauchen im gegebenen Falle nicht sämmtliche hier aufgeführte Kategorien, sondern es können auch einzelne, sogar nur Theile einzelner Kategorien dem Versicherungszwang unterstellt werden (z. B. blos die Hoftagelöhner, Deputanten u. A.).

Der Theil obiger Klassen, auf den die statutarischen Bestimmungen Anwendung finden sollen, darf aber nur ein begrifflicher, nicht ein individueller sein. Der statutarische Versicherungszwang muß sich vielmehr innerhalb desjenigen Bezirks, für welchen er eingeführt wird, auf alle Personen erstrecken, welche den in dem Statut genannten Kategorien angehören. Ausnahmen für einzelne, diesen Klassen oder Kategorien angehörende Personen oder Betriebe sind unzulässig.

3. In der älteren Fassung führt § 2 unter Ziffer 2 die Handlungs-Gehülfen und -Lehrlinge sowie die Gehülfen und Lehrlinge in Apotheken, in Ziffer 3 die Personen in anderen als im § 1 bezeichneten Transportbetrieben, in Ziffer 4 diejenigen Personen auf, welche von Gewerbetreibenden außerhalb ihrer Betriebsstätten beschäftigt werden. Hiervon

sind durch die Novelle die Handlungs-Gehülfen und -Lehrlinge, soweit sie nicht obligatorisch versicherungspflichtig geworden sind (vgl. § 1), in Ziffer 5 gestellt worden, die Gehülfen und Lehrlinge in Apotheken aber fortgefallen. Ferner sind durch die Novelle die außerhalb der Betriebsstätte beschäftigten Arbeiter den innerhalb der Betriebsstätte beschäftigten Arbeitern lediglich gleichgestellt und deshalb gleichfalls dem gesetzlichen Versicherungszwang unterworfen worden. Die Bediensteten der Transportbetriebe aber mit Ausnahme der Seeschifffahrtsbetriebe sind schon durch das Ausdehnungsgesetz dem allgemeinen Versicherungszwang unterstellt worden, und fallen deshalb jetzt unter § 1, vgl. Anm. 3 zu § 1.

Die durch die Novelle sonst herbeigeführten Veränderungen betreffen in Ziffer 1 die Anlehnung an die neue Fassung der betr. Bestimmung in § 1, die Einfügung zweier neuen Ziffern (2 und 3, vgl. Anm. 4), die Ausdehnung der Versicherung bei Hausgewerbetreibenden (Ziffer 4) und die ausdrückliche Erwähnung der land- und forstwirthschaftlichen Betriebsbeamten. Wegen der land- und forstw. Arbeiter vgl. Anm.*) auf S. 47. Die Abänderung in Abs. 2 ist durch die anderweite Fassung des § 54 Abs. 1 bedingt, vgl. Anm. 1 zu § 54.

4. Die Ziffern 2 und 3 sind neu. Die Bediensteten der Kommunalverbände unterliegen, soweit es sich um für Rechnung der Kommune geführte Gewerbebetriebe handelt, der allgemeinen gesetzlichen Versicherungspflicht nach § 1; im Uebrigen können sie statutarisch in der gleichen Weise für versicherungspflichtig erklärt werden (Ziffer 2) wie gleichartige Bedienstete des Reichs und der Bundesstaaten durch behördliche Anordnung (§ 2a). Wegen der Beschränkung auf 2000 Mark Arbeitsverdienst vgl. § 2b.

Familienangehörige eines Betriebsunternehmers, welche im Betriebe des Hausherrn auf Grund eines Arbeitsvertrages (gegen Lohn) beschäftigt werden, unterliegen der gesetzlichen Versicherungspflicht des § 1; besteht ein solcher Arbeitsvertrag nicht, so ist die statutarische Erstreckung des Versicherungszwanges zulässig (Ziffer 3). Eine Fürsorge für die (nicht selbst versicherten) Familienangehörigen ermöglichen übrigens auch § 6a Abs. 1 Ziffer 5 und § 21 Abs. 1 Ziffer 5, 7, 8.

5. Zur Genehmigung der statutarischen Bestimmung sind in Preußen berufen der Bezirksausschuß (Beschwerde an den Provinzialrath), für

Berlin und bei statutarischen Bestimmungen von Provinzialverbänden der Oberpräsident (Beschwerde an den Minister).

6. Besondere Bestimmungen für Hausgewerbetreibende vgl. in § 54.

7. Ausf. Best.: Preußen Ziffer 1, 2, 8 bis 10 Anw. v. 10. Juli 1892; Bayern Art. 2 Ges. v. 26. Mai 1892, §§ 1—3 Verf. v. 8. Juni 1892, Ziffer 2—4 Min.Bek. v. 15. Oktbr. 1892; Sachsen § 1 Verordn. v. 28. Septbr. 1883; Württemberg §§ 1, 3 Verf. v. 2. Novbr. 1892; Baden Ges. v. 7. Juli 1892, §§ 2, 5, 10 Verf. v. 3. Septbr. 1892; Hessen Ziffer 3 Anw. v. 5. Novbr. 1892, §§ 1, 2, 9 Verf. v. 5. Novbr. 1892.

§. 2a.

Die Anwendung der Vorschriften des §. 1 kann auch auf solche in Betrieben oder im Dienste des Reichs oder eines Staates beschäftigte Personen erstreckt werden, welche der Krankenversicherungspflicht nicht bereits nach gesetzlichen Bestimmungen unterliegen. Die Erstreckung erfolgt durch Verfügung des Reichskanzlers beziehungsweise der Zentralbehörde.

Zu § 2a.

1. Der § 2a ist neu; er entspricht den für Kommunalbetriebe erlassenen Bestimmungen des § 2 Abs. 1 Ziffer 2 in der jetzigen Fassung, vgl. Anm. 4 zu § 2. Wegen der Beschränkung auf 2000 Mark Jahresarbeitsverdienst vgl. § 2b.

2. Ausf. Best.: Bayern Art. 1 Ges. v. 26. Mai 1892, § 6 Verordn. v. 8. Juni 1892, Min.Bek. v. 22. Oktbr. 1892; Württemberg § 1 Verordn. v. 2. Novbr. 1892.

§. 2b.

I. Betriebsbeamte, **Werkmeister und Techniker, Handlungsgehülfen und -Lehrlinge, sowie die unter §. 1 Absatz 1 Ziffer 2a fallenden Personen** unterliegen der Versicherungspflicht nur, wenn ihr Arbeitsverdienst an Lohn oder Gehalt sechszweidrittel Mark für den Arbeitstag **oder, sofern Lohn oder Gehalt nach größeren Zeitabschnitten bemessen ist, zweitausend Mark für das Jahr gerechnet,** nicht übersteigt.

Dasselbe gilt von anderen unter §. 2 Absatz 1 Ziffer 2 und §. 2a fallenden Personen, soweit sie Beamte sind. II.

Zu § 2b.

1. Der § 2b ist neu, enthält aber die Bestimmungen des bisherigen Abs. 2 des § 1 unter entsprechender Ausdehnung auf die den Betriebsbeamten gleichgestellten Kategorien. 2000 Mark jährlich ist gleich 300 × $6^{2}/_{3}$ Mark.

2. Ausf.Best.: Bayern Art. 1 Ges. v. 26. Mai 1892.

§. 3.

Personen des Soldatenstandes, sowie solche in Betrieben oder im Dienste des Reichs, eines Staates oder Kommunalverbandes beschäftigte Personen, welche dem Reich, Staat oder Kommunalverbande gegenüber in Krankheitsfällen Anspruch auf Fortzahlung des Gehalts oder des Lohnes mindestens für dreizehn Wochen nach der Erkrankung oder auf eine den Bestimmungen des §. 6 entsprechende Unterstützung haben, sind von der Versicherungspflicht ausgenommen.

Zu § 3.

1. Der § 3 in seiner jetzigen Fassung ist durch die Novelle an Stelle des § 3 Abs. 1 der früheren Fassung, nach welcher nur die mit festem Gehalt angestellten Betriebsbeamten des Reichs u. s. w. von der

Versicherungspflicht befreit waren, gesetzt worden; er ist dem gleichartigen § 15 Abs. 2 des Ausdehnungsgesetzes v. 28. Mai 1885 nachgebildet und bezieht sich wie letzterer sowohl auf Betriebsbeamte, wie auf Arbeiter.

Der § 3 Abs. 2 der bisherigen Fassung ist fortgefallen und durch die neuen §§ 3 a und 3 b ersetzt worden, vgl. daselbst.

2. Zu den Personen des Soldatenstandes gehören auch die Mannschaften der Marine, vgl. § 58 Abs. 2.

3. Ausf.Best.: Württemberg § 12 Verordn. v. 2. Novbr. 1892.

§. 3a.

I. **Auf ihren Antrag sind von der Versicherungspflicht zu befreien:**

1. **Personen, welche in Folge von Verletzungen, Gebrechen, chronischen Krankheiten oder Alter nur theilweise oder nur zeitweise erwerbsfähig sind, wenn der unterstützungspflichtige Armenverband der Befreiung zustimmt,**
2. **Personen, welchen gegen ihren Arbeitgeber für den Fall der Erkrankung ein Rechtsanspruch auf eine den Bestimmungen des §. 6 entsprechende oder gleichwerthige Unterstützung zusteht, sofern die Leistungsfähigkeit des Arbeitgebers zur Erfüllung des Anspruchs gesichert ist.**

II. **Wird der Antrag auf Befreiung von der Verwaltung der Gemeinde-Krankenversicherung oder von dem Vorstande der Krankenkasse, welcher der Antragsteller angehören würde, abgelehnt, so entscheidet auf Anrufen des Antragstellers die Aufsichtsbehörde endgültig.**

In dem Falle zu 2 gilt die eingeräumte III.
Befreiung nur für die Dauer des Arbeitsvertrages. Sie erlischt vor Beendigung des Arbeitsvertrages:

a) wenn sie von der Aufsichtsbehörde wegen nicht genügender Leistungsfähigkeit des Arbeitgebers von Amtswegen oder auf Antrag eines Betheiligten aufgehoben wird,

b) wenn der Arbeitgeber die befreite Person zur Krankenversicherung anmeldet. Die Anmeldung ist ohne rechtliche Wirkung, wenn die befreite Person zur Zeit derselben bereits erkrankt war.

Insoweit im Erkrankungsfalle der gegen IV.
den Arbeitgeber bestehende Anspruch nicht erfüllt wird, ist auf Antrag der befreiten Person von der Gemeinde-Krankenversicherung oder von der Krankenkasse, welcher sie im Nichtbefreiungsfalle angehört haben würde, die gesetzliche oder statutenmäßige Krankenunterstützung zu gewähren. Die zu dem Ende gemachten Aufwendungen sind von dem Arbeitgeber zu erstatten.

Zu § 3a.

1. Der § 3a ist neu. Er gestattet die Befreiung von der Krankenversicherungspflicht für solche Personen,

a) welche chronisch krank oder alt sind,

b) für solche Personen, für welche in Krankheitsfällen ein leistungsfähiger Arbeitgeber genügend sorgt.

Eine Bestimmung der ersteren Art kennt das alte Gesetz nicht; eine Bestimmung der letzteren Art enthielt dagegen in unvollkommener Weise der bisherige § 3 Abs. 2, an dessen Stelle nunmehr die jetzigen Vorschriften getreten sind. Letztere sind dem § 136 des landw. Unfall- und Krankenversicherungsgesetzes vom 5. Mai 1886 nachgebildet, doch ist der Befreiungsantrag vom Arbeiter, nicht (wie im Gesetz vom 5. Mai 1886) vom Arbeitgeber zu stellen.

2. Die Befreiung chronisch kranker oder alter Personen ist nur zu dem Zweck gestattet worden, um diesen Personen die Erlangung einer Beschäftigung und eines Arbeitsverdienstes zu erleichtern. Denn wenn solche Personen während der Dauer einer gelegentlichen Beschäftigung versichert werden müssen, so erhalten sie nach den bisherigen Erfahrungen schwer eine Arbeit, „weil die Arbeitgeber die Krankenkasse nicht mit der hohen Krankheitsgefahr solcher Personen belasten wollen" (Mot. der Nov. S. 37); sie fallen dann trotz noch vorhandener theilweiser Erwerbsfähigkeit der Armenpflege zur Last. „Die Armenverwaltung hat daher ein Interesse daran, daß diese Personen durch Befreiung von der Versicherungspflicht wenigstens noch theilweise erwerbsfähig erhalten werden und auf diese Weise an die Stelle der Verpflichtung zur vollen Armenunterstützung nur die Gefahr der Unterstützungspflicht in Krankheitsfällen tritt" (Mot. a. a. O.). Deshalb soll die Armenverwaltung bei derartigen Befreiungsanträgen zugezogen werden; es wird in der Regel in ihrem wohlverstandenen finanziellen Interesse liegen, zur Verminderung ihrer Ausgaben dem Befreiungsantrage zuzustimmen.

3. Ueber das Verfahren bei Anträgen auf Erstattung verauslagter Krankenunterstützung (Abs. 4) vgl. § 58 Abs. 3.

4. Ausf.Best.: Bayern Art. 1 Ges. v. 26. Mai 1892, §§ 2, 4 Verordn. v. 8. Juni 1892, Ziffer 5 Min.Bek. v. 15. Oktbr. 1892; Württemberg §§ 9—12 Verordn. v. 2. Novbr. 1892; Baden §§ 11, 13 Verordn. v. 3. Septbr. 1892.

§. 3b.

I. **Auf den Antrag des Arbeitgebers sind von der Versicherungspflicht zu befreien Lehrlinge, welchen durch den Arbeitgeber für die während**

der Dauer des Lehrverhältnisses eintretenden Erkrankungsfälle der Anspruch auf freie Kur oder Verpflegung in einem Krankenhause auf die im §. 6 Absatz 2 bezeichnete Dauer gesichert ist. Gleiches gilt von Personen, welche im Falle der Arbeitslosigkeit in einer die Versicherungspflicht begründenden Art in Wohlthätigkeitsanstalten beschäftigt werden, deren Zweck darin besteht, arbeitslosen Personen vorübergehend Beschäftigung zu gewähren. (Arbeiterkolonien und dergl.)

Die Bestimmungen des §. 3a Absatz 2 bis 4 finden entsprechende Anwendung. II.

Zu § 3b.

1. Vgl. Anm. zu § 3. Die Mot. der Nov. S. 38 begründen diese Bestimmung insbesondere damit, daß der Lehrling meist keinen Lohn, sondern entweder nur Unterkunft und Verpflegung oder statt dessen ein geringes Kostgeld erhält. Im ersten Fall müßte der Meister die vollen Krankenversicherungsbeiträge zahlen, weil er dem Lehrling ja baares Geld nicht abziehen kann, wenn er nicht durch den Lehrvertrag andere Bestimmungen trifft. Dieser Unbilligkeit sowie weiteren unter diesen Verhältnissen sich ergebenden Unzuträglichkeiten soll durch den § 3b vorgebeugt werden.

2. Die Erwähnung der in Arbeiterkolonien beschäftigten Personen soll dazu dienen, die wohlthätigen Arbeiterkolonien von der Entrichtung von Beiträgen für solche Leute, sofern sie überhaupt versicherungspflichtig sind, zu befreien.

3. Ausf. Best.: Bayern Art. 1 Ges. v. 26. Mai 1892, §§ 2, 4 Verordn. v. 8. Juni 1892, Ziffer 5 Bek. v. 15. Oktbr. 1892; Württemberg §§ 11, 13 Verordn. v. 2. Novbr. 1892; Baden §§ 11, 13 Verordn. v. 3. Septbr. 1892.

B. Gemeinde-Krankenversicherung.

§. 4.

I. Für alle versicherungspflichtigen Personen, welche nicht
einer Orts-Krankenkasse (§. 16),
einer Betriebs- (Fabrik-) Krankenkasse (§. 59),
einer Bau-Krankenkasse (§. 69),
einer Innungs-Krankenkasse (§. 73),
einer Knappschaftskasse (§. 74)
angehören, tritt, **vorbehaltlich der Bestimmung des §. 75,** die Gemeinde-Krankenversicherung ein.

II. Personen der in §§. 1 bis 3 bezeichneten Art, welche der Versicherungspflicht nicht unterliegen **und deren jährliches Gesammteinkommen zweitausend Mark nicht übersteigt,** sowie Dienstboten sind berechtigt, der Gemeinde-Krankenversicherung der Gemeinde, in deren Bezirk sie beschäftigt sind, beizutreten. **Durch statutarische Bestimmung (§. 2) kann auch anderen nichtversicherungspflichtigen Personen die Aufnahme in die Gemeinde-Krankenversicherung gestattet oder das Recht des Beitritts eingeräumt werden, sofern ihr jährliches Gesammteinkommen zweitausend Mark nicht übersteigt.**

III. Der Beitritt **der Berechtigten** erfolgt durch schriftliche oder mündliche Erklärung beim Gemeindevorstande, gewährt aber keinen Anspruch auf Unterstützung im Falle einer bereits zur Zeit dieser Erklärung eingetretenen Erkrankung. **Die Gemeinde**

ist berechtigt, nichtversicherungspflichtige Personen, welche sich zum Beitritt melden, einer ärztlichen Untersuchung unterziehen zu lassen, und, wenn diese eine bereits bestehende Krankheit ergiebt, von der Versicherung zurückzuweisen.

Freiwillig Beigetretene, welche die Versicherungsbeiträge (§. 5) an zwei auf einander folgenden Zahlungsterminen nicht geleistet haben, scheiden damit aus der Gemeinde-Krankenversicherung aus. IV.

Zu § 4.

1. Die durch die Novelle bewirkten Abänderungen des Gesetzes bestehen im Wesentlichen in einer Umstellung des Citats § 75 (vgl. Anm. 4), ferner in der (bisher nur den Orts-Krankenkassen zugestandenen) Ermächtigung, auch die Gemeinde-Krankenversicherung anderen nichtversicherungspflichtigen Personen mit einem Jahreseinkommen bis zu 2000 Mark zur freiwilligen Versicherung zugänglich zu machen, endlich in der Ermächtigung der Kommunalverbände, freiwillig Beitretende ärztlich untersuchen zu lassen und abzuweisen, wenn sie bereits krank befunden werden. Vgl. Anm. 5 zu § 26a.

2. Die Gemeinde-Krankenversicherung ist keine „Kasse" mit besonderem Verwaltungsapparat, sondern eine für die Gemeinde als den Träger der Versicherung von dem Gemeindevorstand verwaltete Einrichtung, welche allerdings eine eigene Kasse besitzen muß (§ 9). Jede Gemeinde muß eine Gemeinde-Krankenversicherung (entweder für sich selbst oder mit anderen Gemeinden zusammen) haben. Durch die Novelle ist die Gemeinde-Krankenversicherung mehr als bisher ausgebaut worden, nachdem sie in der Praxis thatsächlich einen größeren als den anfänglich beabsichtigten Umfang angenommen hat. Ueber die höchst subsidiäre Natur der Gemeinde-Krankenversicherung vgl. aber im Uebrigen die Einleitung.

Besonderer „Statuten" für die G.K.V. bedarf es nicht nothwendig, weil Leistungen und Beiträge direkt aus dem Gesetz sich ergeben. Trotzdem ist die Aufstellung solcher Statuten zweckmäßig. Anhaltepunkte dafür ergeben die in Anm. 2 zu § 12 erwähnten Statuten einer gemeinsamen G.K.V.

3. Der Abs. 1 des § 4 regelt die obligatorische Zugehörigkeit zur Gemeinde-Krankenversicherung; Abs. 2 bis 4 behandeln den freiwilligen Eintritt in dieselbe. Die freiwillige Fortsetzung des Versicherungsverhältnisses in der Gemeinde-Krankenversicherung durch solche Personen, welche derselben einmal angehört, die Beschäftigung aber, welche die Voraussetzung dieses Verhältnisses war, aufgegeben und eine andere Beschäftigung nicht aufgenommen haben, regelt § 11.

4. Obligatorisch gehören der Gemeinde-Krankenversicherung alle versicherungspflichtigen Personen an, welche

a) nicht Mitglieder einer Orts-, Betriebs- (Fabrik-), Bau-, Innungs- oder Knappschaftskasse sind,

b) nicht Mitglieder einer die Mindestleistungen gewährenden Hülfskasse (§ 75) sind.

5. Zu den nach Abs. 2 zum freiwilligen Beitritt Berechtigten gehören insbesondere:

a die in den bei §§ 1, 2, 2a aufgeführten Betrieben u. s. w. ohne Gehalt oder Lohn (§ 1 Abs. 3) beschäftigten Personen;

b) Personen des Soldatenstandes (§ 3), sowie die in § 3 aufgeführten, von der Versicherungspflicht wegen anderweiter ausreichender Fürsorge befreiten Bediensteten der Reichs-, der Staats- und der Kommunalverwaltungen;

c) die im § 2 aufgeführten Kategorien, falls und solange deren Zwangsversicherung durch statutarische Bestimmungen nicht eingeführt wird;

d) die auf Antrag des Lehrherrn von der Versicherungspflicht befreiten Lehrlinge sowie die Insassen von Arbeiterkolonien (§ 3b).

Dazu treten für die Gemeinde-Krankenversicherung

e) das gesammte Gesinde (vgl. Anm.*) auf S. 45 sowie Anm. 5 zu § 26a), welches der Zwangsversicherung auf Grund dieses Gesetzes niemals unterliegen kann,

f) solche anderweiten Personen bis zu 2000 Mark Einkommen, denen die Gemeinde-Krankenversicherung durch Beschluß der Gemeinde zugänglich gemacht ist. Vgl. Anm. 5 zu § 26a.

Früher gehörten hierher auch Betriebsbeamte, Handlungs-Gehülfen und -Lehrlinge mit mehr als 2000 Mark Jahreseinkommen. Diese haben fortan die Beitrittsberechtigung nicht mehr, seitdem letztere durch die Novelle auf ein Einkommen von 2000 Mark beschränkt ist. Früher erworbene freiwillige Mitgliedschaft bleibt ihnen erhalten.

Für die freiwilligen Mitglieder hat der Arbeitgeber keine Verpflichtungen; sie zahlen die Gesammtbeiträge einschl. des Beitrags der Arbeitgeber, „weil der freiwillige Akt des Arbeiters, durch welchen dieser, ohne gesetzlich verpflichtet zu sein, Versicherung nimmt, nach der Meinung der Kommission unmöglich den Arbeitgeber zu Leistungen verpflichten kann" (Komm.Ber.). Eintrittsgeld zur Gemeinde-Krankenversicherung wird nach dem Gesetz nicht entrichtet. Vgl. auch Anm. zu § 19.

6. Ausf.Best.: Preußen Ziffer 2, 5, 8, 11ff., 43 Anw. v. 10. Juli 1892; Bayern Art. 1, 2 Ges. v. 26. Mai 1892, Ziffer 6, 7 Min.Bek. v. 15. Oktbr. 1892; Württemberg §§ 1, 15, 16, 18, 31 Verordn. v. 2. Novbr. 1892, §§ 1—5, 9 Verordn. v. 29. Dezbr. 1886; Baden §§ 10, 16 Verordn. v. 3. Septbr. 1892; Hessen Ziffer 3 Anw. v. 5. Novbr. 1892.

§. 5.

Denjenigen Personen, für welche die Gemeinde- I. Krankenversicherung eintritt, ist von der Gemeinde, in deren Bezirk sie beschäftigt sind, im Falle einer Krankheit oder durch Krankheit herbeigeführten Erwerbsunfähigkeit Krankenunterstützung zu gewähren.

Von denselben hat die Gemeinde Kranken- II. versicherungsbeiträge (§. 9) zu erheben.

Zu § 5.

1. Die Krankenunterstützung ist von derjenigen Gemeinde zu gewähren, in deren Bezirk die Beschäftigung des erkrankten Arbeiters stattfindet; weder der Wohnsitz noch der Aufenthaltsort, noch derjenige Ort entscheidet, an welchem die Krankheit ausbricht oder an welchem der Grund zur Krankheit gelegt ist. „Die Verhand-

lung ergab, daß die Kommission in ihrer Majorität den Grundgedanken der Vorlage, die Verpflegung des erkrankten Arbeiters möglichst nahe an die Stelle zu rücken, wo der gesunde seine Kräfte zur Arbeit eingesetzt hat, für richtig hielt." (Komm.Ber. S. 22.) Nähere Bestimmungen darüber, welcher Ort in besonderen Fällen als Beschäftigungsort anzusehen ist, enthält § 5a.

2. Die Krankenunterstützung ist nach Abs. 1 zu gewähren:

a) im Falle der Krankheit (vgl. Anm. 7 zu § 1),

b) im Falle einer durch Krankheit herbeigeführten Erwerbsunfähigkeit,

also auch dann, wenn die Krankheit selbst gehoben, aber als Folge derselben eine Erwerbsunfähigkeit verblieben ist. Hiernach ist die Krankenunterstützung während der gesetzlichen Dauer (§ 6) auch bei Siechthum und in der Rekonvalescenz zu gewähren, wenn und solange mit diesen Zuständen Erwerbsunfähigkeit verbunden ist. Schwangerschaft und ein normal verlaufendes Wochenbett gelten nicht als Krankheit; eine besondere Berücksichtigung finden Wöchnerinnen nur bei organisirten Krankenkassen §§ 20 ff. Vgl. Komm. des Verf. Anm. 4 zu § 5.

3. Die Beiträge der Versicherungspflichtigen sind im Allgemeinen vom Arbeitgeber einzuzahlen (§ 52). Die Verpflichtung, Beiträge zur Gemeinde-Krankenversicherung zu erheben, fällt in selbständigen Gutsbezirken und Gemarkungen fort (§ 83).

4. Ausf.Best.: Bayern Art. 1, 2 Ges. v. 26. Mai 1892, Ziffer 8 bis 12 Min.Bek. v. 15. Oktbr. 1892.

§. 5a.*)

I. **Für Personen, welche in Gewerbebetrieben beschäftigt sind, deren Natur es mit sich bringt, daß einzelne Arbeiten an wechselnden Orten außerhalb der Betriebsstätte ausgeführt werden, gilt auch für die Zeit, während welcher sie mit solchen Arbeiten beschäftigt sind, als Beschäftigungsort der Sitz des Gewerbebetriebes.**

Werden versicherungspflichtige Personen II. von einer öffentlichen oder privaten Betriebsverwaltung mit Arbeiten beschäftigt, welche an wechselnden, in verschiedenen Gemeindebezirken belegenen Orten auszuführen sind, so gilt, falls nicht nach Anhörung der betheiligten Verwaltungen und Gemeinden oder weiteren Kommunalverbänden von der höheren Verwaltungsbehörde etwas anderes bestimmt wird, als Beschäftigungsort diejenige Gemeinde, in welcher die mit der unmittelbaren Leitung jener Arbeiten betraute Stelle ihren Sitz hat.

Für Personen, welche in der Land- oder III. Forstwirthschaft zur Beschäftigung an wechselnden, in verschiedenen Gemeindebezirken belegenen Orten angenommen sind, gilt als Beschäftigungsort der Sitz des Betriebes (§. 44 des Gesetzes vom 5. Mai 1886, Reichs-Gesetzbl. S. 132).

*) Dieser § gilt auch für Orts-Krankenkassen (§ 16 Abs. 2).

Zu § 5a.

1. Dieser § ist durch die Novelle eingefügt. Absatz 1 bezieht sich auf Gewerbebetriebe, welche einzelne Arbeiten abwechselnd, „bald in diesem, bald in jenem Ort, und zwar sowohl innerhalb, als auch außerhalb des Gemeindebezirks, in dem ihre Betriebsstätte belegen ist, ausführen lassen" (Mot. der Nov.). Beispiel: Gewerbebetrieb eines Zimmermeisters, Schornsteinfegermeisters. Hier soll immer der Sitz des Gewerbebetriebes als Beschäftigungsort gelten. Absatz 2 bezieht sich zunächst auf öffentliche Reichs-, Staats- und Kommunalverwaltungen, welche sich über größere Bezirke erstrecken, in denen die einzelnen Ar-

beiter ohne bestimmte, dauernde Arbeitsstätte wechselnd beschäftigt werden, z. B. Wegebau, Wasserbau, Telegraphenverwaltung. Aehnlich steht die Sache aber auch bei Privatbahnen u. s. w. Hier soll vorbehaltlich besonderer Regelung derjenige Ort als Beschäftigungsort gelten, in welcher die mit der unmittelbaren Betriebsleitung betraute Stelle ihren Sitz hat. Absatz 3 bezieht sich auf land- und forstwirthschaftliche, über mehrere Gemeindebezirke sich erstreckende Betriebe. Hier gilt bei Arbeitern, die für den Gesammtbetrieb ohne Beschränkung auf dessen einzelne örtliche Theile angenommen sind, als Beschäftigungsort der Sitz des Betriebes gemäß § 44 landw. U.V.G.

2. Erk. des Reichsgerichts v. 7. Febr. 1895: Arbeiter in den im Abs. 1 bezeichneten (Bau- &c.) Betrieben sind (vorbehaltlich des § 75) sämmtlich und immer in der für den Betriebssitz des Unternehmers zuständigen Krankenkasse, nicht aber in den Krankenkassen derjenigen wechselnden auswärtigen Orte versichert, an denen einzelne Bauarbeiten durch den betr. Betriebsunternehmer ausgeführt werden. (Vgl. § 57a.)

Betriebsstätte ist nicht die wechselnde Arbeitsstätte, sondern derjenige Ort, an welchem sich der bleibende Sitz und Mittelpunkt des Betriebes befindet. Er wird in der Regel mit dem Betriebssitz zusammenfallen; indessen können z. B. bei einem Zimmermeister auch sehr wohl beide örtlich auseinanderfallen: Betriebsstätte etwa als der Zimmerplatz, Betriebssitz als der Geschäftsraum, von welchem aus der Betrieb geleitet wird, Arbeitsstätten aber als die einzelnen Bauausführungen, welche von dem Zimmermeister übernommen sind. Ein besonderer weiterer Betriebssitz wird nicht schon dadurch begründet, daß an einer bestimmten Arbeitsstelle ein besonderer Arbeiterstamm gehalten wird und daß die einzelnen Arbeiten nach Umfang und Dauer von erheblicher Bedeutung sind; mehrere Betriebssitze hat vielmehr ein Bauunternehmer nur insoweit, als er die selbständige Leitung auswärtiger Bauten in technischer und wirthschaftlicher Beziehung von dem regelmäßigen Sitze seines Gewerbebetriebes nach dem Ort der auswärtigen Arbeitsstätte verlegt hat.

3. Der § 44 Ges. vom 5. Mai 1886 lautet, soweit er hier in Betracht kommt:

Abs. 2. „Eine Gesammtheit von Grundstücken eines Unternehmers, für deren landwirthschaftlichen Gesammtbetrieb gemeinsame Wirthschaftsgebäude bestimmt sind, gilt im Sinne dieses Gesetzes als ein einziger Betrieb. Als Sitz eines landwirthschaftlichen Betriebes, welcher sich über die Bezirke mehrerer Gemeinden erstreckt, gilt diejenige Gemeinde, in deren Bezirk die gemeinsamen Wirthschaftsgebäude belegen sind. Dabei entscheiden diejenigen Wirthschaftsgebäude, welche für die wirthschaftlichen Hauptzwecke des Betriebes bestimmt sind. Die betheiligten Gemeinden und Unternehmer können sich über einen anderen Betriebssitz einigen."

Abs. 3. „Mehrere forstwirthschaftliche Grundstücke eines Unternehmers, welche derselben unmittelbaren Betriebsleitung (Revierverwaltung) unterstellt sind, gelten als ein einziger Betrieb. Forstwirthschaftliche Grundstücke verschiedener Unternehmer gelten als Einzelbetriebe, auch wenn sie zusammen derselben Betriebsleitung unterstellt sind. Als Sitz eines forstwirthschaftlichen Betriebes, welcher sich über mehrere Gemeindebezirke erstreckt, gilt diejenige Gemeinde, in deren Bezirk der größte Theil der Forstgrundstücke belegen ist, sofern nicht die betheiligten Gemeinden und der Unternehmer sich über einen anderen Betriebssitz einigen."

4. Ausf.Best.: Preußen Ziffer 2 Anw. v. 10. Juli 1892; Bayern Art. 1, 2 Ges. v. 26. Mai 1892, §§ 1, 3 Verordn. v. 8. Juni 1892; Württemberg §§ 1, 15, 16 Verordn. v. 2. Novbr. 1892.

§. 6.*)

Als Krankenunterstützung ist zu gewähren: I.

1. vom Beginn der Krankheit ab freie ärztliche Behandlung, Arznei, sowie Brillen, Bruchbänder und ähnliche Heilmittel;
2. im Falle der Erwerbsunfähigkeit vom dritten Tage nach dem Tage der Erkrankung ab für jeden Arbeitstag ein Krankengeld in Höhe der

Hälfte des ortsüblichen Tagelohnes gewöhnlicher Tagearbeiter.

II. Die Krankenunterstützung endet spätestens mit dem Ablauf der dreizehnten Woche nach Beginn der Krankheit, **im Falle der Erwerbsunfähigkeit spätestens mit dem Ablauf der dreizehnten Woche nach Beginn des Krankengeldbezuges. Endet der Bezug des Krankengeldes erst nach Ablauf der dreizehnten Woche nach dem Beginn der Krankheit, so endet mit dem Bezuge des Krankengeldes zugleich auch der Anspruch auf die im Absatz 1 unter Ziffer 1 bezeichneten Leistungen.**

III. Das Krankengeld ist **nach Ablauf jeder Woche** zu zahlen.

*) Dieser § gilt (mit gewissen Modifikationen) auch für Orts-, Betriebs- (Fabrik-), Bau-, Innungs-Krankenkassen und Knappschaftskassen (§§ 20, 64, 72, 73, 74).

Auch diejenigen eingeschriebenen und freien Hülfskassen ohne Beitrittszwang, deren Mitgliedschaft von der Zugehörigkeit zu einer anderen organisirten Kasse oder zur Gemeinde-Krankenversicherung entbinden soll, müssen diesen § beachten (§ 75).

Zu § 6.

1. Die Leistungen der Gemeinde-Krankenversicherung sollen, ohne daß etwaige Beschlüsse der Gemeinde erforderlich wären, unmittelbar auf Grund des Gesetzes beansprucht werden dürfen. Sie sind daher gesetzlich fixirt; nur ihre Erhöhung, sowie die zugelassenen Beschränkungen bedürfen besonderer Gemeindebeschlüsse (§§ 6 a, 10 Abs. 3). Die gesetzliche Dauer der Krankenunterstützung beträgt höchstens 13 Wochen; tritt aber Erwerbsunfähigkeit erst im Laufe der Krankheit ein, so verlängert sich die Unterstützungsdauer, indem dann die 13 Wochen, nach

deren Ablauf die Unterstützung aufhört, erst vom Beginn des Kranken=geldbezuges ab gerechnet werden.

Die Leistungen der Gemeinde=Krankenversicherung bilden zwar die Grundlage auch für die Leistungen der organisirten Krankenkassen; letztere aber sind vollkommener und besser ausgestaltet. Bei der Gemeinde=Krankenversicherung sind die Leistungen, dem entsprechend freilich auch die Beiträge, geringer; es fehlt ihr die Funktion als Sterbekasse sowie die Wöchnerinnen=Unterstützung, und es fehlt ihr die eigene Selbständigkeit mit Selbstverwaltung der Versicherten.

Die Krankenunterstützung besteht a) in freier ärztlicher Behandlung, Arznei und kleinen Heilmitteln, außerdem b) in Krankengeld.

a) Freie ärztliche Behandlung, freie Arznei und freie kleine Heilmittel sind fortan für alle Formen der gesetzlichen Krankenversicherung obligatorisch, und zwar auf Grund der Novelle fortan auch in Hülfskassen ohne Beitrittszwang, sofern deren Mitglieder von der Zugehörigkeit zu einer Zwangskasse frei sein sollen (§ 75). Nur den freiwillig verbliebenen Mitgliedern organisirter Krankenkassen (§ 27 Abs. 3) kann statt dieser Leistungen ein erhöhtes Krankengeld gewährt werden.

Was die Leistung bei den einzelnen Erkrankungsfällen anbetrifft, so sind freie ärztliche Behandlung, freie Arznei und freie kleine Heilmittel im Allgemeinen vom Beginn der Mitgliedschaft und vom Beginn der Krankheit ab zu gewähren, nämlich dann, wenn versicherungspflichtige und solche Personen, welche freiwillig in dem Versicherungsverhältniß verblieben sind (§§ 11, 23), erkranken. Dies gilt auch für Krankheiten, welche durch Trunkfälligkeit u. s. w. entstanden sind, sowie unter gewissen Beschränkungen für solche Erkrankungsfälle, welche als Folge derselben Krankheitsursache in kurzen Zwischenräumen auf einander folgen (§ 6a Abs. 1 Ziffer 3, § 26a Abs. 2 Ziffer 3). Ausnahmsweise sind dagegen freie ärztliche Behandlung u. s. w.

α) erst einige Zeit nach dem Beginn der Mitgliedschaft (nach Ablauf einer Karenzzeit) zu leisten an freiwillig eingetretene Personen, sofern dies auf Grund von Beschlüssen der Gemeinden oder der Kassenstatuten angeordnet ist (§ 6a Abs. 1 Ziffer 1, § 26a Abs. 2 Ziffer 4);

β) gar nicht zu leisten, und zwar auf Grund des Gesetzes, an freiwillig beigetretene Personen, falls die Krankheit schon zur Zeit der Beitrittserklärung eingetreten war (§ 4 Abs. 2, § 19 Abs. 3).

b) Das Krankengeld wird

α) immer nur gewährt im Falle der Erwerbsunfähigkeit,

β) in der Regel erst gewährt vom dritten vollen Tage nach dem Tage der Erkrankung (also, wenn die Erkrankung am Montag eintritt, erst vom Donnerstag ab) und nur für jeden Arbeitstag, sofern nicht auf Grund besonderer Gemeindebeschlüsse oder von Kassenstatuten etwas Anderes bestimmt ist (§ 6a Abs. 1 Ziffer 4, § 21 Abs. 1 Ziffer 1a).

Außerdem kommt das Krankengeld in Fortfall bei freiwillig eingetretenen Personen,

α) auf Grund des Gesetzes (§ 4 Abs. 3, § 19 Abs. 3), falls die Krankheit schon zur Zeit der Beitrittserklärung eingetreten war, und zwar im vollen Betrage,

β) auf Grund entsprechender Beschlüsse der Gemeinden oder auf Grund der Kassenstatuten zeitweise, insofern hierdurch bei freiwillig eingetretenen Personen auch hinsichtlich des Krankengeldes, ebenso wie bei der Gewährung von freier ärztlicher Behandlung u. s. w., eine Karenzzeit eingeführt werden kann (§ 6a Abs. 1 Ziffer 1, § 26a Abs. 2 Ziffer 4).

Ferner kann das Krankengeld auf Grund von Gemeindebeschlüssen oder Kassenstatuten in Fortfall gebracht werden (im vollen Betrage oder theilweise)

bei Personen, welche die Gemeinde-Krankenversicherung oder Krankenkasse durch strafbares Verhalten geschädigt oder sich die Krankheit vorsätzlich, durch schuldhafte Betheiligung bei Schlägereien u. s. w., oder durch Trunkfälligkeit zugezogen haben (§ 6a Abs. 1 Ziffer 2, § 26a Abs. 2 Ziffer 2).

2. Die Krankenunterstützung ist in der Regel nur dem Versicherten (Arbeiter u. s. w.) selbst zu gewähren; durch besondere Beschlüsse der Gemeinde oder durch Kassenstatuten können jedoch freie

ärztliche Behandlung, freie Arznei und freie Heilmittel unter bestimmten Voraussetzungen auch den nicht selbst versicherten Familienangehörigen zugewendet werden (§ 6a Abs. 1 Ziffer 5, § 9 Abs. 1, § 21 Abs. 1 Ziffer 5, 22 Abs. 2).

3. Der Fortfall des Krankengeldes für die ersten Tage nach dem Eintritt der Erkrankung ist zur Bekämpfung der trotz allen Ableugnens doch vorhandenen Simulation vorgesehen. Durch die Novelle ist gestattet worden, diese Karenzzeit zu beseitigen (§ 6a Ziffer 4).

4. Das Krankengeld sowie die Beiträge sollen im Allg. nach Quoten eines Durchschnittslohns berechnet werden. Bei der Gemeinde-Krankenversicherung ist dies der ortsübliche Tagelohn gewöhnlicher Tagearbeiter (§ 8), weil bei der Gemeinde-Krankenversicherung alle möglichen Kategorien von Arbeitern mit sehr verschiedenen Lohnbeträgen vertreten sein werden; bei den nach Berufszweigen gebildeten organisirten Krankenkassen ist dagegen der (auf 3 bis 4 Mark begrenzte) durchschnittliche Tagelohn derjenigen Klassen von Personen maßgebend, für welche die Krankenkasse errichtet ist, oder auch der Individuallohn der Versicherten bis zu 4 Mark täglich.

Das Krankengeld beträgt bei der Gemeinde-Krankenversicherung 50 Prozent, bei den organisirten Krankenkassen 50 bis 75 Prozent des der Bemessung zu Grunde liegenden Lohnbetrages.

5. Durch die Novelle ist der § 6 in zwei Beziehungen geändert. Erstens soll nämlich nach Abs. 2 die dreizehnwöchige Dauer der Krankenunterstützung dann, wenn die Erwerbsunfähigkeit erst nach dem Beginn der Erkrankung eingetreten ist, erst vom Tage des Krankengeldbezuges, nicht vom Beginn der Krankheit ab gerechnet werden; sie reicht dann also über die ersten 13 Wochen der Krankheit hinaus, endet aber im vollen Umfange, sobald nach dem Ablauf der ersten 13 Wochen der Krankengeldbezug endet, auch wenn derselbe insgesammt nicht volle 13 Wochen gewährt hätte. Die Vorschrift hat den Zweck, zu verhüten, daß bei geringfügigen Erkrankungen sofort die Arbeit niedergelegt und Erwerbsunfähigkeit vorgegeben wird. Zweitens ist der bisherige Abs. 3 hier fortgefallen und in § 6a weiter ausgeführt.

6. Ausf.Best.: Bayern Art. 1, 2 Ges. v. 26. Mai 1892, Ziffer 8 bis 10 Min.Bek. v. 15. Oktbr. 1892; Baden § 17 Verordn. v. 3. Septbr. 1892; Hessen Ziffer 4 Anw. v. 5. Novbr. 1892.

§. 6a.

I. Die Gemeinden sind ermächtigt, zu beschließen:

1. daß Personen, welche der Versicherungspflicht nicht unterliegen und freiwillig der Gemeinde-Krankenversicherung beitreten, erst nach Ablauf einer auf höchstens sechs Wochen vom Beitritt ab zu bemessenden Frist Krankenunterstützung erhalten;
2. daß **Versicherten, welche die Gemeinde-Krankenversicherung durch eine mit dem Verlust der bürgerlichen Ehrenrechte bedrohte strafbare Handlung geschädigt haben, für die Dauer von zwölf Monaten seit Begehung der Strafthat, sowie daß Versicherten, welche sich eine Krankheit** vorsätzlich oder durch schuldhafte Betheiligung bei Schlägereien oder Raufhändeln, durch Trunkfälligkeit oder geschlechtliche Ausschweifungen zugezogen haben, **für diese Krankheit** das Krankengeld gar nicht oder nur theilweise **zu gewähren ist;**
3. **daß Versicherten, welche von der Gemeinde die Krankenunterstützung ununterbrochen oder im Laufe eines Zeitraums von zwölf Monaten für dreizehn Wochen bezogen haben, bei Eintritt eines neuen Unterstützungsfalles, sofern dieser durch die gleiche nicht gehobene Krankheitsursache veranlaßt ist, im Laufe der**

nächsten zwölf Monate Krankenunterstützung nur für die Gesammtdauer von dreizehn Wochen zu gewähren ist;

4. daß Krankengeld allgemein oder unter bestimmten Voraussetzungen schon vom Tage des Eintritts der Erwerbsunfähigkeit ab, sowie für Sonn- und Festtage zu zahlen ist;
5. daß Versicherten auf ihren Antrag die im §. 6 Absatz 1 Ziffer 1 bezeichneten Leistungen auch für ihre dem Krankenversicherungszwange nicht unterliegenden Familienangehörigen zu gewähren sind;
6. daß die ärztliche Behandlung, die Lieferung der Arznei und die Kur und Verpflegung nur durch bestimmte Aerzte, Apotheken und Krankenhäuser zu gewähren sind und die Bezahlung der durch Inanspruchnahme anderer Aerzte, Apotheken und Krankenhäuser entstandenen Kosten, von dringenden Fällen abgesehen, abgelehnt werden kann.

Die Gemeinden sind ferner ermächtigt, II.
Vorschriften über die Krankenmeldung, über das Verhalten der Kranken und über die Krankenaufsicht zu erlassen und zu bestimmen, daß Versicherte, welche diesen Vorschriften oder den Anordnungen des behandelnden Arztes zuwiderhandeln, Ordnungsstrafen bis zu zwanzig

Mark zu erlegen haben. Vorschriften dieser Art bedürfen der Genehmigung der Aufsichtsbehörde.

Zu § 6a.

1. Der durch die Novelle eingefügte § 6a enthält zunächst (im Abs. 1 Ziffer 1 und 2) den bisherigen Abs. 3 des § 6, im Uebrigen einen weiteren Ausbau der Gemeinde-Krankenversicherung in Anlehnung an die gleichartigen, für die organisirten Krankenkassen geltenden Bestimmungen der §§ 21 und 26a.

2. Trunkfälligkeit ist gewohnheitsmäßiges Trinken. „Bei den durch Trunkfälligkeit verursachten Erkrankungen werde es sich in der Mehrzahl der Fälle um Deliranten handeln, für die ein Bedürfniß, sie vor der Ortsarmenpflege zu bewahren, am allerwenigsten vorliege." (Komm.Ber. S. 47.)

Der Ausschluß des Krankengeldes bei geschlechtlichen Ausschweifungen ist um deswillen zugelassen, weil man den soliden Arbeiter nicht zu Gunsten des liederlichen belasten dürfe, aber eine solche Belastung durch die namentlich in größeren Städten zahlreichen Fälle der Venerie sehr wohl eintreten könne (cf. Komm.Ber. S. 47).

3. „Die Bestimmung unter 3 soll die Möglichkeit gewähren, der mehrfach hervorgetretenen Gefahr einer ungerechtfertigten Ausbeutung der Gemeinde-Krankenversicherung durch Personen, welche mehr invalid als krank sind, entgegenzutreten" (Mot. S. 41).

4. Für die Unterstützung von Familienangehörigen muß die Gemeinde-Krankenversicherung einen besonderen Beitrag erheben (§ 9 Abs. 1). Den organisirten Kassen dagegen ist Familienunterstützung auch ohne besonderen Beitrag gestattet (§ 21a Ziffer 5, § 22 Abs. 2).

5. In Abs. 1 Ziffer 6 wird die Befugniß ausgesprochen, für die Leistungen der Gemeinde-Krankenversicherung ausschließlich besondere Kassenärzte u. s w. zu bestimmen; eine Befugniß, die früher zum Theil bezweifelt worden ist, nach der richtigen Meinung aber früher auch ohne besonderen Beschluß der Gemeinde von selbst bestand. Die Bestellung derartiger Kassenärzte erfordert jetzt einen besonderen Gemeindebeschluß. Sofern ein derartiger Beschluß gefaßt ist, brauchen Hülfsleistungen anderer Aerzte nur dann entschädigt zu werden, wenn sie

„in dringenden Fällen" gewährt worden sind; in solchen dringenden Fällen aber darf trotz der Bestellung besonderer Kassenärzte die Bezahlung anderweiter Aerzte u. s. w. nicht verweigert werden. Sind besondere Kassenärzte nicht bestellt, so wird die Dienstleistung jedes Arztes, der die Kranken behandelt hat, nach den üblichen Taxen bezahlt werden müssen.

Soweit „ärztliche Behandlung" nöthig ist, muß sie, von Ausnahmefällen abgesehen, durch approbirte „Aerzte" (§ 29 Gew.O.) gewährt werden.

Wegen Vermehrung der Kassenärzte vgl. § 56a.

6. Nur die in Abs. 2 bezeichneten Beschlüsse müssen behördlich genehmigt werden; für die in Abs. 1 bezeichneten Beschlüsse ist eine solche Genehmigung nicht vorgeschrieben.

7. Bei Verstößen gegen die gemäß Abs. 2 gefaßten Beschlüsse ist außer der Ordnungsstrafe auch zwangsweise Unterbringung im Krankenhause zulässig, vgl. § 7. Gegen die Auferlegung von Ordnungsstrafen ist die Beschwerde an die Aufsichtsbehörde zulässig, § 76e. Die Ordnungsstrafe darf nach der Novelle auf das Krankengeld angerechnet werden (§ 56).

8. Ausf.Best.: Preußen Ziffer 2, 11, 12 Anw. v. 10. Juli 1892; Bayern Art. 1, 2 Ges. v. 26. Mai 1892; §§ 2, 4 Verordn. v. 8. Juni 1892, Ziffer 8—10 Min.Bek. v. 15. Oktbr. 1892; Württemberg §§ 1, 18 ff. Verordn. v. 2. Novbr. 1892; Baden §§ 17, 19 Verordn. v. 3. Septbr. 1892; Hessen Ziffer 4—6 Anw. v. 5. Novbr. 1892.

§. 7.*)

An Stelle der im §. 6 vorgeschriebenen Leistungen kann freie Kur und Verpflegung in einem Krankenhause gewährt werden, und zwar: I.

1. für diejenigen, welche verheirathet sind, **oder eine eigene Haushaltung haben, oder Mitglieder der Haushaltung ihrer** Familie sind, mit ihrer Zustimmung, oder unabhängig von derselben, wenn die Art der Krankheit An-

forderungen an die Behandlung oder Verpflegung stellt, welchen in der Familie des Erkrankten nicht genügt werden kann, **oder wenn die Krankheit eine ansteckende ist, oder wenn der Erkrankte wiederholt den auf Grund des §. 6 a Absatz 2 erlassenen Vorschriften zuwider gehandelt hat, oder wenn dessen Zustand oder Verhalten eine fortgesetzte Beobachtung erfordert;**

2. für sonstige Erkrankte unbedingt.

II. Hat der in einem Krankenhause Untergebrachte Angehörige, deren Unterhalt er bisher aus seinem Arbeitsverdienst bestritten hat, so ist neben der freien Kur und Verpflegung die Hälfte des im §. 6 **als Krankengeld** festgesetzten **Betrages für diese Angehörigen** zu **zahlen. Die Zahlung kann unmittelbar an die Angehörigen erfolgen.**

*) Dieser § gilt auch für Orts-, Betriebs- (Fabrik-), Bau-, Innungs-Krankenkassen (§§ 20, 64, 72, 73), Knappschaftskassen (§ 74) und solche Hülfskassen ohne Beitrittszwang, deren Mitgliedschaft von der Zugehörigkeit zu einer andern organisirten Krankenkasse oder zur Gemeinde-Krankenversicherung entbinden soll (§ 75).

Zu § 7.

1. Motive S. 34: „Nach dem Vorgange des Hülfskassengesetzes wird in § 7 vorgeschrieben, daß an die Stelle der in § 6 festgesetzten Unterstützung die Verpflegung in einem Krankenhause treten kann. Es erscheint indessen billig, daß diese Art der Unterstützung Solchen (welche bei ihren Familien leben), gegen ihren Willen nicht aufgedrungen werden kann, wenn es nicht im Interesse der Heilung nothwendig erscheint. Ebenso muß, wenn die Krankenversicherung ihren Zweck nicht theilweise verfehlen soll, Sorge

dafür getragen werden, daß auch die Angehörigen eines in ein Krankenhaus aufgenommenen Versicherten nicht ohne alle Unterstützung bleiben."

2. Durch die Novelle sind die Gründe einer zwangsweisen Unterbringung in ein Krankenhaus erweitert worden; insbesondere kann letztere jetzt zum Schutze der Gemeinde-Krankenversicherung auch gegen solche Kranke angeordnet werden, welche die Vorschriften über die Krankmeldung und das Verhalten während der Krankheit (§ 6a Abs. 2) hartnäckig übertreten und dadurch die Gemeinde-Krankenversicherung schädigen.

3. Ausf. Best.: Bayern Art. 1, 2 Ges. v. 26. Mai 1892, Ziffer 8 bis 10 Min. Bek. v. 15. Oktbr. 1892.

§. 8.

Der Betrag des ortsüblichen Tagelohnes gewöhnlicher Tagearbeiter wird von der höheren Verwaltungsbehörde nach Anhörung der Gemeindebehörde festgesetzt **und durch das für ihre amtlichen Bekanntmachungen bestimmte Blatt veröffentlicht. Aenderungen der Festsetzung treten erst sechs Monate nach der Veröffentlichung in Kraft.** I.

Die Festsetzung findet für männliche und weibliche, für **Personen über und unter sechszehn Jahren** besonders statt. **Für Personen unter sechszehn Jahren (jugendliche Personen) kann die Festsetzung getrennt für junge Leute zwischen vierzehn und sechszehn Jahren und für Kinder unter vierzehn Jahren vorgenommen werden.** Für Lehrlinge gilt die für **junge Leute** getroffene Feststellung. II.

Zu § 8.

1. Motive S. 33: „Da die Gemeinde bei der Gemeinde-Krankenversicherung selbstbetheiligtes Subjekt ist, so kann die Feststellung der Durchschnittslöhne nicht, wie nach dem Hülfskassengesetz, der Gemeinde-

behörde überlassen werden. Dieselbe wird daher der höheren Verwaltungsbehörde zu übertragen sein, welche dieselbe in geeigneten Fällen statt für jede einzelne Gemeinde auch für ganze Bezirke, nach Anhörung der Behörden der betheiligten Gemeindeorgane, wird vornehmen können."

Durch die Novelle sind weitere Abstufungen in der Festsetzung zugelassen und Veröffentlichungen der letzteren insbesondere zu dem Zwecke angeordnet worden, um den Hülfskassen ohne Beitrittszwang (§ 75) ihre neu begründete Verpflichtung, die Kassenleistungen nach dem ortsüblichen Tagelohn der einzelnen Orte, über welche die Kasse sich erstreckt, zu bemessen, zu erleichtern.

Auf Anregung des Reichstages werden von Reichswegen die ortsüblichen Tagelöhne zusammengestellt und im Reichs-Zentralblatt veröffentlicht. Vgl. Bek. v. 24. Dezbr. 1892 Z.Bl. S. 716 (Anhang zu Nr. 53); Nachtrag Z.Bl. 1893 S. 6; Veränderungen Z.Bl. 1893 S. 361, 1894 S. 485. Die Festsetzung der ortsüblichen Tagelöhne erfolgt fortan nach einheitlichen Gesichtspunkten.

Nach den Verhandlungen im Reichstag ist es das Recht und die Pflicht der höheren Verwaltungsbehörde, mit Rücksicht auf die wandelbare Höhe der Löhne in entsprechenden Perioden die Feststellung von Neuem vorzunehmen (Sten. Ber. 1883 S. 2558). Die Novelle trifft Bestimmung, daß derartige Veränderungen erst nach Ablauf einer längeren Frist in Kraft treten.

2. „Die Bestimmung, daß für Lehrlinge die für junge Leute getroffenen Feststellungen gelten sollen, ist deshalb erforderlich, weil der Lohn der Lehrlinge häufig nicht in baarem Gelde, sondern in freier Station besteht, welche nach § 1 Abs. 5 genügt, um die Versicherungspflicht zu begründen" (Komm.Ber. S. 26).

3. Der auf Grund dieses § behördlich festgesetzte „ortsübliche Tagelohn gewöhnlicher Tagearbeiter" im Gegensatze zum Durchschnittslohn einer bestimmten Klasse von Arbeitern (§ 20) hat eine über die Krankenversicherung hinausgehende Bedeutung. Als fingirter Mindestbetrag eines Tagesverdienstes kommt er nämlich auch bei der Unfallversicherung (§ 3 Abs. 3, § 5 Abs. 5 U.V.G.) sowie bei der Invaliditäts- und Altersversicherung (§ 4 Abs. 2, § 9 Abs. 3, § 22 Abs. 2 Ziffer 5 Inv.Ges.) in Betracht.

4. In Preußen erfolgt die Festsetzung des ortsüblichen Tagelohns durch den Regierungspräsidenten, für Berlin durch den Oberpräsidenten.

5. Ausf.Best.: Preußen Ziffer 6 Anw. v. 10. Juli 1892; Bayern Art. 1, 2 Ges. v. 26. Mai 1892, §§ 2, 3 Verordn. v. 8. Juni 1892, Ziffer 13 Min.Bek. v. 15. Oktbr. 1892; Sachsen Min.Verf. v. 13. Mai und 3. Oktbr. 1892; Württemberg § 17 Verordn. v. 2. Novbr. 1892; Baden §§ 5, 18 Verordn. v. 3. Septbr. 1892; Hessen Ziffer 1 Anw. v. 5. Novbr. 1892.

§. 9.

Die von der Gemeinde zu erhebenden Versicherungsbeiträge sollen, solange nicht nach Maßgabe des §. 10 etwas anderes festgesetzt ist, einundeinhalb Prozent des ortsüblichen Tagelohnes (§. 8) nicht übersteigen und sind mangels besonderer Beschlußnahme in dieser Höhe zu erheben. **In Fällen der Gewährung der im §. 6a Absatz 1 Ziffer 5 bezeichneten besonderen Leistungen sind besondere von der Gemeinde-Krankenversicherung allgemein festzusetzende Zusatzbeiträge zu erheben.** I.

Die Beiträge fließen in eine besondere Kasse, aus welcher auch die Krankenunterstützungen zu bestreiten sind. II.

Die Einnahmen und Ausgaben dieser Kasse sind getrennt von den sonstigen Einnahmen und Ausgaben der Gemeinde festzustellen und zu verrechnen. Die Verwaltung der Kasse hat die Gemeinde unentgeltlich zu führen. Ein Jahresabschluß der Kasse nebst einer Uebersicht über die Versicherten und die Krankheitsverhältnisse ist alljährlich der höheren Verwaltungsbehörde einzureichen. III.

IV. Reichen die Bestände der Krankenversicherungskasse nicht aus, um die fällig werdenden Ausgaben derselben zu decken, so sind aus der Gemeindekasse die erforderlichen Vorschüsse zu leisten, welche ihr, vorbehaltlich der Bestimmungen des §. 10, demnächst aus der Krankenversicherungskasse mit ihrem Reservefonds zu erstatten sind.

Zu § 9.

1. Die Novelle ordnet die Erhebung besonderer Beiträge für Familienunterstützung an, vgl. Anm. 4 zu § 6a, sowie § 52b.

1½ Prozent des ortsüblichen Tagelohns gewöhnlicher Tagearbeiter reichen nach den bisherigen Erfahrungen im Gesammtdurchschnitt etwa aus, um die voraussichtlichen Ausgaben aus der Gemeinde-Krankenversicherung zu decken. Dieser Prozentsatz ist daher für dieselbe als Regel gesetzlich vorgeschrieben und tritt kraft des Gesetzes überall und solange ein, als nicht wegen besonders günstiger oder ungünstiger lokaler Verhältnisse auf Grund besonderer Beschlüsse oder Anordnungen ein anderer Prozentsatz eingeführt ist. Vgl. die Motive im Komm. d. Verf. Anm. 2 zu § 9.

Eine Erhöhung der Beiträge ist nur bis auf 2 Prozent zulässig, vgl. § 10. Wegen der Abrundung vgl. Anm. zu § 6.

Ein wesentlicher Faktor für die Bemessung der Beiträge ist der, daß die ganzen Verwaltungskosten der Gemeinde allein zufallen (Abs. 3), so daß nur die Unterstützungen selbst und die geringen Rücklagen zur Ansammlung des Reservefonds aus den Beiträgen zu bestreiten sind.

Da die Arbeitgeber im Allgemeinen ein Drittel des Gesammtbeitrags aus eigenen Mitteln zu leisten haben (§ 51), so beträgt der **Normalbeitrag des Arbeiters zur Gemeinde-Krankenversicherung nur 1 Prozent, sein Maximalbeitrag** zu derselben 1⅓ Prozent des ortsüblichen Tagelohns. Wenn der Versicherungspflichtige also wöchentlich gelohnt wird und der ortsübliche Tagelohn gewöhnlicher Tagearbeiter 1 Mark 50 Pf. täglich beträgt, so beläuft sich der wöchentliche Abzug, den er für die Gemeinde-

Krankenversicherung bei der Lohnzahlung erleidet, auf 9 bis höchstens 12 Pf. Wenn sein eigener Arbeitslohn nicht mehr als den ortsüblichen Tagelohn gewöhnlicher Tagearbeiter betragen sollte, so erhält er am Schluß der Woche statt 9 Mark doch nicht weniger als 8 Mark 91 Pf. bis 8 Mark 88 Pf. und hat für diesen unmerklichen Abzug die Sicherheit, daß er im Krankheitsfall das Nothwendige erhält. Nur wenig ungünstiger stellt sich die Rechnung für die freiwilligen Mitglieder (§ 4 Abs. 2, § 11); sie haben unter gleichen Verhältnissen zur Gemeinde-Krankenversicherung wöchentlich $13^1/_2$ bis 18 Pf. beizutragen.

Bei organisirten Krankenkassen (exkl. der Hülfskassen ohne Beitrittspflicht, deren Beiträge gesetzlich nicht fixirt sind) wird neben etwas höherer Krankenunterstützung auch die Unterstützung von Wöchnerinnen und erwerbslosen ehemaligen Mitgliedern, sowie ein nicht unerhebliches Sterbegeld gewährt; auch haben ihre Mitglieder vermöge der ihnen eingeräumten Selbstverwaltung die Verwaltungskosten zu tragen (bei den Betriebs- [Fabrik-] und Bau-Krankenkassen jedoch nur theilweise, § 64 Ziffer 4, § 72). Dem entsprechend werden für organisirte Krankenkassen auch höhere Beiträge der Kassenmitglieder zugelassen, und zwar 2 bis 3 Prozent des auf 3 bez. 4 Mark reduzirten Durchschnittslohns der betr. Arbeiterklasse, §§ 31, 47, 64, 65, 72, 73, zu welchem dann noch die Antheile der Arbeitgeber hinzutreten. Vgl. auch § 26a Ziffer 6.

2. Zu beachten ist die verschiedene Ausdrucksweise im Gesetz. Bei der Gemeinde-Krankenversicherung wird das Maximum „der zu erhebenden Versicherungsbeiträge", d. h. der Gesammtbeiträge angegeben; der Antheil des Arbeitgebers ist also abzuziehen, wenn man die Belastung der Arbeiter darstellen will. Bei den organisirten Krankenkassen wird dagegen das Maximum der Kassenbeiträge, „soweit sie den Kassenmitgliedern selbst zur Last fallen", oder der Höchstbetrag „für die Versicherten" angegeben (§§ 31, 47, 67); der Antheil der Arbeitgeber ($^1/_3$ des Gesammtbeitrags, also $^1/_2$ des Arbeiterbeitrags) ist also hinzuzufügen, wenn man die Gesammtbeiträge darstellen will, cf. die Ausführungen im Komm. d. Verf. Anm. 2 zu § 9.

3. Die Verpflichtung der Gemeinden zu Vorschüssen und die ihnen auferlegte unentgeltliche Verwaltung der Gemeinde-Krankenversicherung dient dazu, ihnen Anregung zu geben, in eigenem Interesse den Nothbehelf der Gemeinde-Krankenversicherung aufzugeben und organisirte

Krankenkassen, korporative Verbände mit Selbstverwaltung der Berufsgenossen, wie sie die Regel bilden sollen, ins Leben zu rufen (§ 16). Zwar hat die Gemeinde auch die Möglichkeit, gemeinsame Gemeinde-Krankenversicherung durch Zusammenlegung mit anderen Gemeinden anzustreben (§§ 12, 13), doch wird sie auf diesem Wege von ihrer Verantwortlichkeit und Vertretungsverbindlichkeit nicht völlig frei, weil auch der gemeinsamen Gemeinde-Krankenversicherung die Verpflichtung zu unentgeltlicher Verwaltung und zu Vorschüssen obliegt.

4. Als höhere Verwaltungsbehörde gilt in Preußen der Regierungspräsident, für Berlin und da, wo ein Provinzialverband für die Gemeinde-Krankenversicherung an die Stelle der demselben angehörenden Gemeinden gesetzt ist, der Oberpräsident.

5. Ueber die Höhe und Ansammlung des Reservefonds vgl. § 10; über den Jahresabschluß und die Ueberschüsse vgl. §§ 41, 79, sowie Bek. des Reichskanzlers v. 16. Novbr. 1892 Centr. Bl. S. 671.

Ausf. Best.: Preußen Ziffer 2, 11, 13, 14 Anw. v. 10. Juli 1892; Bayern Art. 1, 2 Ges. v. 26. Mai 1892, §§ 2, 3 Verordn. v. 8. Juni 1892, Ziffer 11, 12 Min.Bek. v. 15. Oktbr. 1892; Sachsen § 1 Verordn. v. 28. Septbr. 1883; Württemberg § 21 Verordn. v. 2. Novbr. 1892; Baden §§ 19, 20 Verordn. v. 3. Septbr. 1892; Hessen Ziffer 5, 6, 10 Anw. v. 5. Novbr. 1892.

§. 10.

I. Ergiebt sich aus den Jahresabschlüssen, daß die gesetzlichen Krankenversicherungsbeiträge zur Deckung der gesetzlichen Krankenunterstützungen nicht ausreichen, so können mit Genehmigung der höheren Verwaltungsbehörde die Beiträge bis zu zwei Prozent des ortsüblichen Tagelohnes (§. 8) erhöht werden.

II. Ueberschüsse der Einnahmen über die Ausgaben, welche nicht zur Deckung etwaiger Vorschüsse der Gemeinde in Anspruch genommen werden, sind zunächst zur Ansammlung eines Reservefonds zu verwenden.

Ergeben sich aus den Jahresabschlüssen dauernd III.
Ueberschüsse der Einnahmen aus Beiträgen über die Ausgaben, so sind nach Ansammlung eines Reservefonds im Betrage **der durchschnittlichen Jahresausgabe der letzten drei Jahre** zunächst die Beiträge bis zu einundeinhalb Prozent des ortsüblichen Tagelohnes (§. 8) zu ermäßigen. Verbleiben alsdann noch Ueberschüsse, so hat die Gemeinde zu beschließen, ob eine weitere Herabsetzung der Beiträge oder eine Erhöhung **oder Erweiterung** der Unterstützungen eintreten soll. Erfolgt eine Beschlußnahme nicht, so kann die höhere Verwaltungsbehörde die Herabsetzung der Beiträge verfügen.

Zu § 10.

1. Reicht der Beitrag von (insgesammt, vgl. Anm. 2 zu § 9) 2 Prozent nicht aus, so ist die Gemeinde, wenn sie es nicht vorzieht, Orts-Krankenkassen zu errichten (cf. Anm. 3 zu § 9), zum Antrag auf Vereinigung mit anderen Gemeinden zu gemeinsamer Gemeinde-Krankenversicherung (§ 13) berechtigt.

Für den Ausfall hat sie selbst aufzukommen.

Eine Verminderung der Unterstützungen zur Entlastung der Beiträge ist unstatthaft.

2. Ein Reservefonds braucht bei der Gemeinde-Krankenversicherung erst angesammelt zu werden, wenn Ueberschüsse vorhanden und ältere Vorschüsse der Gemeinden zurückgezahlt sind. Anders bei den organisirten Kassen, §§ 32, 64, 72, 73. Ueber die Höhe des Reservefonds hat die Novelle die früheren Bestimmungen des Gesetzes etwas geändert.

3. Wegen der höheren Verwaltungsbehörde in Preußen s. Anm. 4 zu § 9.

4. Ausf. Best.: Preußen Ziffer 2, 11 Anw. v. 10. Juli 1892; Bayern Art. 1, 2 Ges. v. 26. Mai 1892, §§ 2, 3 Verordn. v. 8. Juni 1892; Sachsen § 1 Verordn. v. 28. Septbr. 1883; Württemberg § 21 Verordn. v. 2. Novbr. 1892; Baden §§ 19, 20 Verordn. v. 3. Septbr. 1892; Hessen Ziffer 5, 6 Anw. v. 5. Novbr. 1892.

§. 11.

Personen, für welche die Gemeinde-Krankenversicherung eingetreten ist, behalten, wenn sie aus der dieselbe begründenden Beschäftigung ausscheiden und nicht zu einer Beschäftigung übergehen, vermöge welcher sie nach Vorschrift dieses Gesetzes Mitglieder einer Krankenkasse werden, den Anspruch auf Krankenunterstützung, solange sie die Versicherungsbeiträge fortzahlen und entweder im Gemeindebezirk ihres bisherigen Aufenthaltes verbleiben, oder in dem Gemeindebezirk ihren Aufenthalt nehmen, in welchem sie zuletzt beschäftigt wurden.

Zu § 11.

1. Der § 11 gestattet im Gegensatz zu § 4 Abs. 2, welcher den freiwilligen Eintritt nicht versicherungspflichtiger Personen in die Gemeinde-Krankenversicherung zuläßt, die freiwillige Fortsetzung des Versicherungsverhältnisses seitens derjenigen Personen, für welche dasselbe kraft Gesetzes (§ 4 Abs. 1) oder kraft freiwilligen Beitritts (§ 4 Abs. 2) einmal begründet gewesen ist, demnächst aber mit dem Aufhören der Beschäftigung fortfallen würde.

Geht ein Mitglied der Gemeinde-Krankenversicherung zu einer Beschäftigung über, für welche eine organisirte Krankenkasse (Orts-, Betriebs- [Fabrik-], Bau-, Innungs-, Knappschaftskasse) besteht, so darf dasselbe der Gemeinde-Krankenversicherung nicht länger angehören, auch wenn es wollte und auch wenn es seine Beiträge anbietet. Ein so beschäftigter Versicherungspflichtiger wird vielmehr kraft Gesetzes Mitglied der seiner Beschäftigung entsprechenden Krankenkasse, neben welcher die Gemeinde-Krankenversicherung fortfällt. Wer demnächst einer eingeschriebenen oder freien Hülfskasse (§ 75) sich anschließt, ist zwar zum Ausscheiden aus der Gemeinde-Krankenversicherung berechtigt (§ 4), darf aber auch das frühere Verhältniß zu derselben fortsetzen. Vgl. Anm. 3 zu § 19.

2. „Durch die Diskussion wurde außer Frage gestellt, daß hier wie im Falle des § 23 (jetzt § 27) diejenigen Beiträge, durch deren Fortzahlung der bisher versichert gewesene Arbeiter sich die Fortdauer der Versicherung sichern kann, die vollen Beiträge sind, so daß derselbe nicht nur die von ihm gemäß §§ 9 und 10 bisher gezahlten Beiträge, sondern außerdem noch diejenigen 50 Prozent mehr zu entrichten hat, welche während der Dauer der Versicherungspflicht gemäß § 47 (jetzt § 51) von seinem Arbeitgeber gezahlt wurden." (Komm. Ber. S. 30.)

3. Ausf.Best.: Bayern Art. 1, 2 Ges. v. 26. Mai 1892, §§ 2, 3 Verordn. v. 8. Juni 1892.

§. 12.

Mehrere Gemeinden können sich durch übereinstimmende Beschlüsse zu gemeinsamer Gemeinde-Krankenversicherung vereinigen. I.

Durch Beschluß eines weiteren Kommunalverbandes kann dieser für die Gemeinde-Krankenversicherung an die Stelle der demselben angehörenden einzelnen Gemeinden gesetzt oder die Vereinigung mehrerer ihm angehörender Gemeinden zu gemeinsamer Gemeinde-Krankenversicherung angeordnet werden. II.

Wo weitere Kommunalverbände nicht bestehen, kann die Vereinigung mehrerer benachbarter Gemeinden zu gemeinsamer Gemeinde-Krankenversicherung durch Verfügung der höheren Verwaltungsbehörde angeordnet werden. III.

IV. Derartige Beschlüsse und Verfügungen müssen über die Verwaltung der gemeinsamen Gemeinde-Krankenversicherung Bestimmung treffen.

V. Die Beschlüsse bedürfen der Genehmigung der höheren Verwaltungsbehörde; gegen die Verfügung der letzteren, durch welche die Genehmigung versagt oder ertheilt oder die Vereinigung mehrerer Gemeinden angeordnet wird, steht den betheiligten Gemeinden und Kommunalverbänden innerhalb vier Wochen die Beschwerde an die Zentralbehörde zu.

Zu § 12.

1. Die §§ 12—14 behandeln die Zusammenlegung mehrerer Gemeinden zu gemeinsamer Gemeinde-Krankenversicherung. Der § 12 betrifft die freiwillige sowie die auf Anordnung weiterer Kommunalverbände eintretende Vereinigung; für diese sind besondere Voraussetzungen nicht vorgeschrieben, sondern es wird nur die Genehmigung der höheren Verwaltungsbehörde erfordert. Der § 13 gestattet dagegen unter gewissen Voraussetzungen (geringe Anzahl der Versicherten, fortdauerndes Mißverhältniß zwischen Einnahme und Ausgabe trotz Erhebung der Maximalbeiträge), aber auch dann nur auf Antrag der nothleidenden Gemeinde und unter Ausschluß der selbständigen Gutsbezirke und Gemarkungen (§ 88), eine solche Zusammenlegung durch Anordnung der höheren Verwaltungsbehörde. § 14 behandelt sodann die Wiederauflösung dieser Vereinigungen.

Die §§ 12 bis 14 gelten nicht in Bayern, cf. § 15 R.G. und Art. 1 Bayer. Ausf.Ges. v. 28. Febr. 1884. Aehnliche Vereinigungen bestehen dort in den distriktiven Krankenhausverbänden.

2. Ein Normalstatut für eine gemeinsame Gemeinde-Krankenversicherung, von der ehemaligen Kgl. Landdrostei in Hannover für die gemeinsame, sämmtliche Gemeinden des Amtsverbandes umfassende Gemeinde-Krankenversicherung der dortigen Amtsverbände entworfen, ist mit den zugehörigen Formularen in der „Arbeiter-Versorgung" Nr. 10 für 1884, S. 187 veröffentlicht. Amtliche Normalstatuten sind

ferner erlassen für Württemberg (Min.Bek. v. 20. Septbr. 1892 Anl. D; abgedruckt „Arbeiter-Versorgung" 1892 S. 680, 732) und für Baden (Reichs- und Landesgesetze über die Krankenversicherung, amtliche Ausgabe 1892, S. 209; „Inval. u. Altersvers." Zeitschr. v. Fey u. Zeller in Darmstadt, 1892 S. 41 ff.). Vgl. auch die empfehlenswerthe Arbeit von Otto Schilling in Dresden: „Die gemeinsame Gemeinde-Krankenversicherung", Statutenentwurf nebst Vorschlägen zur Einrichtung der Buchführung in derselben (Dresden, bei Warnatz und Lehmann).

3. Sofern eine gemeinsame Gemeinde-Krankenversicherung eingerichtet ist, gilt für deren Verwaltung dasselbe, was für die Verwaltung der Gemeinde-Krankenversicherung in Einzelgemeinden vorgesehen ist (§§ 6 ff.). An die Stelle der „Gemeinde" tritt dann die Verwaltung der gemeinsamen Gemeinde-Krankenversicherung, bezw. der weitere Kommunalverband. (Abs. 2.)

4. Darüber, daß den nach Abs. 2 gefaßten Beschlüssen weiterer Kommunalverbände oder der an die Stelle fehlender Kommunalverbände tretenden höheren Verwaltungsbehörden auch die Gemeinden über 10 000 Einwohner sowie die selbständigen Gutsbezirke und Gemarkungen unterworfen sind, vgl. den Komm. des Verf. Anm. 5 zu § 12.

5. Vgl. Anm. 4 zu § 9.

6. Ausf.Best.: Preußen Ziffer 1, 2, 5, 11 bis 13 Anw. v. 10. Juli 1892; Bayern Art. 1 Ges. v. 26. Mai 1892; Sachsen § 1 Verordn. v. 28. Septbr. 1883; Württemberg §§ 18 ff. Verordn. v. 2. Novbr. 1892; Baden §§ 21 bis 28 Verordn. v. 3. Septbr. 1892; Hessen Ziffer 7 Anw. v. 5. Novbr. 1892.

§. 13.

Sind in einer Gemeinde nicht mindestens fünfzig I.
Personen vorhanden, für welche die Gemeinde-Krankenversicherung einzutreten hat, oder ergiebt sich aus den Jahresabschlüssen (§. 9 Absatz 3) einer Gemeinde, daß auch nach Erhöhung der Versicherungsbeiträge auf zwei Prozent des ortsüblichen Tagelohnes (§. 8) die

Deckung der gesetzlichen Krankenunterstützung fortlaufend Vorschüsse der Gemeindekasse erfordert, so kann auf Antrag der Gemeinde deren Vereinigung mit einer oder mehreren benachbarten Gemeinden zu gemeinsamer Krankenversicherung durch die höhere Verwaltungsbehörde angeordnet werden.

II. Trifft diese Voraussetzung für die Mehrzahl der einem weiteren Kommunalverbande angehörenden Gemeinden zu, so kann die höhere Verwaltungsbehörde anordnen, daß der weitere Kommunalverband für die Gemeinde-Krankenversicherung der ihm angehörenden Gemeinden an die Stelle der einzelnen Gemeinden zu treten hat.

III. Ueber die Verwaltung der Gemeinde-Krankenversicherung sind in diesen Fällen die erforderlichen Vorschriften nach Anhörung der betheiligten Gemeinden und Verbände zu erlassen.

IV. Gegen die auf Grund der vorstehenden Bestimmungen von der höheren Verwaltungsbehörde erlassenen Anordnungen und Vorschriften steht den betheiligten Gemeinden und Kommunalverbänden innerhalb vier Wochen die Beschwerde an die Zentralbehörde zu.

V. Gemeinden von mehr als zehntausend Einwohnern können ohne ihre Einwilligung nur dann mit kleineren Gemeinden vereinigt werden, wenn ihnen die Verwaltung der gemeinsamen Gemeinde-Krankenversicherung übertragen wird.

Zu § 13.

1. cf. die Anm. 1, 2, 4 zu § 12.

2. Nach § 83 gilt dieser Paragraph nicht für die selbständigen Gutsbezirke und Gemarkungen, cf. jedoch Anm. 3.

3. Wenn ein weiterer Kommunalverband für die Gemeinde-Krankenversicherung der einzelnen Gemeinden durch die höhere Verwaltungsbehörde an die Stelle der letzteren gesetzt worden ist (Abs. 2), so hat der Verband als solcher die Gemeinde-Krankenversicherung zu gewähren; eine Ausnahmestellung, wie sie größeren Gemeinden bei der Vereinigung mit anderen Gemeinden im Abs. 5 eingeräumt worden ist, greift also in diesem Fall nicht Platz. Was aber für die größeren Gemeinden gilt, muß auch auf die selbständigen Gutsbezirke und Gemarkungen Anwendung finden. Vgl. den Komm. des Verf. Anm. 5 zu § 13 und Anm. 2 zu § 83.

4. Ausf.Best. wie bei § 12.

§. 14.

Eine auf Grund des §. 12 oder des §. 13 herbeigeführte Vereinigung kann auf demselben Wege wieder aufgelöst werden, auf welchem sie herbeigeführt ist. I.

Durch Beschluß des weiteren Kommunalverbandes oder Verfügung der höheren Verwaltungsbehörde kann die Auflösung nur auf Antrag einer der betheiligten Gemeinden herbeigeführt werden. II.

Ueber die Vertheilung eines etwa vorhandenen Reservefonds ist, falls die Auflösung durch Beschluß erfolgt, durch diesen, falls sie von der höheren Verwaltungsbehörde angeordnet wird, in der die Auflösung anordnenden Verfügung Bestimmung zu treffen. III.

Gegen die Verfügung der höheren Verwaltungsbehörde, durch welche die Genehmigung zu einer beschlossenen Auflösung ertheilt oder versagt wird, oder IV.

durch welche die Auflösung angeordnet wird, steht den betheiligten Gemeinden und Kommunalverbänden innerhalb vier Wochen die Beschwerde an die Zentralbehörde zu.

Zu § 14.

1. Komm.Ber. S. 34: Die Auflösung soll nur dann zugelassen werden, „wenn veränderte Umstände oder die durch Erfahrung gewonnene richtigere Beurtheilung der bestehenden Verhältnisse den zur Entscheidung berufenen Instanzen die Ueberzeugung geben, daß der Zweck des Gesetzes durch die Auflösung der Organisation besser erreicht werden würde".

2. cf. Anm. 4 zu § 9 und Anm. 1 zu § 12.

3. Ausf.Best.: Preußen, Bayern, Sachsen wie zu § 12; Württemberg §§ 22, 23 Verordn. v. 2. Novbr. 1892; Baden § 28 Verordn. v. 3. Septbr. 1892; Hessen Ziffer 8, 9 Anw. v. 5. Novbr. 1892.

§. 15.

Für Gemeinden, welche nach den Landesgesetzen den nach Vorschrift dieses Gesetzes versicherungspflichtigen Personen Krankenunterstützung gewähren und dagegen zur Erhebung bestimmter Beiträge berechtigt sind, gilt die landesgesetzlich geregelte Krankenversicherung als Gemeinde-Krankenversicherung im Sinne dieses Gesetzes, sofern die Unterstützung den Anforderungen dieses Gesetzes genügt und höhere Beiträge, als nach demselben zulässig sind, nicht erhoben werden. Eine hiernach etwa erforderliche Erhöhung der Unterstützung, oder Ermäßigung der Beiträge muß spätestens bis zum Ablauf eines Jahres nach Inkrafttreten dieses Gesetzes herbeigeführt werden.

Zu § 15.

1. Dieser Paragraph berücksichtigt die Verhältnisse in süddeutschen Staaten, speziell in Bayern.

2. Ausf.Best.: Bayern Ges. v. 26. Mai 1892.

Die übrigen Bestimmungen für die Gemeinde-Krankenversicherung (Pflicht der Arbeitgeber zur An- und Abmeldung ihrer Arbeiter sowie zur Beitragsleistung, Verrechnung des Arbeiterbeitrags bei den Lohnzahlungen, Beitreibung und Vorrechte der Beiträge, Verhältniß der im Wege der Armenpflege und anderweit gewährten oder zu gewährenden Unterstützungen zu der Krankenversicherung, Behandlung von Streitigkeiten) siehe im Abschnitt D (§§ 49 bis 58).

C. Orts-Krankenkassen.

§. 16.

Die Gemeinden sind berechtigt, für die in ihrem I. Bezirk beschäftigten versicherungspflichtigen Personen Orts-Krankenkassen zu errichten, sofern die Zahl der in der Kasse zu versichernden Personen mindestens einhundert beträgt.

Die Vorschriften des §. 5a finden auch hier II. **Anwendung.**

Die Orts-Krankenkassen sollen in der Regel für III. die in einem Gewerbszweige oder in einer Betriebsart beschäftigten Personen errichtet werden.

Die Errichtung gemeinsamer Orts-Krankenkassen IV. für mehrere Gewerbszweige oder Betriebsarten ist zulässig, wenn die Zahl der in den einzelnen Gewerbszweigen und Betriebsarten beschäftigten Personen weniger als einhundert beträgt.

V. Gewerbszweige oder Betriebsarten, in welchen einhundert Personen oder mehr beschäftigt werden, können mit anderen Gewerbszweigen oder Betriebsarten zu einer gemeinsamen Orts-Krankenkasse nur vereinigt werden, nachdem den in ihnen beschäftigten Personen Gelegenheit zu einer Aeußerung über die Errichtung der gemeinsamen Kasse gegeben worden ist. Wird in diesem Falle Widerspruch erhoben, so entscheidet über die Zulässigkeit der Errichtung die höhere Verwaltungsbehörde.

Zu § 16.

1. Die Orts-Krankenkassen, korporative mit Selbstverwaltung ausgestattete Verbände von Berufsgenossen, sollen die regelmäßige Form der Krankenversicherung bilden, vgl. Einleitung.

„In der Regel werden die Bezirke der für Berufsgenossen zu errichtenden Krankenkassen am zweckmäßigsten so abgegrenzt werden, daß sie mit den Bezirken der Gemeinden zusammenfallen. Daher sollen die Gemeinden, welche auch ein Interesse daran haben, daß die Aufgabe der Gemeinde-Krankenversicherung durch Errichtung von organisirten Krankenkassen möglichst eingeschränkt wird, zur Errichtung der Orts-Krankenkassen berechtigt und ..... (unter Umständen § 17, d. G.) ..... auch verpflichtet sein. Auch hinsichtlich der Orts-Krankenkassen wird indessen, wie hinsichtlich der Gemeinde-Krankenversicherung, die Möglichkeit vorzusehen sein, Recht und Pflicht der Gemeinden auf eine Vereinigung mehrerer Gemeinden oder auf einen größeren Verband zu übertragen. Von dieser Uebertragung (§ 43) wird namentlich da Gebrauch zu machen sein, wo gewisse gleichartige Gewerbebetriebe über örtliche Bezirke verbreitet sind, welche mit den Gemeindebezirken nicht zusammenfallen." (Motive.)

„Die Orts-Krankenkassen werden ihre nächste Aufgabe am besten erfüllen und eine moralische Wirkung auf ihre Mitglieder am sichersten ausüben, wenn ihre Mitglieder lediglich aus Berufsgenossen bestehen. Sie sollen daher, soweit dies möglich ist, für die in einem Gewerbe, eventuell für die in mehreren verwandten Gewerben beschäftigten Arbeiter gebildet werden. Jedoch soll, wenn die örtlichen Verhältnisse sonst eine Kassenbildung nicht ermöglichen, auch die Vereinigung verschiedenartiger und nöthigenfalls selbst aller Gewerbe zu einer Krankenkasse nicht ausgeschlossen sein, da auch die verschiedenartige Elemente zusammenfassenden organisirten Krankenkassen ihre Aufgabe immer noch vollkommener erfüllen dürften als die äußerstenfalls subsidiär eintretende Gemeinde-Krankenversicherung." (Motive.)

Die §§ 16 bis 18 behandeln die Errichtung von Orts-Krankenkassen einzelner Gemeinden, § 43 die Bildung gemeinsamer Orts-Krankenkassen für mehrere Gemeinden; über die Vereinigung mehrerer Orts-Krankenkassen zu Verbänden für gewisse gemeinsame Maßregeln vgl. § 46. Der § 16 erörtert das Recht, § 17 die Pflicht der Gemeinde zur Errichtung; der § 18 gestattet eine Ausnahme von der Regel des § 16 und § 18a regelt eine Erweiterung bestehender Orts-Krankenkassen.

Den Gemeinden stehen die Gutsherren und Gemarkungsberechtigten in selbständigen Gutsbezirken und Gemarkungen gleich, § 83.

2. Ueber die Betheiligung nicht versicherungspflichtiger, in den betr. Gewerbszweigen u. s. w. beschäftigter Personen vgl. § 19, § 4 Anm. 5; über die Betheiligung von Personen, welche in den betr. Gewerbszweigen die Beschäftigung aufgegeben haben, aber nicht zu einer die Mitgliedschaft in einer andern Krankenkasse begründenden Beschäftigung übergegangen sind, vgl. § 27; über die Berechtigung, durch das Kassenstatut auch andere als die in den §§ 1 bis 3 genannten Personen als Mitglieder zuzulassen, vgl. § 26a Abs. 2 Nr. 5.

3. Ausnahmen für solche Fälle, in denen Kassen durch erspartes Vermögen oder durch letztwillige Zuwendungen u. s. w. in der Lage sich befinden, trotz geringerer Mitgliederzahl ihren Verpflichtungen gerecht zu werden, siehe in § 18.

4. Die Mitgliedschaft in der Kasse richtet sich auch hier nach der Beschäftigung; die Vorschriften des § 5a darüber, welcher Ort als „Beschäftigungsort" gelten soll, haben nach dem durch die Novelle hier eingeschobenen zweiten Absatz auch hier Geltung.

5. In Preußen entscheidet als höhere Verwaltungsbehörde der Regierungspräsident, für Berlin der Oberpräsident.

6. Ausf.Best.: Preußen Ziffer 2, 4, 5, 16, 31 Anw. v. 10. Juli 1892; Bayern §§ 2, 3 Verordn. v. 8. Juni 1892, Ziffer 14—16 Min. Bek. v. 15. Oktbr. 1892; Sachsen § 1 Verordn. v. 28. Septbr. 1892; Württemberg §§ 4 ff. Verordn. v. 2. Novbr. 1892; Baden § 29 Verordn. v. 3. Septbr. 1892; Hessen Ziffer 11 Anw. v. 5. Novbr. 1892.

§. 17.

I. Durch Anordnung der höheren Verwaltungsbehörde kann die Gemeinde verpflichtet werden, für die in einem Gewerbszweige oder in einer Betriebsart beschäftigten Personen eine Orts-Krankenkasse zu errichten, wenn dies von Betheiligten beantragt wird und diesem Antrage, nachdem sämmtlichen Betheiligten zu einer Aeußerung darüber Gelegenheit gegeben ist, mehr als die Hälfte derselben und mindestens einhundert beitreten.

II. Dasselbe gilt von der Errichtung einer gemeinsamen Orts-Krankenkasse für mehrere Gewerbszweige oder Betriebsarten, wenn dem Antrage mehr als die Hälfte der in jedem Gewerbszweige oder in jeder Betriebsart beschäftigten Personen und im Ganzen mindestens einhundert beitreten.

III. Gegen die Verfügung der höheren Verwaltungsbehörde, durch welche die Errichtung einer gemeinsamen Orts-Krankenkasse angeordnet wird, steht der Gemeinde innerhalb vier Wochen die Beschwerde an die Zentralbehörde zu.

IV. Gemeinden, welche dieser Verpflichtung innerhalb der von der höheren Verwaltungsbehörde zu bestimmenden Frist nicht nachkommen, dürfen von denjenigen Personen, für welche die Errichtung einer Orts-Krankenkasse angeordnet ist, Versicherungsbeiträge zur Gemeinde-Krankenversicherung (§. 5 Absatz 2) nicht erheben.

Zu § 17.

1. Vgl. die Anmerkungen 1 bis 3 zu § 16.

2. In Preußen entscheidet als höhere Verwaltungsbehörde der Regierungspräsident, für Berlin der Oberpräsident.

3. Ausf.Best.: Preußen Ziffer 2, 4, 5, 18, 19 Anw. v. 10. Juli 1892; Bayern §§ 3, 6 Verordn. v. 8. Juni 1892, Ziffer 16 Min.Bek. v. 15. Oktbr. 1892; Sachsen § 1 Verordn. v. 28. Septbr. 1883; Württemberg §§ 26 ff. Verordn. v. 2. Novbr. 1892; Baden § 30 Verordn. v. 8. Septbr. 1892; Hessen Ziffer 14 Anw. v. 5. Novbr. 1892.

§. 18.

Beträgt die Zahl der in einem Gewerbszweige oder einer Betriebsart beschäftigten Personen weniger als einhundert, so kann die Errichtung einer Orts-Krankenkasse gestattet werden, wenn die dauernde Leistungsfähigkeit der Kasse in einer von der höheren Verwaltungsbehörde für ausreichend erachteten Weise sichergestellt ist.

Zu § 18.

1. Die Sicherstellung geschieht durch Alles, was der höheren Verwaltungsbehörde die Ueberzeugung von der dauernden Leistungsfähigkeit der Kasse zu geben geeignet ist. cf. Anm. 3 zu § 16; § 85.

2. cf. Anm. 2 zu § 16.

3. Ausf.Best.: Preußen Ziffer 2, 21, 31 Anw. v. 10. Juli 1892; Bayern § 3 Verordn. v. 8. Juni 1892; Sachsen § 1 Verordn. v. 28. Septbr. 1883; Württemberg §§ 26 ff. Verordn. v. 2. Novbr. 1892.

§. 18 a.

I. **Die Gemeinden sind berechtigt, Gewerbszweige oder Betriebsarten, für welche eine Orts-Krankenkasse nicht besteht, einer bestehenden Orts-Krankenkasse nach Anhörung derselben, und nachdem den betheiligten Versicherungspflichtigen Gelegenheit zu einer Aeußerung darüber gegeben worden ist, zuzuweisen. Die Zuweisung soll thunlichst an eine für verwandte Gewerbszweige oder Betriebsarten bestehende Orts-Krankenkasse erfolgen.**

II. **Gegen den Bescheid, durch welchen die Zuweisung ausgesprochen wird, steht der Kasse innerhalb vier Wochen nach der Zustellung die Beschwerde an die höhere Verwaltungsbehörde zu.**

Zu § 18 a.

1. Dieser Paragraph ist durch die Novelle eingefügt worden, um eine Lücke zu ergänzen und insbesondere neu entstehende Gewerbszweige in die nach § 16 von der Gemeinde geregelte Organisation der Orts-Krankenkassen auch wider den Willen der letzteren einbeziehen zu können. Für gemeinsame Orts-Krankenkassen mehrerer Gemeinden trifft § 43 a gleichartige Vorschriften. Die nach solcher Zuweisung erforderliche Aenderung des Kassenstatuts (vgl. § 19 Abs. 1) kann nach § 48 a Abs. 2 auch gegen den Willen der Kasse vorgenommen werden. Vgl. § 57 b.

2. Ausf.Best.: Preußen Ziffer 2, 23, 31, 33 Anw. v. 10. Juli 1892; Bayern §§ 2, 3 Verordn. v. 8. Juni 1892, Ziffer 17 Min.Bek. v. 15. Oktbr. 1892; Württemberg §§ 26 ff. Verordn. v. 2. Novbr. 1892; Baden § 31 Verordn. v. 3. Septbr. 1892; Hessen Ziffer 24, 25 Anw. v. 5. Novbr. 1892.

§. 19.*)

Die Gewerbszweige und Betriebsarten, für welche eine Orts-Krankenkasse errichtet wird, sind in dem Kassenstatut (§. 23) zu bezeichnen. I.

Die in diesen Gewerbszweigen und Betriebsarten beschäftigten Personen werden, soweit sie versicherungspflichtig sind, **vorbehaltlich der Bestimmung des §. 75,** mit dem Tage, an welchem sie in die Beschäftigung eintreten, Mitglieder der Kasse, sofern sie nicht **vermöge ihrer Beschäftigung einer der in §§. 59, 69, 73, 74 bezeichneten** Kassen angehören. II.

Soweit sie nicht versicherungspflichtig sind, haben sie das Recht, der Kasse beizutreten, **sofern ihr jährliches Gesammteinkommen zweitausend Mark nicht übersteigt.** Der Beitritt erfolgt durch schriftliche oder mündliche Anmeldung bei dem Kassenvorstande oder der auf Grund des §. 49 Absatz **5** errichteten Meldestelle, gewährt aber keinen Anspruch auf Unterstützung im Falle einer bereits zur Zeit dieser Anmeldung eingetretenen Erkrankung. **Die Kasse ist berechtigt, nichtversicherungspflichtige Personen, welche sich zum Beitritt melden, einer ärztlichen Untersuchung unterziehen zu lassen und ihre Aufnahme abzulehnen, wenn die Untersuchung eine bereits bestehende Krankheit ergiebt.** III.

Sind mehrere Gewerbszweige oder Betriebsarten zu einem Betriebe vereinigt, so gehören die in diesem beschäftigten versiche- IV.

rungspflichtigen Personen derjenigen Orts-Krankenkasse an, welche für den Gewerbszweig oder die Betriebsart errichtet ist, in denen die Mehrzahl dieser Personen beschäftigt ist. Im Zweifel entscheidet, nach Anhörung des Betriebsunternehmers, der Vorstände der betheiligten Kassen und der Aufsichtsbehörde, die höhere Verwaltungsbehörde endgültig.

V. Der Austritt ist versicherungspflichtigen Personen mit dem Schlusse des Rechnungsjahres zu gestatten, wenn sie denselben spätestens drei Monate zuvor bei dem Vorstande beantragen und vor dem Austritt nachweisen, daß sie Mitglieder einer der im **§. 75** bezeichneten Kassen geworden sind.

VI. Die Mitgliedschaft nichtversicherungspflichtiger Personen erlischt, wenn sie die Beiträge an zwei auf einander folgenden Zahlungsterminen nicht geleistet haben.

*) Abs. 5 gilt auch für Innungs-Krankenkassen (§ 73). Im Uebrigen entspricht dem § 19 der § 63, welcher gleichartige Vorschriften für Betriebs- (Fabrik-) Krankenkassen und nach § 72 auch für Bau-Krankenkassen trifft.

Zu § 19.

1. Durch die Novelle sind im Abs. 2 und 4 diejenigen Abänderungen vorgenommen, welche erforderlich waren, um das Verhältniß der verschiedenen Kassen zu einander zweifelloser als nach der bisherigen Fassung festzustellen (vgl. Anm. 2). Außerdem ist in Abs. 3, entsprechend dem § 4 Abs. 3, die freiwillige Versicherung beschränkt, auch der Kasse das Recht eingeräumt, freiwillig Beitretende ärztlich untersuchen zu lassen und ihren Beitritt abzulehnen, wenn sie sich dabei als krank erweisen. Endlich ist durch einen neuen Abs. 4 die Frage der Kassenzugehörigkeit gemischter Betriebe geregelt.

2. Analog dem § 4 regelt dieser Paragraph den obligatorischen sowie den freiwilligen Eintritt in die Orts-Krankenkasse und den Austritt aus derselben. Die freiwillige Fortsetzung des Versicherungsverhältnisses durch solche Personen, welche gezwungen oder freiwillig der Orts-Krankenkasse beigetreten waren, demnächst aber die Voraussetzung dieses Verhältnisses (die Beschäftigung in dem Betriebe) ohne Uebertritt zu einer die Mitgliedschaft in einer andern Krankenkasse bedingenden anderen Beschäftigung aufgegeben haben, regelt dagegen § 27.

3. Nach den Bestimmungen des § 19 gehören versicherungspflichtige Personen, welche in den einer Orts-Krankenkasse zugewiesenen Gewerbszweigen oder Betriebsarten beschäftigt sind, kraft Gesetzes dieser Orts-Krankenkasse an; nur dann ist dies nicht der Fall, wenn sie entweder Mitglieder einer die Mindestleistungen gewährenden Hülfskasse sind (§ 75) oder vermöge ihrer Beschäftigung einer Betriebs- (Fabrik-), Bau-, Innungs- oder Knappschaftskasse anzugehören haben (Abs. 2). Versicherungspflichtige Personen, welche hiernach Mitglieder der Orts-Krankenkasse sind, bleiben solange Mitglieder, bis sie nach Maßgabe des Abs. 5 ihren Uebertritt zu einer Hülfskasse vollziehen oder die die Mitgliedschaft begründende Beschäftigung aufgeben (vgl. auch § 27 Anm. 2). Sobald letzteres geschieht, scheiden sie aus, dürfen aber freiwillig in der Kasse weiter verbleiben, falls sie nicht in eine Beschäftigung eintreten, durch welche sie obligatorisches Mitglied einer anderen organisirten Kasse werden (§ 27). Vgl. Anm. 3 und 4 zu § 27.

Nichtversicherungspflichtige, in den betr. Gewerbszweigen oder Betriebsarten beschäftigte Personen (Anm. 5 zu § 4) bis zu 2000 M. Jahreseinkommen, sowie die durch Kassenstatut zum freiwilligen Beitritt zugelassenen sonstigen Kategorien (§ 26a Abs. 2 Ziffer 5) dürfen der Orts-Krankenkasse freiwillig beitreten (Abs. 3); ihre Mitgliedschaft erlischt, sofern sie vermöge ihrer Beschäftigung Zwangsmitglieder einer anderen organisirten Krankenkasse werden oder freiwillig bezw. gemäß Abs. 6 durch Nichtentrichtung der Beiträge ausscheiden.

4. Ein Versicherungspflichtiger kann niemals gleichzeitig zwei organisirten Krankenkassen oder einer organisirten Krankenkasse und der Gemeinde-Krankenversicherung angehören. (Vgl. Anm. 1 zu § 11.) Wohl

aber kann er gleichzeitig einer organisirten Krankenkasse bezw. Gemeinde-Krankenversicherung und einer oder mehreren Hülfskassen angehören, doch hat er in solchem Fall unter Umständen eine Kürzung des Krankengeldes zu erwarten, vgl. 26a Abs. 1.

5. Ausf.Best.: Bayern §§ 3, 4 Verordn. v. 8. Juni 1892, Ziffer 18 Min.Bek. v. 15. Oktbr. 1892.

§. 20.*)

I. Die Orts-Krankenkassen sollen mindestens gewähren:

1. **im Falle einer Krankheit oder durch Krankheit herbeigeführten Erwerbsunfähigkeit** eine Krankenunterstützung, welche nach §§. 6, 7, 8 mit der Maßgabe zu bemessen ist, daß der durchschnittliche Tagelohn derjenigen Klassen der Versicherten, für welche die Kasse errichtet wird, soweit er drei Mark für den Arbeitstag nicht überschreitet, an die Stelle des ortsüblichen Tagelohnes gewöhnlicher Tagearbeiter tritt;
2. eine Unterstützung **in Höhe des Krankengeldes** an Wöchnerinnen, **welche innerhalb des letzten Jahres, vom Tage der Entbindung ab gerechnet, mindestens sechs Monate hindurch einer auf Grund dieses Gesetzes errichteten Kasse oder einer Gemeinde-Krankenversicherung angehört haben,** auf die Dauer von **mindestens vier** Wochen nach ihrer Niederkunft, **und soweit ihre Beschäftigung nach den Bestimmungen der Gewerbeordnung für eine längere Zeit untersagt ist, für diese Zeit;**

3. für den Todesfall eines Mitgliedes ein Sterbegeld im zwanzigfachen Betrage des **durchschnittlichen** Tagelohnes **(Ziffer 1).**

Die Feststellung des durchschnittlichen Tagelohnes kann auch unter Berücksichtigung der zwischen den Kassenmitgliedern hinsichtlich der Lohnhöhe bestehenden Verschiedenheiten klassenweise erfolgen. Der durchschnittliche Tagelohn einer Klasse darf in diesem Falle nicht über den Betrag von vier Mark festgestellt werden. II.

Verstirbt ein als Mitglied der Kasse Erkrankter nach Beendigung der Krankenunterstützung, so ist das Sterbegeld zu gewähren, wenn die Erwerbsunfähigkeit bis zum Tode fortgedauert hat und der Tod in Folge derselben Krankheit vor Ablauf eines Jahres nach Beendigung der Krankenunterstützung eingetreten ist. III.

Das Sterbegeld ist zunächst zur Deckung der Kosten des Begräbnisses bestimmt und in dem aufgewendeten Betrage demjenigen auszuzahlen, welcher das Begräbniß besorgt. Ein etwaiger Ueberschuß ist dem hinterbliebenen Ehegatten, in Ermangelung eines solchen den nächsten Erben auszuzahlen. Sind solche Personen nicht vorhanden, so verbleibt der Ueberschuß der Kasse. IV.

*) § 20 gilt auch für Betriebs- (Fabrik-) und Bau-Krankenkassen (§§ 64, 72), sowie für Innungs-Krankenkassen (§ 73) und Knappschaftskassen (§ 74).

Zu § 20.

1. Durch die Novelle ist außer Zweifel gestellt, daß die Orts-Krankenkassen, ebenso wie nach § 5 die Gemeinde-Krankenversicherung, die Krankenunterstützung nicht nur im Fall der Krankheit, sondern auch im Falle einer „durch Krankheit herbeigeführten Erwerbsunfähigkeit" zu gewähren haben. Sodann ist die Wöchnerinnen-Unterstützung eingehender und etwas abweichend geregelt. Endlich ist für das Sterbegeld der durchschnittliche Tagelohn (nach Ziffer 1) anstatt des früher maßgebenden ortsüblichen Tagelohns (§ 8) als maßgebend erklärt, die Gewährung von Sterbegeld unter Umständen auch über die Dauer der Krankenunterstützung hinaus angeordnet und die Auszahlung des Sterbegeldes geregelt worden.

2. Der § 20 bestimmt die Minimalleistungen der Orts-Krankenkassen, § 21 die zulässigen Erhöhungen und Erweiterungen, §§ 26 und 26a die in einzelnen besonderen Fällen statthaften Minderungen der Kassenleistungen. Die Kassenleistungen müssen bei den organisirten Krankenkassen innerhalb der gesetzlichen Grenzen durch ein Statut festgestellt werden, während sie bei der Gemeinde-Krankenversicherung, die auch ohne besondere Beschlüsse der Gemeinden sofort durchführbar sein soll, schon direkt auf Grund des Gesetzes feststehen und nur in wenigen Punkten modifizirt werden dürfen.

Der Mindestbetrag der von den organisirten Krankenkassen zu gewährenden Krankenunterstützung entspricht demjenigen, was die Gemeinde-Krankenversicherung zu leisten hat, „jedoch mit der durch die in höherem oder geringerem Grade vorhandene Gleichartigkeit der Kassenmitglieder gerechtfertigten Modifikation, daß an die Stelle des ortsüblichen Tagelohnes gewöhnlicher Tagearbeiter der Durchschnittstagelohn derjenigen Klasse von Versicherten tritt, für welche die Kasse errichtet ist." (Vgl. jetzt auch § 26a Ziffer 6!) „Mit Rücksicht auf die bisherige Entwickelung des Krankenkassenwesens soll den organisirten Krankenkassen allgemein zugleich die Funktion von Sterbekassen übertragen werden. Von jeher ist die Krankenversicherung der Regel nach mit Sterbegeldversicherung verbunden gewesen. Auch die Gesetzgebung hat diese Verbindung bisher stets, wenn auch meist nur als fakultative, aufrecht erhalten, und die unteren Volksklassen legen erfahrungsmäßig auf die Sicherung eines anständigen Begräbnisses einen gleich hohen, ja meist einen höheren Werth, als auf die Sicherung einer Unterstützung in Krankheitsfällen. Die Befugniß zur Erhöhung und Erweiterung der Kassenleistungen wird so zu begrenzen sein, daß die Leistungsfähigkeit der Kassen dadurch nicht gefährdet und ihre Wirksamkeit nicht auf Versicherungen ausgedehnt werden kann, für welche ihre Organisation nicht ausreicht und ein Zwang in dieser Form nicht gerechtfertigt erscheint." (Motive S. 36.)

Zu den Mindestleistungen der organisirten Krankenkassen gehört nach einem Beschluß des Reichstags ferner auch die Unterstützung von selbst versicherten Wöchnerinnen, welche im Wochenbett nicht eigentlich krank sind (cf. Anm. 1 zu § 5). Man will dadurch im Anschluß an § 135 der Gew.Ordn. ein zu frühes, der Gesundheit schädliches Arbeiten der Wöchnerinnen verhindern. Gestaltet sich das Wochenbett zu einer Krankheit, so tritt die Bestimmung der Nr. 1 (d. h. volle Krankenunterstützung) ein, wie der Kommissionsbericht ausdrücklich konstatirt. Wöchnerinnenunterstützung für die nicht selbst versicherten Ehefrauen der Kassenmitglieder gehört zu den statutarisch zulässigen Mehrleistungen, § 21 Abs. 1 Ziffer 5.

3. Der durchschnittliche Tagelohn (Ziffer 1) wird bei Orts-Krankenkassen auch der Bemessung der Beiträge zu Grunde gelegt (§§ 22, 31). Uebersteigt er den Betrag von täglich 3 oder bei klassenweiser Abstufung (Abs. 2) von täglich 4 Mark, so kommt der diesen Betrag übersteigende Theil desselben nicht in Rechnung.

Der für die Krankenversicherung festgesetzte durchschnittliche Tagelohn der betr. Kassenmitglieder ist auch für die Beiträge und Renten in der Invaliditäts- und Altersversicherung maßgebend, § 22 Abs. 2 Ziffer 4 des Inv.Ges.

4. An Stelle des „durchschnittlichen Tagelohns" kann der Individuallohn der einzelnen Versicherten bis zu täglich 4 Mark gesetzt werden, vgl. § 26 a Abs. 2 Ziffer 6.

5. Durch den neuen Abs. 3 wird eine Streitfrage, die sich aus der Fassung des bisherigen Gesetzes ergab, erledigt. Es soll fortan ein Sterbegeld für Personen, welche als Kassenmitglieder erkrankt und während der vorgeschriebenen Zeit unterstützt sind, auch dann gewährt werden, wenn sie nach Beendigung der Krankenunterstützung versterben, aber nur unter der Voraussetzung, daß 1) die Erwerbs-

unfähigkeit bis zum Tode fortgedauert hat, 2) der Tod die Folge derselben Krankheit war, und 3) der Tod vor Ablauf eines Jahres seit Beendigung der Krankenunterstützung eingetreten ist.

6. Ausf.Best.: Preußen Ziffer 7, 20, 21, 23 Anw. v. 10. Juli 1892; Bayern Ziffer 19 Min.Bek. v. 15. Oktbr. 1892; Sachsen § 1 Verordn. v. 28. Septbr. 1883; Baden § 32 Verordn. v. 3. Septbr. 1892; Hessen Ziffer 2 Anw. v. 5. Novbr. 1892.

§. 21.*)

I. Eine Erhöhung und Erweiterung der Leistungen der Orts-Krankenkassen ist in folgendem Umfange zulässig:

1. Die Dauer der Krankenunterstützung kann auf einen längeren Zeitraum als dreizehn Wochen bis zu einem Jahre festgesetzt werden.

1a. **Das Krankengeld kann allgemein oder unter bestimmten Voraussetzungen schon vom Tage des Eintritts der Erwerbsunfähigkeit ab, sowie für Sonn- und Festtage gewährt werden, sofern dieses sowohl von der Vertretung der zu Beiträgen verpflichteten Arbeitgeber (§. 38) als auch von derjenigen der Versicherten beschlossen wird, oder sofern der Betrag des gesetzlich vorgeschriebenen Reservefonds erreicht ist.**

2. Das Krankengeld kann auf einen höheren Betrag, und zwar bis zu drei Viertel des durchschnittlichen Tagelohnes (§. 20) festgesetzt werden; neben freier ärztlicher Behandlung und Arznei können auch andere als die im §. 6 bezeichneten Heilmittel gewährt werden.

3. Neben freier Kur und Verpflegung in einem Krankenhause kann Krankengeld bis zu einem Achtel des durchschnittlichen Tagelohnes (§. 20) auch solchen bewilligt werden, welche nicht den Unterhalt von Angehörigen aus ihrem Lohne bestritten haben.

3a. **Für die Dauer eines Jahres von Beendigung der Krankenunterstützung ab kann Fürsorge für Rekonvalescenten, namentlich auch Unterbringung in einer Rekonvalescentenanstalt gewährt werden.**

4. **Die Wöchnerinnen-Unterstützung** kann **allgemein** bis zur Dauer von sechs Wochen nach **der** Niederkunft **erstreckt** werden.

5. Freie ärztliche Behandlung, freie Arznei und sonstige Heilmittel können für erkrankte Familienangehörige der Kassenmitglieder, sofern sie nicht selbst dem Krankenversicherungszwange unterliegen, **auf besonderen Antrag oder allgemein** gewährt werden. Unter derselben Voraussetzung kann für Ehefrauen der Kassenmitglieder im Falle der Entbindung die nach **Ziffer 4** zulässige Unterstützung gewährt werden.

6. Das Sterbegeld kann auf einen höheren als den zwanzigfachen Betrag, und zwar bis zum vierzigfachen Betrage des **durchschnittlichen** Tagelohnes **(§. 20)** erhöht werden.

7. Beim Tode der Ehefrau oder eines Kindes eines Kassenmitgliedes kann, sofern diese Personen nicht selbst **in einem gesetzlichen Versicherungsverhältniß stehen, auf Grund dessen ihren Hinterbliebenen ein Anspruch auf Sterbegeld zusteht,** ein Sterbegeld, und zwar für erstere im Betrage bis zu zwei Dritteln, für letztere bis zur Hälfte des für das Mitglied festgestellten Sterbegeldes gewährt werden.

II. Auf weitere Unterstützungen, namentlich auf Invaliden-, Wittwen- und Waisenunterstützungen, dürfen die Leistungen der Orts-Krankenkassen nicht ausgedehnt werden.

*) Dieser Paragraph gilt auch für Betriebs- (Fabrik-), Bau- und Innungs-Krankenkassen (§§ 64, 72, 73).

Zu § 21.

1. Durch die Novelle eingefügt sind die Ziffern 1a und 3a, geändert sind die Ziffern 4 bis 7. Die neue Ziffer 1a entspricht dem für die Gemeinde-Krankenversicherung geltenden § 6a Ziffer 4 mit der im Interesse der Sicherheit der Kasse für erforderlich erachteten Maßgabe, daß die Beseitigung der Karenzzeit nur unter Zustimmung beider Gruppen von Betheiligten (§§ 37, 38), andernfalls erst nach Erreichung des gesetzlich vorgeschriebenen Reservefonds (§ 32) zulässig sein soll. Die Aenderung in Ziffer 5 gestattet neben der schon bisher zulässigen allgemeinen Krankenfürsorge für Angehörige auch eine solche, die, wie bei der Gemeinde-Krankenversicherung (§ 6a Ziffer 5), nur auf besonderen Antrag eintritt. In Fällen der letzteren Art darf ein besonderer Zusatzbeitrag erhoben werden (§ 22 Abs. 2).

2. Die Zulassung einer Versicherung von Familienangehörigen ohne besonderen Beitrag giebt, wie ein Regierungsvertreter bei den Verhandlungen über das Krankenversicherungsgesetz ausführte, einem

großen Prinzip Ausdruck, nämlich dem Prinzip der Solidarität des deutschen Hauses und der deutschen Familie. (Sten. Ber. 1883 S. 2108.)

3. Wegen Invaliden-, Wittwen- und Waisenunterstützungen vgl. §§ 85, 86.

4. Ausf.Best.: Bayern Nr. 10 Min.Bek. I v. 15. Mai 1884; Elsaß-Lothr. Nr. II B 4 Abs. 6 Min.Verf. v. 14. März 1884.

§. 22.*)

I. Die Beiträge zu den Orts-Krankenkassen sind in Prozenten des durchschnittlichen Tagelohnes (§. 20) so zu bemessen, daß sie unter Einrechnung der etwaigen sonstigen Einnahmen der Kasse ausreichen, um die statutenmäßigen Unterstützungen, die Verwaltungskosten und die zur Ansammlung oder Ergänzung des Reservefonds (§. 32) erforderlichen Rücklagen zu decken.

II. **Krankenkassen, welche die im §. 21 Absatz 1 Ziffer 5 bezeichneten besonderen Leistungen auf Antrag gewähren, sind nach Bestimmung des Statuts befugt, für diese Leistungen von Kassenmitgliedern mit Familienangehörigen einen besonderen, allgemein festzusetzenden Zusatzbeitrag zu erheben.**

III. **Orts-Krankenkassen, welche für verschiedene Gewerbszweige oder Betriebsarten errichtet sind, können die Höhe der Beiträge für die einzelnen Gewerbszweige und Betriebsarten verschieden bemessen, wenn und soweit die Verschiedenheit der Gewerbszweige und Betriebsarten eine erhebliche Verschiedenheit**

der Erkrankungsgefahr bedingt. Festsetzungen dieser Art bedürfen der Genehmigung der höheren Verwaltungsbehörde.

*) Dieser Paragraph gilt auch für Betriebs- (Fabrik-), Bau- und Innungs-Krankenkassen (§§ 64, 72, 73).

Zu § 22.

1. Motive: „Selbstverständlich müssen die Beiträge der Kassenmitglieder so bemessen werden, daß dieselben zusammen mit etwa vorhandenen sonstigen Einnahmen unter allen Umständen — mag die Kasse sich auf die gesetzlichen Mindestleistungen beschränken oder darüber hinausgehen — zur nachhaltigen Deckung der Verpflichtungen der Kasse ausreichen .... Die Entscheidung darüber, ob die Bestimmungen des Kassenstatuts in dieser Beziehung der Anforderung des Gesetzes genügen, muß der für die Genehmigung des Statuts zuständigen Behörde übertragen werden." cf. §§ 30 ff. Wegen der Abrundung vgl. Anm. 3 zu § 6.

2. Sind die Löhne zum Zweck der Krankenunterstützung klassenweise abgestuft, so muß diese Abstufung auch für die Bemessung der Beiträge maßgebend sein. Wird das Krankengeld nach dem Individuallohn gewährt, so muß letzterer auch den Beiträgen zu Grunde gelegt werden (§ 26a Ziffer 6).

3. Wegen des durch die Novelle eingefügten Abs. 2 vgl. Anm. 1 zu § 21 sowie § 52b. Der ebenfalls durch die Novelle zugesetzte Abs. 3 gestattet die Einführung von Gefahrenklassen.

4. Ausf.Best.: Preußen Ziffer 20 bis 23 Anw. v. 10. Juli 1892; Bayern § 3 Verordn. v. 8. Juni 1892; Württemberg §§ 30, 35, 36 Verordn. v. 2. Novbr. 1892; Baden § 33 Verordn. v. 3. Septbr. 1892; Hessen Ziffer 15, 16 Anw. v. 5. Novbr. 1892.

§. 23.*)

I. Für jede Orts-Krankenkasse ist von der Gemeindebehörde nach Anhörung der Betheiligten oder von Vertretern derselben ein Kassenstatut zu errichten.

Dasselbe muß Bestimmung treffen: II.

1. über die Klassen der dem Krankenversicherungszwange unterliegenden Personen, welche der Kasse als Mitglieder angehören sollen;
2. über Art und Umfang der Unterstützungen;
3. über die Höhe der Beiträge;
4. über die Bildung des Vorstandes und den Umfang seiner Befugnisse;
5. über die Zusammensetzung und Berufung der Generalversammlung und über die Art ihrer Beschlußfassung;
6. über die Abänderung des Statuts;
7. über die Aufstellung und Prüfung der Jahresrechnung.

Das Statut darf keine Bestimmung enthalten, III. welche mit dem Zweck der Kasse nicht in Verbindung steht oder gesetzlichen Vorschriften zuwiderläuft.

*) Dieser Paragraph gilt vorbehaltlich der Modifikation nach § 64 auch für Betriebs- (Fabrik-) und Bau-Krankenkassen (§§ 64, 72).

Zu § 23.

1. Motive: „Da die Gemeinden für die Begründung der Orts-Krankenkassen verantwortlich sind, so müssen ihre Organe auch zur Errichtung des Kassenstatuts berechtigt und verpflichtet sein, ohne an eine entscheidende Mitwirkung der Betheiligten, welche unter Umständen das Zustandekommen der Kasse unmöglich machen könnte, gebunden zu sein. Im Uebrigen entsprechen die Bestimmungen dieser Paragraphen denjenigen des Hülfskassengesetzes v. 7. April 1876." Wegen Unklarheiten bei Bestimmung derjenigen Kategorien, für welche die Kasse bestimmt ist (Abs. 2 Ziffer 1), vgl. § 57 b.

2. Ueber weitere Punkte, die das Statut regeln muß, vgl. § 27 (gewisse Angelegenheiten freiwilliger, auswärts sich aufhaltender

Kassenmitglieder), § 49 (Meldestelle), § 52 (Zahlungstermin). Vgl. auch § 37 wegen der Vertretung der Kassenmitglieder in der Generalversammlung. Natürlich muß die Kasse auch einen besonderen Namen erhalten, vgl. § 25.

3. Vom Bundesrath sind Musterstatuten für Orts-Krankenkassen (für einen sowie für mehrere Betriebszweige) und für Betriebs- (Fabrik-) Krankenkassen beschlossen; denselben sind erläuternde Bemerkungen beigefügt (Centralblatt f. d. deutsche Reich 1892 Nr. 29 S. 515). Die Kgl. Württembergische Regierung hat Musterstatuten zu gemeinsamen Orts-Krankenkassen für mehrere Gemeinden (§ 43) ebenfalls mit erläuternden Bemerkungen veröffentlicht (Min.Bek. v. 20. Septbr. 1892 Anl. C, abgedruckt „Arbeiter-Versorgung" 1892 S. 680, 682).

4. Ausf.Best.: Preußen Ziffer 2, 4, 36, 43, 52 Anw. 10. Juli 1892; Bayern § 2 Verordn. v. 8. Juni 1892, Ziffer 20 Min.Bek. v. 15. Oktbr. 1892; Sachsen § 1 Verordn. v. 28. Jan. 1883; Baden §§ 34, 35 Verordn. v. 3. Septbr. 1892.

§. 24.*)

I. Das Kassenstatut bedarf der Genehmigung der höheren Verwaltungsbehörde. Bescheid ist innerhalb sechs Wochen zu ertheilen. Die Genehmigung darf nur versagt werden, wenn das Statut den Anforderungen dieses Gesetzes nicht genügt **oder wenn die Bestimmung über die Klassen von Personen, welche der Kasse angehören sollen (§. 23 Absatz 2 Ziffer 1), mit den Bestimmungen des Statuts einer anderen Kasse im Widerspruch steht.** Wird die Genehmigung versagt, so sind die Gründe mitzutheilen. Der versagende Bescheid kann im Wege des Verwaltungsstreitverfahrens, wo ein solches nicht besteht, im Wege des Rekurses nach Maßgabe der Vorschriften der §§. 20, 21 der Gewerbeordnung angefochten werden.

Abänderungen des Statuts unterliegen der gleichen II. Vorschrift.

Jedes Mitglied erhält ein Exemplar des III. Kassenstatuts und etwaiger Abänderungen.

Den Zeitpunkt, mit welchem die Kasse ins Leben IV. tritt, bestimmt die höhere Verwaltungsbehörde.

*) Die Bestimmungen dieses Paragraphen gelten auch für Betriebs- (Fabrik-) und Bau-Krankenkassen (§§ 64, 72).

Zu § 24.

1. Durch die Novelle sind in Abs. 1 die Gründe, welche zur Versagung der Genehmigung des Kassenstatuts berechtigen, erweitert und die Absätze 3 und 4 neu eingefügt worden.

2. Der binnen sechs Wochen zu ertheilende Bescheid braucht kein abschließender zu sein; cf. Komm. d. Verf. Anm. 3 zu § 24.

3. In Preußen ist höhere Verwaltungsbehörde für die Genehmigung der Statuten der Bezirksausschuß (an diese hat der Reg.-Präs. die von ihm instruirte Sache nach Festsetzung der Durchschnittslöhne und ihrer Abstufungen abzugeben). Diese Festsetzungen sowie die Genehmigung einer verschiedenen Bemessung der Beiträge (§ 22 Abs. 3) und die Zuweisung weiterer Gewerbszweige und Betriebsarten (§§ 18a, 43a, 47 Abs. 6) sind für den Bezirksausschuß bindend. Als Rechtsmittel, wenn der Bezirksausschuß die Genehmigung des Statuts versagt oder nur unter Bedingungen ertheilt, ist das Verwaltungsstreitverfahren (vor dem Bezirksausschuß vorbehaltlich der Revision) gegeben. Verordn. v. 9. Aug. 1892 (Ges.S. S. 239).

4. Die beim Mangel eines landesrechtlichen Verwaltungsstreitverfahrens maßgebenden §§ 20, 21 der Gewerbeordnung in der Fassung des R.G. v. 1. Juli 1883 (R.G.Bl. S. 177) lauten:

> § 20. Gegen den Bescheid ist Rekurs an die nächstvorgesetzte Behörde zulässig, welcher bei Verlust desselben binnen vierzehn Tagen, vom Tage der Eröffnung des Bescheides an gerechnet, gerechtfertigt werden muß.
>
> Der Rekursbescheid ist den Parteien schriftlich zu eröffnen und muß mit Gründen versehen sein.

§ 21. Die näheren Bestimmungen über die Behörden und das Verfahren, sowohl in der ersten als in der Rekurs-Instanz, bleiben den Landesgesetzen vorbehalten. Es sind jedoch folgende Grundsätze einzuhalten:

1. In erster oder in zweiter Instanz muß die Entscheidung durch eine kollegiale Behörde erfolgen. Diese Behörde ist befugt, Untersuchungen an Ort und Stelle zu veranlassen, Zeugen und Sachverständige zu laden und eidlich zu vernehmen, überhaupt den angetretenen Beweis in vollem Umfange zu erheben.
2. Bildet die kollegiale Behörde die erste Instanz, so ertheilt sie ihre Entscheidung in öffentlicher Sitzung, nach erfolgter Ladung und Anhörung der Parteien, auch in dem Falle, wenn zwar Einwendungen nicht angebracht sind, die Behörde aber nicht ohne weiteres die Genehmigung ertheilen will, und der Antragsteller innerhalb vierzehn Tagen nach Empfang des die Genehmigung versagenden oder nur unter Bedingungen ertheilenden Bescheides der Behörde auf mündliche Verhandlung anträgt.
3. Bildet die kollegiale Behörde die zweite Instanz, so ertheilt sie stets ihre Entscheidung in öffentlicher Sitzung, nach erfolgter Ladung und Anhörung der Parteien.
4. Als Parteien sind der Unternehmer (d. h. hier der Antragsteller, d. H.), sowie diejenigen Personen zu betrachten, welche Einwendungen erhoben haben.
5. Die Oeffentlichkeit der Sitzungen kann unter entsprechender Anwendung der §§ 173 bis 176 des Gerichtsverfassungsgesetzes ausgeschlossen oder beschränkt werden.

5. Wegen Abänderung einer Genehmigung, die nur aus Irrthum ertheilt worden war, vgl. § 48a.

6. Ausf.Best.: Preußen Ziffer 2, 20 ff., 35 ff. Anw. v. 10. Juli 1892; Bayern Art. 3, 5 Ges. v. 26. Mai 1892, § 3 Verordn. v. 8. Juni 1892, Ziffer 20 bis 23 Min.Bek. v. 15. Oktober 1892; Sachsen § 1 Verordn. v. 28. Septbr. 1883; Baden §§ 36, 37 Verordn. v. 3. Septbr. 1892; Hessen §§ 7, 13 Anw. v. 5. Novbr. 1892.

§. 25.*)

Die Orts-Krankenkasse kann unter ihrem Namen Rechte erwerben und Verbindlichkeiten eingehen, vor Gericht klagen und verklagt werden. I.

Für alle Verbindlichkeiten der Kasse haftet den Kassengläubigern nur das Vermögen der Kasse. II.

*) Die Bestimmungen dieses Paragraphen gelten auch für Betriebs- (Fabrik-) und für Bau-Krankenkassen (§§ 64, 72).

Zu § 25.

Durch die Bestimmung in Abs. 1 ist den Orts-Krankenkassen juristische Persönlichkeit in der Form beigelegt worden, in welcher dies in den neueren Gesetzen wiederholt geschehen ist.

§. 26.*)

Für sämmtliche **versicherungspflichtige** Kassenmitglieder beginnt **der Anspruch** auf die **gesetzlichen** Unterstützungen der Kasse zum Betrage der gesetzlichen Mindestleistungen der Kasse (§. 20) mit dem Zeitpunkte, in welchem sie Mitglieder der Kasse geworden sind (§. 19). Von Kassenmitgliedern, welche nachweisen, daß sie bereits einer anderen Krankenkasse angehört oder Beiträge zur Gemeinde-Krankenversicherung geleistet haben, und daß zwischen dem Zeitpunkte, mit welchem sie aufgehört haben, einer solchen Krankenkasse anzugehören oder Beiträge zur Gemeinde-Krankenversicherung zu leisten, und dem Zeitpunkte, in welchem sie Mitglieder der Orts-Krankenkasse geworden sind, I.

nicht mehr als dreizehn Wochen liegen, darf ein Eintrittsgeld nicht erhoben werden.

II. **Kassenmitglieder, welche aus der Beschäftigung, vermöge welcher sie der Kasse angehörten, behufs Erfüllung ihrer Dienstpflicht im Heere oder in der Marine ausgeschieden sind und nach Erfüllung der Dienstpflicht in eine Beschäftigung zurückkehren, vermöge welcher sie der Kasse wieder angehören, erwerben mit dem Zeitpunkte des Wiedereintritts in die Kasse das Recht auf die vollen statutenmäßigen Unterstützungen derselben und können zur Zahlung eines neuen Eintrittsgeldes nicht verpflichtet werden. Dasselbe gilt von denjenigen, welche einer Kasse vermöge der Beschäftigung in einem Gewerbszweige angehört haben, dessen Natur eine periodisch wiederkehrende zeitweilige Einstellung des Betriebes mit sich bringt, wenn sie in Folge der letzteren ausgeschieden, aber nach Wiederbeginn der Betriebsperiode in eine Beschäftigung zurückgekehrt sind, vermöge welcher sie wieder Mitglieder derselben Kasse werden.**

III. Soweit die vorstehenden Bestimmungen nicht entgegenstehen, kann durch Kassenstatut bestimmt werden, daß das Recht auf die Unterstützungen der Kasse erst nach Ablauf einer Karenzzeit beginnt und daß neu eintretende Kassenmitglieder ein Eintrittsgeld zu zahlen haben. Die Karenzzeit darf den Zeitraum von sechs

Monaten, das Eintrittsgeld darf den Betrag des für sechs Wochen zu leistenden Kassenbeitrages nicht übersteigen.

*) Dieser Paragraph gilt auch für Betriebs- (Fabrik-), Bau- und Innungs-Krankenkassen (§§ 64, 72, 73), Abs. 1 sowie Abs. 2 Satz 1 auch für Knappschaftskassen (§ 74).

Zu § 26.

1. Der bisherige § 26 ist durch die Novelle in zwei Paragraphen (§§ 26 und 26a) zerlegt worden. Der neue § 26 enthält die Abs. 1 und 2 des bisherigen § 26, zwischen welche ein neuer, auf den Wiedereintritt in die Kasse nach militairischen Dienstleistungen und nach periodisch wiederkehrenden Betriebseinstellungen sich beziehender Absatz eingeschoben worden ist. Der neue § 26a enthält den mehrfach erweiterten Rest des früheren § 26. Die Aenderungen des Abs. 1 sind redaktionell; in Abs. 3 ist die Dauer der Karenzzeit, soweit letztere überhaupt zulässig ist, erweitert worden.

2. Der § 26 behandelt für die Orts-Krankenkassen zunächst die Frage nach der Zulässigkeit einer Karenzzeit. Dabei sichert der § 26 „jedem Versicherungspflichtigen von dem Augenblicke an, wo der Zwang gegen ihn wirksam wird, auch den Anspruch auf die gesetzliche Mindestunterstützung und schützt ihn bei eintretendem Orts- oder Berufswechsel gegen wiederholte Zahlung eines Eintrittsgeldes. Nur für den die Mindestleistung übersteigenden Theil der Unterstützung soll es gestattet sein, durch das Kassenstatut eine Karenzzeit festzustellen." (Mot. S. 38.)

Die Bestimmungen über die Karenzzeit beziehen sich indessen nur auf die versicherungspflichtigen Mitglieder; für die freiwilligen Mitglieder kann nach § 26a Abs. 2 Ziffer 4 neben der obligatorischen Vorschrift des § 19 Abs. 3 eine volle Karenzzeit in dem Sinne eingeführt werden, daß für neue Mitglieder während der ersten sechs auf ihre Beitrittserklärung folgenden Wochen jede Krankenunterstützung ausgeschlossen sein soll.

3. Die Karenzzeit hat hier eine andere Bedeutung, wie in dem § 6. Dort ist obligatorisch bestimmt, daß in jedem Krank-

heitsfall während der ersten beiden vollen Tage kein Krankengeld, wohl aber freie Behandlung zu gewähren ist, ohne Rücksicht darauf, wie lange das erkrankte Mitglied der Kasse angehört oder zur Gemeinde-Krankenversicherung Beiträge zahlt. (Vgl. aber auch § 6a Abs. 1 Ziffer 4 sowie § 21 Abs. 1 Ziffer 1a.) Hier dagegen wird für neue Kassenmitglieder eine statutarische zeitweise Beschränkung oder Ausschließung der statutenmäßigen Leistungen unter gewissen Voraussetzungen zugelassen, und zwar a) für versicherungspflichtige Kassenmitglieder nur hinsichtlich der Mehrleistungen (§ 21) — während ihnen die Mindestleistungen (§ 20) unverkürzt von Anfang an, jedoch auch hier (vorbehaltlich der Bestimmung des § 21 Abs. 1 Ziffer 1a) mit der Maßgabe zu gewähren sind, daß das Krankengeld in der Regel erst vom dritten Tage nach Beginn der Krankheit gezahlt wird —, b) für freiwillige Mitglieder ohne diese Beschränkung. Enthält das Statut eine solche Bestimmung nicht, so sind in Krankheitsfällen die vollen statutenmäßigen Kassenleistungen sofort nach dem Beginn der Mitgliedschaft — soweit nicht § 6 und § 19 Abs. 3 entgegenstehen — sämmtlichen Kassenmitgliedern zu gewähren.

4. Eintrittsgeld darf nur für solche neu eintretende Mitglieder eingeführt werden, welche während der letzten 13 Wochen vor dem Eintritt in die Kasse einer Krankenkasse oder der Gemeinde-Krankenversicherung nicht angehört haben. Aber auch dann, wenn diese Voraussetzungen zutreffen, ist das Eintrittsgeld ausgeschlossen, sofern es sich um einen Wiedereintritt in dieselbe Kasse nach militairischen Dienstleistungen oder periodisch wiederkehrenden Betriebseinstellungen handelt.

Weitere Bestimmungen über das Eintrittsgeld siehe in §§ 51, 53, 55, 56, 58, 65.

§. 26 a.*)

I. Kassenmitgliedern, welche gleichzeitig anderweitig gegen Krankheit versichert sind, ist **das** Kranken**geld** soweit zu kürzen, als **dasselbe** zusammen mit **dem** aus anderweiter Versicherung bezogenen Kranken**gelde** den vollen Betrag ihres durchschnittlichen Tagelohnes übersteigen würde. Durch das Kassenstatut kann diese Kürzung ganz oder theilweise ausgeschlossen werden.

Durch das Kassenstatut kann ferner bestimmt werden: II.

1. **daß die Mitglieder verpflichtet sind, andere von ihnen eingegangene Versicherungsverhältnisse, aus welchen ihnen Ansprüche auf Krankenunterstützung zustehen, sofern sie zur Zeit des Eintritts in die Kasse bereits bestanden, binnen einer Woche nach dem Eintritt, sofern sie später abgeschlossen werden, binnen einer Woche nach dem Abschlusse, dem Kassenvorstande anzuzeigen;**
2. daß Mitgliedern, welche die Kasse **durch eine mit dem Verlust der bürgerlichen Ehrenrechte bedrohte strafbare Handlung** geschädigt haben, **für die Dauer von zwölf Monaten seit Begehung der Strafthat, sowie daß Versicherten,** welche sich **eine** Krankheit vorsätzlich oder durch schuldhafte Betheiligung bei Schlägereien oder Raufhändeln, durch Trunkfälligkeit oder geschlechtliche Ausschweifungen zugezogen haben, **für diese Krankheit** das statutenmäßige Krankengeld gar nicht oder nur theilweise zu gewähren ist;

2a. **daß Mitglieder, welche der gemäß Ziffer 1 getroffenen Bestimmung oder den durch Beschluß der Generalversammlung über**

die Krankenmeldung, das Verhalten der Kranken und die Krankenaufsicht erlassenen Vorschriften oder den Anordnungen des behandelnden Arztes zuwiderhandeln, Ordnungsstrafen bis zu zwanzig Mark zu erlegen haben;

2b. **daß die ärztliche Behandlung, die Lieferung der Arznei und die Kur und Verpflegung nur durch bestimmte Aerzte, Apotheken und Krankenhäuser zu gewähren sind und die Bezahlung der durch Inanspruchnahme anderer Aerzte, Apotheken und Krankenhäuser entstandenen Kosten, von dringenden Fällen abgesehen, abgelehnt werden kann;**

3. daß **Mitgliedern,** welche **von dieser Krankenkasse eine** Krankenunterstützung ununterbrochen oder im Laufe **eines Zeitraums von zwölf Monaten** für dreizehn Wochen bezogen **haben,** bei Eintritt **eines** neuen **Unterstützungsfalles, sofern dieser durch die gleiche nicht gehobene Krankheitsursache veranlaßt worden ist, im Laufe der nächsten zwölf Monate Krankenunterstützung nur im gesetzlichen Mindestbetrage (§. 20) und nur für die Gesammtdauer** von dreizehn Wochen **zu gewähren ist;**

4. daß Personen, welche der Versicherungspflicht nicht unterliegen und freiwillig der Kasse bei-

treten, erst nach Ablauf einer auf höchstens sechs Wochen vom Beitritt ab zu bemessenden Frist Krankenunterstützung erhalten;

5. daß auch andere als die in den §§. 1 bis 3 genannten Personen als Mitglieder der Kasse aufgenommen werden können, **sofern ihr jährliches Gesammteinkommen zweitausend Mark nicht übersteigt;**

6. **daß die Unterstützungen und Beiträge statt nach den durchschnittlichen Tagelöhnen (§. 20) in Prozenten des wirklichen Arbeitsverdienstes der einzelnen Versicherten festgesetzt werden, soweit dieser vier Mark für den Arbeitstag nicht übersteigt.**

Die unter 2a bezeichneten Beschlüsse der Generalversammlung bedürfen der Genehmigung der Aufsichtsbehörde. Ueber Beschwerden gegen die Versagung der Genehmigung entscheidet die nächst vorgesetzte Dienstbehörde endgültig.

Abänderungen des Statuts, durch welche die bisherigen Kassenleistungen herabgesetzt werden, finden auf solche Mitglieder, welchen bereits zur Zeit der Abänderung ein Unterstützungsanspruch wegen eingetretener Krankheit zusteht, für die Dauer dieser Krankheit keine Anwendung. III.

*) Der § 26a gilt auch für Betriebs- (Fabrik-), Bau- und Innungs-Krankenkassen (§§ 64, 72, 73).

Zu § 26 a.

1. Vgl. Anm. 1 zu § 26. Im Uebrigen beziehen sich die durch die Novelle bewirkten Abänderungen insbesondere auf folgende Punkte:

a) die Kürzung bei mehrfacher Versicherung betrifft fortan nicht mehr, wie bisher, die volle Krankenunterstützung, sondern nur noch das Krankengeld;

b) neu eingefügt ist die Zulässigkeit einer Verpflichtung zur Anzeige anderweiter Versicherungsverhältnisse (Abs. 2 Ziffer 1), wobei gleichzeitig Ordnungsstrafe gemäß Ziffer 2a angedroht werden kann;

c) neu ist ferner die Zulässigkeit der Ordnungsstrafe gegen Erkrankte wegen Verstoß gegen die Anordnungen des Arztes u. s. w. (Ziffer 2a) sowie

d) die Bestimmung, daß besondere Kassenärzte u. s. w., entsprechend den Vorschriften des § 6a Abs. 1 Ziffer 6 für die Gemeinde-Krankenversicherung, bestellt werden dürfen (Ziffer 2b);

e) bei Benachtheiligung der Kasse ist fortan, entsprechend den gleichartigen Vorschriften für die Gemeinde-Krankenversicherung, nur noch Kürzung des Krankengeldes, nicht mehr Ausschließung aus der Kasse, zulässig (Ziffer 2); die bisherigen Ziffern 1 und 2 sind deshalb jetzt in die eine Ziffer 2 zusammengezogen worden, welche nunmehr den gleichartigen Vorschriften für die Gemeinde-Krankenversicherung entspricht (§ 6a Abs. 1 Ziffer 2);

f) die Vorschriften über die theilweise Versagung der Krankenunterstützung (Ziffer 3) sind entsprechend den Vorschriften des § 6a Abs. 1 Ziffer 3 geändert worden;

g) die Aufnahme anderer Personen ist, wie bei der Gemeinde-Krankenversicherung (§ 4 Abs. 2), auf Personen mit einem Jahreseinkommen bis zu 2000 Mark beschränkt worden;

h) die bisher nur für Betriebs- (Fabrik-) Krankenkassen geltende Vorschrift, daß die Unterstützungen statt nach dem Durchschnittslohn auch nach dem Individuallohn bemessen werden dürfen, ist auch auf Orts-Krankenkassen ausgedehnt worden (Ziffer 6). Dies gilt auch für Innungs-Krankenkassen, da § 26a gemäß § 73 auf diese Anwendung findet.

2. Nur durch die Bestimmungen der Statuten können für gewisse Klassen die gesetzlich zugelassenen Verschiedenheiten begründet sein; der Kassenverwaltung aber steht eine Bevorzugung einzelner Kassenmitglieder innerhalb dieser Klassen nicht zu. Vgl. darüber den Komm. d. Verf. Anm. 3 zu § 26.

3. Die Doppelversicherung führt nach der gesetzlichen Regel zu einer Kürzung, soweit sie sich als Ueberversicherung darstellt; doch kann diese Kürzung durch das Statut ausgeschlossen werden.

Man beachte den Unterschied: die Kürzung im Fall der Doppelversicherung tritt auf Grund des Gesetzes ein, kann aber durch das Statut ausgeschlossen werden (Abs. 1); die Kürzung bei Verschulden 2c. und wiederholter Erkrankung (Abs. 2 Ziffer 2) tritt dagegen nur auf Grund der Statuten ein.

4. Wegen der Kassenärzte vgl. Anm. 5 zu § 6a, sowie § 56a.

Ordnungsstrafen, welche auf Grund der Ziffer 2a auferlegt sind, können mit Beschwerde an die Aufsichtsbehörde angefochten (§ 76 c) und auf das Krankengeld aufgerechnet werden (§ 56 Abs. 2).

5. Durch die Bestimmung des Abs. 2 Ziffer 5 wird die Möglichkeit gegeben, die Orts-Krankenkassen auch solchen Personen zugänglich zu machen, welchen das G e s e t z weder die Verpflichtung, noch die Berechtigung zum Beitritt beilegt. Man hat hierbei namentlich an die kleinen selbständigen Handwerksmeister gedacht, deren Verhältnisse und soziale Stellung eine Krankenversicherung oft ebenso wünschenswerth machen, wie bei unselbständigen Arbeitern, Gesellen 2c. Auch andere selbständige Gewerbetreibende, z. B. solche Personen, welche aus der Leistung von Einzeldiensten ein Gewerbe machen, wie Dienstmänner, können hiernach beitrittsberechtigt werden, ebenso Dienstboten, welchen durch das Gesetz selbst nur das Beitrittsrecht zur Gemeinde-Krankenversicherung beigelegt ist (§ 4), vgl. Anm.*) auf S. 45. Selbstverständlich zahlen die auf Grund solcher statutarischen Bestimmung freiwillig beitretenden Personen ebenso wie die anderen freiwilligen Kassenmitglieder die v o l l e n statutenmäßigen Beiträge einschließlich des Beitrags, den der Arbeitgeber für seine unselbständigen versicherungspflichtigen Arbeiter zu leisten hat, cf. Anm. 5 zu § 4. Dadurch wird nicht ausgeschlossen, daß diese Beiträge von einem Andern übernommen werden, z. B. vom Dienstherrn für seine Dienstboten, wenn er letztere versichert.

6. **Ausf.Best.:** **Preußen** Ziffer 11, 30 Anw. v. 10. Juli 1892; **Bayern** § 4 Verordn. v. 8. Juni 1892, Ziffer 15, 16 Anw. v. 5. Novbr. 1892; **Hessen** Ziffer 23 Anw. v. 5. Novbr. 1892.

§. 27.*)

I. Kassenmitglieder, welche aus der die Mitgliedschaft begründenden Beschäftigung ausscheiden und nicht zu einer Beschäftigung übergehen, vermöge welcher sie Mitglieder einer anderen der in den §§. 16, 59, 69, 73, 74 bezeichneten Krankenkassen werden, bleiben solange Mitglieder, als sie sich im Gebiete des Deutschen Reichs aufhalten, sofern sie ihre dahin gehende Absicht binnen einer Woche dem Kassenvorstande anzeigen. Die Zahlung der vollen statutenmäßigen Kassenbeiträge zum ersten Fälligkeitstermine ist der ausdrücklichen Anzeige gleich zu erachten, **sofern der Fälligkeitstermin innerhalb der für die letztere vorgeschriebenen einwöchigen Frist liegt.**

II. Die Mitgliedschaft erlischt, wenn die Beiträge an zwei auf einander folgenden Zahlungsterminen nicht geleistet werden.

III. Durch Kassenstatut kann bestimmt werden, daß für nicht im Bezirk der **Krankenkasse oder eines für die Zwecke des §. 46 Absatz 1 Ziffer 2 und 3 errichteten Kassenverbandes** sich aufhaltende Mitglieder der im ersten Absatz bezeichneten Art an die Stelle der im §. 6 Absatz 1 Ziffer 1 bezeichneten Leistungen eine **Vergütung in Höhe von mindestens der Hälfte** des Krankengeldes tritt.

Ueber die Einsendung der Beiträge, die Aus- IV.
zahlung der Unterstützungen und die Krankenkontrole für die nicht im Bezirk der Gemeinde sich aufhaltenden Personen hat das Kassenstatut Bestimmung zu treffen.

*) Der § 27 gilt auch für Betriebs- (Fabrik-) und Bau-Krankenkassen vorbehaltlich der Modifikation des § 64 (§§ 64, 72), sowie für Innungs-Krankenkassen (§ 73).

Zu § 27.

1. Der § 27 hat das Ausscheiden aus der Beschäftigung schlechthin und ohne Rücksicht auf eine dadurch etwa bedingte Erwerbslosigkeit, § 28 aber den speziellen Fall im Auge, daß der Ausscheidende zugleich erwerbslos wird und keine Zahlung leisten kann. Wegen des Verhältnisses zu § 19 cf. Anm. 3 zu § 19.

2. Nach der Novelle soll der ersten Beitragszahlung nach dem Austritt die Wirkung einer ausdrücklichen Erklärung, daß die Mitgliedschaft freiwillig fortgesetzt werden soll, nur noch dann beiwohnen, wenn der Fälligkeitstermin für diese Beitragsleistung innerhalb der für die Anzeige vorgeschriebenen Frist von einer Woche liegt. Außerdem ist in Abs. 3 vorgesehen, daß eine Vergütung statt der ärztlichen Behandlung auch solchen freiwilligen Mitgliedern gewährt werden darf, welche sich nicht nur außerhalb des Bezirks der Gemeinde, sondern außerhalb des Bezirks der Kasse oder des Kassenverbandes aufhalten.

3. Wer nach dem Aufgeben seiner bisherigen Beschäftigung eine solche Beschäftigung aufnimmt, welche ihm die Mitgliedschaft in einer andern Orts- oder in einer Betriebs- (Fabrik-), Innungs-, Bau- oder Knappschaftskasse sichert, ist nicht berechtigt, das Verhältniß zu der seiner bisherigen Beschäftigung entsprechenden Krankenkasse fortzusetzen. Das Verbleiben in der letzteren steht nur demjenigen Versicherten frei, welcher entweder zeitweise ohne Beschäftigung bleibt, oder zu einer Beschäftigung übergeht, für welche überhaupt oder an dem betr. Orte eine Kasse der erwähnten Art nicht besteht, also zu einer Beschäftigung, welche ihn des Versicherungszwanges entweder ganz überhebt (z. B. indem er selbständig arbeitet), oder ihn der Gemeinde-Krankenversicherung (welche keine „Kasse" ist, cf. Anm. 2 zu § 4) des Beschäftigungsorts

zuweist. Der letzteren gehört dann der freiwillig in der Orts-Krankenkasse verbleibende Versicherungspflichtige nicht an.

4. Darüber, daß die Mitgliedschaft während der Krankenunterstützung fortdauert, vgl. § 54a.

5. Wer binnen einer Woche nach dem Ausscheiden aus der die Mitgliedschaft begründenden Beschäftigung erkrankt, ist (im Falle einer entsprechenden Mittheilung oder Fortzahlung der Beiträge) durch § 27 gedeckt, so daß er, falls er nicht inzwischen auf Grund seiner neuen Beschäftigung Mitglied einer anderen Krankenkasse geworden ist, aus der seiner bisherigen Beschäftigung entsprechenden Krankenkasse Unterstützung zu beanspruchen hat (Komm.Ber. S. 49, vgl. Komm. d. Verf. Anm. 4, 6 zu § 27).

6. Auch hier sind die vollen Beiträge zu zahlen (cf. Komm. d. Verf. Anm. 7 zu § 27. Vgl. auch oben Anm. 6 zu § 26).

§. 28.*)

I. **Personen, welche in Folge eintretender Erwerbslosigkeit aus der Kasse ausscheiden, verbleibt der Anspruch** auf die gesetzlichen Mindestleistungen der Kasse **in Unterstützungsfällen, welche während** der Erwerbslosigkeit **und innerhalb eines Zeitraums von** drei Wochen **nach dem Ausscheiden aus der Kasse eintreten, wenn der Ausscheidende vor seinem Ausscheiden mindestens drei Wochen ununterbrochen einer auf Grund dieses Gesetzes errichteten Krankenkasse angehört hat.**

II. **Dieser Anspruch fällt fort, wenn der Betheiligte sich nicht im Gebiete des Deutschen Reichs aufhält, soweit nicht durch Kassenstatut Ausnahmen vorgesehen werden.**

*) Der § 28 gilt auch für Betriebs- (Fabrik-), Bau- und Innungs-Krankenkassen (§§ 64, 72, 73).

Zu § 28.

1. Vgl. Anm. 1 zu § 27.

2. Die jetzige Fassung beruht auf der Novelle. Es wird durch dieselbe außer Zweifel gestellt (was bei richtiger Auslegung des § 28 in der alten Fassung freilich ebenfalls schon geltendes Recht war, vgl. Mot. zur Novelle S. 51, sowie Komm. d. Verf. 4. Aufl. Anm. 4 zu § 28), daß einem in Folge Erwerbslosigkeit ausgeschiedenen Mitgliede „ein Unterstützungsanspruch zwar nur in Fällen, welche spätestens binnen drei Wochen nach dem Ausscheiden eintreten, dann aber auch im vollen Umfange der gesetzlichen Mindestleistung, also, soweit es sich um Krankenunterstützung handelt, nöthigenfalls bis 13 Wochen gewährt werden soll" (Mot. zur Nov.). Außerdem ist neu, daß der Ausgeschiedene vorher drei Wochen hindurch nur irgend einer auf Grund des Gesetzes errichteten Krankenkasse angehört zu haben braucht (früher mußte er diese Zeit hindurch derselben Kasse, aus der er ausschied, angehört haben), und daß eine Mitgliedschaft, welche die Dauer von drei Wochen nicht erreicht, einen solchen Anspruch fortan überhaupt nicht mehr begründen soll.

3. Die gesetzlichen Mindestleistungen der Kasse enthält § 20 Abs. 1. Tritt mithin innerhalb der Dauer der Krankenunterstützung der Tod ein, so erwächst auch ein Anspruch auf Sterbegeld. Dagegen ist letzteres nicht zu zahlen, wenn der Tod erst nach Beendigung der Krankenunterstützung eintritt, weil die Vorschrift des § 20 Abs. 3 nur für solche Personen gilt, die „als Mitglieder der Kasse" erkrankt sind.

Die besonderen Rechte als Kassenmitglied (Wahlfähigkeit, Wählbarkeit) bleiben nicht erhalten.

§. 29.*)

Die Mitglieder sind der Kasse gegenüber lediglich zu den auf Grund dieses Gesetzes und des Kassenstatuts festgestellten Beiträgen verpflichtet. I.

Zu anderen Zwecken als den statutenmäßigen Unterstützungen, der statutenmäßigen Ansammlung und Ergänzung des Reservefonds und der Deckung der Ver- II.

waltungskosten dürfen weder Beiträge von Mitgliedern erhoben werden, noch Verwendungen aus dem Vermögen der Kasse erfolgen.

*) Dieser Paragraph gilt auch für Betriebs- (Fabrik-), Bau- und Innungs-Krankenkassen (§§ 64, 72, 73).

§. 30.*)

Entstehen Zweifel darüber, ob die im Kassenstatut vorgenommene Bemessung der Beiträge der Anforderung des §. 22 entspricht, so hat die höhere Verwaltungsbehörde vor der Ertheilung der Genehmigung eine sachverständige Prüfung herbeizuführen und, falls diese die Unzulänglichkeit der Beiträge ergiebt, die Ertheilung der Genehmigung von einer Erhöhung der Beiträge oder einer Minderung der Unterstützungen bis auf den gesetzlichen Mindestbetrag (§. 20) abhängig zu machen.

*) § 30 gilt auch für Betriebs- (Fabrik-), Bau- und Innungs-Krankenkassen (§§ 64, 72, 73).

Zu § 30.

1. Eine Erhöhung der Beiträge ist nur bis auf den gesetzlichen Höchstbetrag zulässig (§§ 31, 47). Vgl. Anm. 1 zu § 31.

2. Höhere Verwaltungsbehörde ist in Preußen der Bezirksausschuß.

3. Ausf.Best.: Preußen Ziffer 2, 30 Anw. v. 10. Juli 1892; Bayern § 3 Verordn. v. 8. Juni 1892, Ziffer 21 Min.Bek. v. 15. Oktbr. 1892; Sachsen § 1 Verordn. v. 28. Septbr. 1883; Württemberg § 30 Verordn. v. 2. Novbr. 1892.

§. 31.*)

I. Bei der Errichtung der Kasse dürfen die Beiträge, soweit sie den Kassenmitgliedern selbst zur Last fallen **(§. 51)**, nicht über zwei Prozent **desjenigen**

Betrages, nach welchem die Unterstützungen zu bemessen sind (§§. 20, 26a Ziffer 6), festgesetzt werden, sofern solches nicht zur Deckung der Mindestleistungen der Kasse (§. 20) erforderlich ist.

Eine spätere Erhöhung der Beiträge über diesen Betrag, welche nicht zur Deckung der Mindestleistungen erforderlich wird, ist nur bis zur Höhe von drei Prozent **desjenigen Betrages, nach welchem die Unterstützungen zu bemessen sind (§§. 20, 26a Ziffer 6),** und nur dann zulässig, wenn dieselbe sowohl von der Vertretung der zu Beiträgen verpflichteten Arbeitgeber (§. 38) als von derjenigen der Kassenmitglieder beschlossen wird. II.

*) Dieser Paragraph gilt auch für Betriebs- (Fabrik-), Bau- und Innungs-Krankenkassen (§§ 64, 72, 73).

Zu § 31.

1. Die durch die Novelle herbeigeführten Abänderungen sind lediglich Konsequenzen der neuen Vorschrift des § 26a Ziffer 6.

Zu den im Text genannten Prozentsätzen tritt der Beitrag der Arbeitgeber mit 50 Prozent hinzu (cf. Anm. 1 i. f., und Anm. 2 zu § 9, sowie § 52). Hiernach dürfen die Beiträge der versicherungspflichtigen Kassenmitglieder

a) in einer Orts-Krankenkasse, welche nur die Minimalleistungen gewähren soll (§ 20), höchstens 3 Prozent, die Gesammtbeiträge also höchstens 4½ Prozent des (auf 3 bezw. 4 Mark reduzirten) Lohns (Durchschnittslohn bezw. Individuallohn) betragen (§ 31 Abs. 1; § 47);

b) in einer Orts-Krankenkasse, welche größere als die Minimalleistungen in Aussicht nimmt (§ 21), bei der Errichtung der Kasse höchstens 2 Prozent (insgesammt 3 Prozent) betragen (§ 31 Abs. 1) und im weiteren Verlauf des Bestehens der Kasse nur mit Zustimmung beider Gruppen von Betheiligten (sowohl der Arbeitnehmer als der beitragspflichtigen Arbeitgeber), aber auch dann nur bis auf 3 Prozent (insgesammt 4½ Prozent) erhöht werden (§ 31 Abs. 2). Können die Kassenleistungen (statutenmäßigen Mehrleistungen) hiermit nicht gedeckt werden, so sind sie bis auf die Minimalleistungen (§§ 20, 22) zu ermäßigen.

Wenn die Minimalleistungen auch mit den so erhöhten Beiträgen nicht bestritten werden können, so ist die Errichtung der Orts-Krankenkasse unzulässig, eine schon bestehende Kasse aber muß geschlossen werden, falls nicht etwa mit Zustimmung beider Gruppen von Betheiligten eine weitere Erhöhung der Kassenbeiträge beschlossen und dies genehmigt wird, § 47. (Bei Betriebs- [Fabrik-], bei Bau- und bei Innungs-Krankenkassen tritt in dem letzteren Fall nicht die Schließung, sondern die Zuschußverbindlichkeit des Fabrikherrn, des Bauherrn oder der Innung ein, § 65 Abs. 3, §§ 72, 73) cf. den Komm. d. Verf. Anm. 1 zu § 30.

2. Außer den Kassenleistungen sind bei Berechnung der Beiträge auch die Verwaltungskosten und die Rücklagen zur Bildung und Ergänzung des Reservefonds in Betracht zu ziehen, § 22.

3. Auf die besonderen Zusatzbeiträge bei Familienunterstützung (§ 22 Abs. 3) bezieht sich § 31 nicht.

4. Ausf. Best.: Elsaß-Lothr. Nr. II B 4 Min. Verf. v. 14. März 1884.

§. 32.*)

I. Die Orts-Krankenkasse hat einen Reservefonds im Mindestbetrage **der** durchschnittlichen Jahresausgabe **der letzten drei Jahre** anzusammeln und erforderlichenfalls bis zu dieser Höhe zu ergänzen.

II. Solange der Reservefonds diesen Betrag nicht erreicht, ist demselben mindestens ein Zehntel des Jahresbetrages der Kassenbeiträge zuzuführen.

*) Dieser Paragraph gilt auch für Betriebs- (Fabrik-) und Innungs-Krankenkassen (§§ 64, 73), sowie nach Befinden der höheren Verwaltungsbehörde für Bau-Krankenkassen (§ 72).

Zu § 32.

1. Wegen der Obergrenze des Reservefonds vgl. § 33. Besondere Reichthümer sollen in der Kasse nicht angesammelt werden, um nicht die Gegenwart zu Gunsten der Zukunft zu belasten.

2. Durch die Novelle ist der frühere Mindestbetrag des Reservefonds „einer durchschnittlichen Jahresausgabe" in der aus dem Text ersichtlichen Weise präzisirt worden.

§. 33.*)

Ergiebt sich aus den Jahresabschlüssen der Kasse, I. daß die Einnahmen derselben zur Deckung ihrer Ausgaben einschließlich der Rücklagen zur Ansammlung und Ergänzung des Reservefonds nicht ausreichen, so ist entweder unter Berücksichtigung der Vorschriften des §. 31 eine Erhöhung der Beiträge oder eine Minderung der Kassenleistungen herbeizuführen.

Ergiebt sich dagegen aus den Jahresabschlüssen, II. daß die Jahreseinnahmen die Jahresausgaben übersteigen, so ist, falls der Reservefonds das Doppelte des gesetzlichen Mindestbetrages erreicht hat, entweder eine Ermäßigung der Beiträge oder unter Berücksichtigung der Vorschriften der §§. 21 und 31 eine Erhöhung **oder Erweiterung** der Kassenleistungen herbeizuführen.

Unterläßt die Vertretung der Kasse, diese Ab- III. änderungen zu beschließen, so hat die höhere Verwaltungsbehörde die Beschlußfassung anzuordnen, und falls dieser Anordnung keine Folge gegeben wird, ihrerseits die erforderliche Abänderung des Kassenstatuts von Amtswegen mit rechtsverbindlicher Wirkung zu vollziehen.

IV. **Wird zur Aufrechterhaltung oder Wiederherstellung der Leistungsfähigkeit einer Kasse eine schleunige Vermehrung ihrer Einnahmen oder Verminderung ihrer Ausgaben erforderlich, so kann die höhere Verwaltungsbehörde, vorbehaltlich des vorstehend vorgeschriebenen Verfahrens, eine sofortige vorläufige Erhöhung der Beiträge oder Herabsetzung der Leistungen, letztere bis zur gesetzlichen Mindestleistung und unbeschadet der Vorschrift des §. 26 a Absatz 3, verfügen. Gegen diese Verfügung ist die Beschwerde an die Zentralbehörde zulässig. Dieselbe hat keine aufschiebende Wirkung.**

*) Dieser Paragraph gilt auch für Betriebs- (Fabrik-), Bau- und Innungs-Krankenkassen (§§ 64, 72, 73).

Zu § 33.

1. cf. die Anmerkungen zu § 31. Der vierte Absatz ist durch die Novelle hinzugefügt worden.

2. Höhere Verwaltungsbehörde ist in Preußen der Regierungspräsident, in Berlin der Oberpräsident. Vgl. Komm. d. Verf. Anm. 11 zu § 33.

3. Ausf.-Best.: Preußen Ziffer 2, 28, 37 Anw. v. 10. Juli 1892; Sachsen § 1 Verordn. v. 28. Septbr. 1883; Württemberg §§ 39 ff. Verordn. v. 2. Novbr. 1892; Baden § 37 Verordn. v. 3. Septbr. 1892; Hessen Ziffer 33 Anw. v. 5. Novbr. 1892.

§. 34.*)

I. Die Kasse muß einen von der Generalversammlung (§. 37) gewählten Vorstand haben. Die Wahl, welche, abgesehen von der den Arbeitgebern nach §. 38 zustehenden Vertretung, aus der Mitte der Kassenmitglieder erfolgt, findet unter Leitung des Vorstandes statt. Nur die erste Wahl nach Errichtung der Kasse, sowie spätere Wahlen, bei welchen ein Vorstand nicht vorhanden ist, werden von einem Vertreter der Aufsichtsbehörde geleitet. Ueber die Wahlverhandlung ist ein Protokoll aufzunehmen.

Der Vorstand hat über jede Aenderung in seiner Zusammensetzung und über das Ergebniß jeder Wahl der Aufsichtsbehörde binnen einer Woche Anzeige zu erstatten. Ist die Anzeige nicht erfolgt, so kann die Aenderung dritten Personen nur dann entgegengesetzt werden, wenn bewiesen wird, daß sie letzteren bekannt war. II.

*) § 34 gilt auch für Betriebs- (Fabrik-) und Bau-Krankenkassen (§§ 64, 72) mit der im § 64 vorgesehenen Modifikation, sowie fortan mit der Modifikation aus § 90 der Gewerbeordnung in der Fassung des Ges. v. 26. Juli 1897 auch für Innungs-Krankenkassen (§ 73).

Zu § 34.

1. §§ 34 ff. behandeln die innere Organisation und die Selbstverwaltung der Orts-Krankenkassen.

2. Ausf.Best.: Preußen Ziffer 2, 25 Anw. v. 10. Juli 1892; Bayern §§ 3, 4, 6 Verordn. v. 8. Juni 1892, Ziffer 24—26 Min.Bek. v. 15. Oktbr. 1892; Sachsen § 1 Verordn. v. 28. Septbr. 1883; Württemberg § 37 Verordn. v. 2. Novbr. 1892; Baden § 39 Verordn. v. 3. Septbr. 1892; Hessen Ziffer 19 Anw. v. 5. Novbr. 1892.

§. 34a.*)

Die Mitglieder des Vorstandes verwalten ihr Amt als Ehrenamt unentgeltlich, sofern nicht durch das Statut eine Entschädigung für I.

den durch Wahrnehmung der Vorstandsgeschäfte ihnen erwachsenden Zeitverlust und entgehenden Arbeitsverdienst bestimmt wird. Baare Auslagen werden ihnen von der Kasse ersetzt.

II. Die Ablehnung der Wahl zum Vorstandsmitgliede ist aus denselben Gründen zulässig, aus welchen das Amt eines Vormundes abgelehnt werden kann. Die Wahrnehmung eines auf Grund der Unfallversicherung und der Invaliditätsversicherung übernommenen Ehrenamts steht der Führung einer Vormundschaft gleich. Eine Wiederwahl kann nach mindestens zweijähriger Amtsführung für die nächste Wahlperiode abgelehnt werden. Kassenmitgliedern, welche eine Wahl ohne gesetzlichen Grund ablehnen, kann auf Beschluß der Generalversammlung für bestimmte Zeit, jedoch nicht über die Dauer der Wahlperiode, das Stimmrecht in der Generalversammlung entzogen werden.

*) Der § 34 a gilt auch für Betriebs- (Fabrik-) und Bau-Krankenkassen (§§ 64, 72), sowie fortan auch für Innungs-Krankenkassen (§ 73).

Zu § 34 a.

1. Der durch die Novelle eingefügte § 34 a hat sein Vorbild in § 24 Abs. 2, 3 und § 25 U.V.G. sowie in §§ 58 und 60 Inv.Ges.

2. Die Ablehnungsbefugniß richtet sich im Uebrigen nach dem Landes-Vormundschaftsrecht. Vgl. für Preußen § 23 der Vormundschaftsordnung v. 5. Juli 1875 (G.S. S. 431):

„Die Uebernahme einer Vormundschaft können ablehnen:

1) weibliche Personen;

2) wer das sechzigste Lebensjahr überschritten hat;
3) wer bereits mehr als eine Vormundschaft oder Pflegschaft führt;
4) wer an einer die ordnungsmäßige Führung der Vormundschaft hindernden Krankheit leidet;
5) wer nicht in dem Bezirk des Vormundschaftsgerichts seinen Wohnsitz hat;
6) wer nach Maßgabe des § 58 zur Stellung einer Sicherheit angehalten wird;
7) wer fünf oder mehr minderjährige eheliche Kinder hat.

Die Führung einer Gegenvormundschaft steht im Sinne der Nr. 3 der Führung einer Vormundschaft oder Pflegschaft nicht gleich.

Das Ablehnungsrecht geht verloren, wenn es nicht bei dem Vormundschaftsgericht vor der Verpflichtung geltend gemacht wird."

Nach dem 1. Januar 1900 (Inkrafttreten des B.G.B.) gelten die Ablehnungsgründe des § 1786 B.G.B.

§. 35.*)

Der Vorstand vertritt die Kasse gerichtlich und außergerichtlich und führt nach Maßgabe des Kassenstatuts die laufende Verwaltung derselben. Die Vertretung erstreckt sich auch auf diejenigen Geschäfte und Rechtshandlungen, für welche nach den Gesetzen eine Spezialvollmacht erforderlich ist. Durch das Statut kann einem Mitgliede oder mehreren Mitgliedern des Vorstandes die Vertretung nach außen übertragen werden. I.

Zur Legitimation des Vorstandes bei allen Rechtsgeschäften genügt die Bescheinigung der Aufsichtsbehörde, daß die darin bezeichneten Personen zur Zeit den Vorstand bilden. II.

*) Dieser Paragraph gilt auch für Betriebs- (Fabrik-) und Bau-Krankenkassen (§§ 64, 72), sowie fortan auch für Innungs-Krankenkassen (§ 73).

Zu § 35.

Ausf.Best.: **Preußen** Ziffer 5, 25 Anw. v. 10. Juli 1892; **Bayern** § 4 Verordn. v. 8. Juni 1892, Ziffer 28 Min.Bek. v. 15. Oktbr. 1892; **Sachsen** Verordn. v. 28. Septbr. 1883; **Württemberg** § 37 Verordn. v. 2. Novbr. 1892; **Hessen** Ziffer 19 Anw. v. 5. Novbr. 1892.

§. 36.*)

Soweit die Wahrnehmung der Angelegenheiten der Kasse nicht nach Vorschrift des Gesetzes oder des Statuts dem Vorstande obliegt, steht die Beschlußnahme darüber der Generalversammlung zu. Derselben muß vorbehalten bleiben:

1. die Abnahme der Jahresrechnung und die Befugniß, dieselbe vorgängig durch einen besonderen Ausschuß prüfen zu lassen;
2. die Verfolgung von Ansprüchen, welche der Kasse gegen Vorstandsmitglieder aus deren Amtsführung erwachsen, durch Beauftragte;
3. die Beschlußnahme über Abänderung der Statuten.

*) § 36 gilt auch für Betriebs- (Fabrik-) und Bau-Krankenkassen (§§ 64, 72), sowie fortan auch für Innungs-Krankenkassen (§ 73).

§. 37.*)

I. Die Generalversammlung besteht nach Bestimmung des Statuts entweder aus sämmtlichen Kassenmitgliedern, welche großjährig und im Besitze der bürgerlichen Ehrenrechte sind, oder aus Vertretern, welche von den bezeichneten Mitgliedern aus ihrer Mitte gewählt werden.

Die Generalversammlung muß aus Vertretern II. bestehen, wenn die Kasse fünfhundert oder mehr Mitglieder zählt.

Besteht die Generalversammlung aus Vertretern, so **sind diese in geheimer** Wahl unter Leitung des Vorstandes **zu wählen.** Nur die erstmalige Wahl nach Errichtung der Kasse, sowie spätere Wahlen, bei welchen ein Vorstand nicht vorhanden ist, werden von einem Vertreter der Aufsichtsbehörde geleitet. III.

*) Dieser Paragraph gilt auch für Betriebs- (Fabrik-) und Bau-Krankenkassen (§§ 64, 72), sowie fortan auch für Innungs-Krankenkassen (§ 73).

Zu § 37.

1. Die versicherten Frauen haben gleiches Stimmrecht wie die Männer erhalten, weil es sich nicht um politische oder kommunale, sondern um eigene wirthschaftliche Angelegenheiten handelt.

2. Die Vorschrift, daß die Vertreter zur Generalversammlung in geheimer Wahl zu wählen sind, beruht auf der Novelle.

3. Ausf.Best.: Preußen Ziffer 5, 24, 25, 29 Anw. v. 10. Juli 1892; Bayern § 4 Verordn. v. 8. Juni 1892, Ziffer 25 Min.Bek. v. 15. Oktbr. 1892; Sachsen § 1 Verordn. v. 28. Septbr. 1883; Württemberg § 31 Verordn. v. 2. Novbr. 1892; Baden § 39 Verordn. v. 3. Septbr. 1892; Hessen Ziffer 17, 18 Anw. v. 5. Novbr. 1892.

§. 38.*)

Arbeitgeber, welche für die von ihnen beschäftigten Mitglieder einer Orts-Krankenkasse an diese Beiträge aus eigenen Mitteln zu zahlen verpflichtet sind **(§. 51)**, haben Anspruch auf Vertretung im Vorstande und der Generalversammlung der Kasse. I.

II. Die Vertretung ist nach dem Verhältniß der von den Arbeitgebern aus eigenen Mitteln zu zahlenden Beiträge zu dem Gesammtbetrage der Beiträge zu bemessen. Mehr als ein Drittel der Stimmen darf den Arbeitgebern weder in der Generalversammlung noch im Vorstande eingeräumt werden.

III. Die Wahlen der Generalversammlung zum Vorstande **sind geheim und** werden getrennt von Arbeitgebern und Kassenmitgliedern vorgenommen.

IV. Durch das Statut kann bestimmt werden, daß Arbeitgeber, welche mit Zahlung der Beiträge im Rückstande sind, von der Vertretung und der Wahlberechtigung auszuschließen sind.

*) Dieser Paragraph gilt auch für Betriebs- (Fabrik-) und Bau-Krankenkassen (§§ 64, 72), sowie fortan mit der Modifikation aus § 90 der Gewerbeordnung in der Fassung des Gesetzes vom 26. Juli 1897 auch für Innungs-Krankenkassen (§ 73).

Zu § 38.

1. „Es wurde festgestellt, daß der Arbeitgeber befugt ist, auf das Recht zu verzichten oder dasselbe ruhen zu lassen, sowie daß die Arbeitgeber zwar berechtigt, aber nicht verpflichtet sind, ihre Vertreter aus dem Kreise der Kassenmitglieder zu wählen." (Komm. Ber. S. 58.) Vgl. auch § 38a und § 39 Abs. 2.

2. Unter den „Stimmen" sind alle in der Generalversammlung und im Vorstand demnächst vertretenen Stimmen, d. h. die Stimmen der Mitglieder zuzüglich der Stimmen der beitragspflichtigen Arbeitgeber, zu verstehen, sodaß die Arbeitgeber, wenn sie (bei Orts-, Betriebs- (Fabrik-) und Bau-Krankenkassen) die volle gesetzlich zugelassene Quote von $^1/_3$ führen, 50 Prozent der Stimmen der versicherungspflichtigen Arbeitnehmer haben, analog ihrer gesetzlichen Beitragspflicht (§ 51) und entsprechend der Vorschrift des § 21 Abs. 3 des Hülfskassengesetzes in der bisherigen Fassung.

3. Die Vorschrift, daß die Vorstandswahlen geheim sein sollen, beruht auf der Novelle.

4. Ausf.Best.: Preußen Ziffer 24 Anw. v. 10. Juli 1892; Württemberg § 31 Verordn. v. 2. Novbr. 1892.

§. 38a.*)

Die Arbeitgeber sind berechtigt, sich in der Generalversammlung durch ihre Geschäftsführer oder Betriebsbeamten vertreten zu lassen. Von der Vertretung ist dem Kassenvorstande vor Beginn der Generalversammlung Anzeige zu machen. I.

Die Arbeitgeber sind ferner berechtigt, zu Mitgliedern der aus Vertretern bestehenden Generalversammlung und des Vorstandes Geschäftsführer oder Betriebsbeamte der zu Beiträgen verpflichteten Arbeitgeber zu wählen. Eine Vertretung der gewählten Mitglieder der Generalversammlung oder des Vorstandes findet nicht statt. II.

*) Der § 38a gilt auch für Betriebs- (Fabrik-) und Bau-Krankenkassen (§§ 64, 72).

Zu § 38a.

Der § 38a ist durch die Novelle eingefügt worden.

§. 39.*)

Wird die Wahl des Vorstandes von der Generalversammlung oder die Wahl der Vertreter zur Generalversammlung durch die Wahlberechtigten verweigert, so tritt an ihre Stelle Ernennung der Mit- I.

glieder des Vorstandes oder der Generalversammlung durch die Aufsichtsbehörde.

II. **Haben die Arbeitgeber auf die ihnen zustehende Vertretung in der Generalversammlung oder im Vorstande verzichtet, so können sie diese Vertretung nur mit Ablauf einer Wahlperiode wieder in Anspruch nehmen.**

*) Der § 39 gilt auch für Betriebs- (Fabrik-), Bau- und Innungs-Krankenkassen (§§ 64, 72, 73).

Zu § 39.

1. Der 2. Absatz ist durch die Novelle eingefügt worden.

2. Ausf.Best.: Preußen Ziffer 5, 25 Anw. v. 10. Juli 1892; Bayern § 4 Verordn. v. 8. Juni 1892, Ziffer 25 Min.Bek. v. 15. Oktbr. 1892; Sachsen § 1 Verordn. v. 28. Septbr. 1883; Württemberg § 31 Verordn. v. 2. Novbr. 1892; Baden § 39 Verordn. v. 3. Septbr. 1892; Hessen Ziffer 17, 18 Anw. v. 5. Novbr. 1892.

§. 40.*)

I. Die Einnahmen und Ausgaben der Kasse sind von allen den Zwecken der Kasse fremden Vereinnahmungen und Verausgabungen getrennt festzustellen; ihre Bestände sind gesondert zu verwahren.

II. Werthpapiere, welche zum Vermögen der Kasse gehören und nicht lediglich zur vorübergehenden Anlegung zeitweilig verfügbarer Betriebsgelder für die Kasse erworben sind, sind bei der Aufsichtsbehörde oder nach deren Anweisung verwahrlich niederzulegen.

III. Verfügbare Gelder dürfen nur in öffentlichen Sparkassen oder wie die Gelder Bevormundeter angelegt werden.

Sofern besondere gesetzliche Vorschriften über die Anlegung der Gelder Bevormundeter nicht bestehen, kann die Anlegung der verfügbaren Gelder in Schuldverschreibungen, welche von dem Deutschen Reich, von einem deutschen Bundesstaate oder dem Reichslande Elsaß-Lothringen mit gesetzlicher Ermächtigung ausgestellt sind, oder in Schuldverschreibungen, deren Verzinsung von dem Deutschen Reich, von einem deutschen Bundesstaate oder dem Reichslande Elsaß-Lothringen gesetzlich garantirt ist, oder in Schuldverschreibungen, welche von deutschen kommunalen Korporationen (Provinzen, Kreisen, Gemeinden ꝛc.) oder von deren Kreditanstalten ausgestellt und entweder seitens der Inhaber kündbar sind, oder einer regelmäßigen Amortisation unterliegen, erfolgen. Auch können die Gelder bei der Reichsbank verzinslich angelegt werden. IV.

Die Zentralbehörde kann die Anlegung verfügbarer Gelder in anderen als den vorstehend bezeichneten zinstragenden Papieren, sowie die vorübergehende Anlegung zeitweilig verfügbarer Betriebsgelder bei anderen als den vorbezeichneten Kreditanstalten widerruflich gestatten. V.

*) Dieser § gilt auch für Betriebs- (Fabrik-) und für Bau-Krankenkassen (§§ 64, 72), sowie für Innungs-Krankenkassen (§ 73).

Zu § 40.

1. Die Bestimmungen in Abs. 4 sind (mit einigen durch die Verhältnisse der betreffenden Theile des Deutschen Reichs gebotenen Kürzungen) der Preuß. Vormundschaftsordnung v. 5. Juli 1875

Zu § 42.

1. § 266 Str.G.B. lautet, soweit er hier in Betracht kommt:

„Wegen Untreue werden mit Gefängniß, neben welchem auf Verlust der bürgerlichen Ehrenrechte erkannt werden kann, bestraft:

1) Vormünder ...., wenn sie absichtlich zum Nachtheile der ihrer Aufsicht anvertrauten Personen oder Sachen handeln; ....

Wird die Untreue begangen, um sich oder einem Anderen einen Vermögensvortheil zu verschaffen, so kann neben der Gefängnißstrafe auf Geldstrafe bis zu dreitausend Mark erkannt werden."

2. Ausf.Best.: Preußen Ziffer 5, 28 Anw. v. 10. Juli 1892; Bayern § 4 Verordn. v. 8. Juni 1892, Ziffer 30 Min.Bek. v. 15. Oktbr. 1892; Sachsen § 1 Verordn. v. 28. Septbr. 1883.

§. 43.

I. Mehrere Gemeinden können sich durch übereinstimmende Beschlüsse zur Errichtung gemeinsamer Orts-Krankenkassen für ihre Bezirke vereinigen.

II. Durch Beschluß eines weiteren Kommunalverbandes kann für dessen Bezirk oder für Theile desselben die Errichtung gemeinsamer Orts-Krankenkassen angeordnet werden.

III. Wo weitere Kommunalverbände nicht bestehen, kann die Errichtung gemeinsamer Orts-Krankenkassen durch Verfügung der höheren Verwaltungsbehörde für einzelne Theile ihres Verwaltungsbezirks angeordnet werden.

IV. Derartige Beschlüsse und Verfügungen müssen zugleich Bestimmungen darüber treffen, für welche Gewerbszweige oder Betriebsarten die gemeinsamen Orts-Krankenkassen errichtet und von welcher Behörde für die letzteren die den Gemeindebehörden übertragenen Obliegenheiten wahrgenommen werden sollen.

Die Beschlüsse bedürfen der Genehmigung der V.
höheren Verwaltungsbehörde. Diese kann vor Ertheilung der Genehmigung den bei der Errichtung der gemeinsamen Krankenkassen betheiligten Personen zu einer Aeußerung darüber Gelegenheit geben und die Genehmigung versagen, wenn aus der Mitte der Betheiligten Widerspruch dagegen erhoben wird.

Gegen die Verfügung der höheren Verwaltungs- VI.
behörde, durch welche die Genehmigung versagt oder ertheilt oder die Errichtung einer gemeinsamen Orts-Krankenkasse angeordnet wird, steht den betheiligten Gemeinden und Kommunalverbänden innerhalb vier Wochen die Beschwerde an die Zentralbehörde zu.

Zu § 43.

1. Wie nach § 12 die Zusammenlegung mehrerer Gemeinden zu gemeinsamer Gemeinde-Krankenversicherung zulässig ist, so gestattet § 43 die Bildung gemeinsamer Orts-Krankenkassen für mehr als eine Gemeinde, einschl. der selbständigen Gutsbezirke und Gemarkungen, § 83. Die Vereinigung, welche alsdann eine organisirte „Orts-Krankenkasse" mit juristischer Persönlichkeit darstellt, ist, wie auch bei der Gemeinde-Krankenversicherung (§ 12), zulässig auf Grund:

a) freiwilliger Beschlüsse mehrerer Gemeinden (Abs. 1),

b) Anordnung eines weiteren Kommunalverbandes für seinen Bezirk (Abs. 2),

c) Anordnung eines weiteren Kommunalverbandes für Theile seines Bezirks

(wo weitere Kommunalverbände nicht bestehen, tritt die höhere Verwaltungsbehörde an deren Stelle), während eine direkte Zwangsbefugniß der höheren Verwaltungsbehörde als Staatsbehörde, wie sie unter gewissen Einschränkungen für die gemeinsame Gemeinde-Krankenversicherung zugelassen worden ist (§ 13), nach den die Regierungsvorlage abändernden Beschlüssen des Reichstags hier ver-

nachgebildet. cf. Komm. d. Verf. Anm. 6, 8 zu § 40. Vom 1. Januar 1900 ab hat Abs. 4 seine Bedeutung verloren, weil dann die Bestimmungen der §§ 1806 fg. B.G.B. über die Anlegung von Mündelgeldern allgemeine Geltung erlangt haben. Vgl. auch Art. 212 des Einführungsgesetzes zum B.G.B.

Wegen Zuwiderhandlung gegen die Bestimmungen des § 40 vgl. § 42.

2. Der durch die Novelle angefügte 5. Absatz findet sein Vorbild in § 129 Abs. 2 Inv.Ges.

3. Ausf.Best.: Preußen Ziffer 5 Anw. v. 10. Juli 1892; Bayern §§ 4, 6 Verordn. v. 8. Juni 1892, Ziffer 27 Min.Bek. v. 25. Oktbr. 1892; Sachsen § 1 Verordn. v. 28. Septbr. 1888; Württemberg § 38 Verordn. v. 2. Novbr. 1892; Baden § 40 Verordn. v. 3. Septbr. 1892.

§. 41.*)

I. Die Kasse ist verpflichtet, in den vorgeschriebenen Fristen und nach den vorgeschriebenen Formularen Uebersichten über die Mitglieder, über die Krankheits- und Sterbefälle, über die vereinnahmten Beiträge und die geleisteten Unterstützungen, sowie einen Rechnungsabschluß der Aufsichtsbehörde einzureichen.

II. Die höhere Verwaltungsbehörde ist befugt, über Art und Form der Rechnungsführung Vorschriften zu erlassen.

*) Dieser Paragraph gilt auch für Betriebs- (Fabrik-), für Bau- und für Innungs-Krankenkassen (§§ 64, 72, 73).

Zu § 41.

1. Dieses Material ergiebt die Unterlage für die Beurtheilung der Vermögenslage der Kasse und für die damit zusammenhängenden Anordnungen der höheren Verwaltungsbehörden wegen Erhöhung oder Ermäßigung der Beiträge und Leistungen, sowie wegen etwaiger

Schließung der Kasse, cf. §§ 33, 47. Wegen der statistischen Verarbeitung desselben cf. § 79.

2. Die Fristen und Formulare für die Uebersichten und den Rechnungsabschluß (Abs. 1) hat der Bundesrath (§ 79) festgestellt; vgl. Bek. d. Reichskanzlers v. 16. Novbr. 1892 (Centr.Bl. S. 671) und die abändernde Bek. d. Reichskanzlers v. 26. Novbr. 1897 (Centr.Bl. S. 329.

Zu den Vorschriften über die Art und Form der Rechnungsführung (Abs. 2) hat der Bundesrath den Regierungen ein bestimmtes Muster empfohlen. Dasselbe ist u. a. für Preußen eingeführt durch Min.Reskr. v. 3. Jan. 1893.

3. Ausf.Best.: Preußen Ziffer 2, 5, 29 Anw. v. 10. Juli 1892; Bayern §§ 3, 4 Verordn. v. 8. Juni 1892, Ziffer 28 Min.Bek. v. 15. Oktbr. 1892; Sachsen § 1 Verordn. v. 28. Septbr. 1883; Württemberg §§ 39 ff. Verordn. v. 2. Novbr. 1892; Hessen Ziffer 22 Anw. v. 5. Novbr. 1892.

§. 42.*)

Die Mitglieder des Vorstandes, sowie Rechnungs- und Kassenführer haften der Kasse für pflichtmäßige Verwaltung wie Vormünder ihren Mündeln. I.

Verwenden sie verfügbare Gelder der Kasse in ihrem Nutzen, so können sie unbeschadet der strafrechtlichen Verfolgung durch die Aufsichtsbehörde angehalten werden, das in ihrem Nutzen verwendete Geld von Beginn der Verwendung an zu verzinsen. Den Zinsfuß bestimmt die Aufsichtsbehörde nach ihrem Ermessen auf acht bis zwanzig vom Hundert. II.

Handeln sie absichtlich zum Nachtheile der Kasse, so unterliegen sie der Bestimmung des §. 266 des Strafgesetzbuchs. III.

*) Dieser Paragraph gilt auch für Betriebs- (Fabrik-) und Bau-Krankenkassen vorbehaltlich der Modifikation in § 64 (§§ 64, 72), sowie für Innungs-Krankenkassen (§ 73).

sagt wird. Die höhere Verwaltungsbehörde kann aber ihre betr. Wünsche durch Einwirkung auf die kommunalen Organe zur Geltung bringen. (cf. darüber den Komm. d. Verf. Anm. 1 zu § 43.)

Wegen der Wiederauflösung dieser Vereinigungen vgl. § 48 Abs. 3.

Verschieden hiervon ist die Errichtung von Verbänden mehrerer Kassen innerhalb des Bezirks einer Aufsichtsbehörde zur gemeinsamen Betreibung gewisser Angelegenheiten. Diese Kassenverbände behandeln §§ 46 ff.

2. Höhere Verwaltungsbehörde, § 84. In Preußen ist es für Berlin und, soweit es sich um Beschlüsse eines Provinzialverbandes (in Hessen-Nassau der Landeskommunalverbände) handelt, der Oberpräsident, im Uebrigen der Regierungspräsident; Beschwerde an den Minister für Handel.

Nach Erledigung des in diesem Paragraphen vorgeschriebenen Verfahrens richtet sich die Zuständigkeit und das Verfahren bei Errichtung des Statuts 2c. nach §§ 23, 24.

3. Wegen Normalstatuten für gemeinsame O.K.K. vgl. Anm. 3 zu § 23.

4. Ausf.Best.: Preußen Ziffer 1, 2, 5, 16, 34, 38, 39 Anw. v. 10. Juli 1892; Bayern §§ 1 bis 3, 6 Verordn. v. 8. Juni 1892, Ziffer 29 Min.Bek. v. 15. Oktbr. 1892; Sachsen § 1 Verordn. v. 28. Septbr. 1883; Württemberg §§ 26 ff. Verordn. v. 2. Novbr. 1892; Baden §§ 41 bis 43 Verordn. v. 3. Septbr. 1892; Hessen Ziffer 12, 13 Anw. v. 5. Novbr. 1892.

§. 43a.

Durch Beschluß des weiteren Kommunalverbandes mit Genehmigung der höheren Verwaltungsbehörde oder, wo weitere Kommunalverbände nicht bestehen, durch Verfügung der höheren Verwaltungsbehörde können Klassen von Versicherungspflichtigen, für welche Orts-Krankenkassen nicht bestehen, einer bestehenden gemeinsamen Orts-Krankenkasse nach Anhörung

derselben und nachdem Vertretern der betheiligten Versicherungspflichtigen Gelegenheit zu einer Aeußerung gegeben worden ist, zugewiesen werden. Gegen die Verfügung der höheren Verwaltungsbehörde, durch welche die Zuweisung genehmigt oder angeordnet wird, steht der Kasse innerhalb vier Wochen nach der Zustellung die Beschwerde an die Zentralbehörde zu.

Zu § 43 a.

1. Dieser durch die Novelle eingeschobene Paragraph „soll für gemeinsame Orts-Krankenkassen mehrerer Gemeinden oder eines ganzen Bezirks die Zuweisung weiterer Klassen von Versicherungspflichtigen ebenso ermöglichen, wie § 18a für die Orts-Krankenkassen einer einzelnen Gemeinde" (Mot. der Nov. S. 53). Vgl. auch §§ 48a, 57b.

2. Ausf.Best.: Preußen Ziffer 1, 2, 31 ff. Anw. v. 10. Juli 1892; Bayern §§ 1, 3, 6 Verordn. v. 8. Juni 1892; Württemberg §§ 26 ff. Verordn. v. 2. Novbr. 1892; Baden § 43 Verordn. v. 3. Septbr. 1892; Hessen Ziffer 24, 27 Anw. v. 5. Novbr. 1892.

§. 44.*)

Unter Oberaufsicht der höheren Verwaltungsbehörde wird die Aufsicht über Orts-Krankenkassen, **welche für den Bezirk einer** Gemeinde von mehr als zehntausend Einwohnern **errichtet sind, durch die** Gemeindebehörden, **bei allen übrigen Orts-Krankenkassen durch die** seitens der Landesregierungen zu bestimmenden Behörden wahrgenommen.

*) § 44 gilt mit der aus § 84 sich ergebenden Modifikation auch für Betriebs- (Fabrik-) und für Bau-Krankenkassen (§§ 66, 72).

Zu § 44.

1. Die Fassung beruht auf der Novelle. In derselben ist wesentlich, daß die Gemeindeaufsicht kraft Gesetzes sich nur noch auf Orts-Krankenkassen für den Bezirk der betr. Gemeinde, nicht mehr auf alle Orts-Krankenkassen in der Gemeinde zu erstrecken hat. Natürlich kann auch für andere Orts-Krankenkassen die Gemeindebehörde mit der Aufsicht betraut werden, soweit dies der Zentralbehörde zweckmäßig erscheint.

2. Zuständig sind in Preußen bei Krankenkassen für den Bezirk einer einzelnen Gemeinde von mehr als 10 000 Einwohnern die Gemeindebehörde, im Uebrigen vorbehaltlich besonderer Anordnungen in Einzelfällen die Kommunalaufsichtsbehörden, also für das platte Land der Landrath (Oberamtmann), für Städte der Regierungspräsident. „Den Letzteren bleibt jedoch überlassen, die ihnen hiernach zustehende Aufsicht in Städten von nicht mehr als 10 000 Einwohnern der unteren Verwaltungsbehörde (Landrath, Oberamtmann) oder der Gemeindebehörde, in der Rheinprovinz und in Westfalen für Gemeinden von weniger als 10 000 Einwohnern in geeigneten Fällen auch dem Bürgermeister bezw. dem Amtmann zu übertragen. Die hierüber erlassenen Anordnungen sind zu veröffentlichen" (Anw. v. 10. Juli 1892).

Für gemeinsame Orts-Krankenkassen mehrerer Gemeinden wird die Aufsichtsbehörde von der höheren Verwaltungsbehörde, event. vom Minister für Handel bestimmt.

3. Ausf.Best.: Preußen Ziffer 5, 26 ff. Anw. v. 10. Juli 1892; Bayern §§ 2 bis 4 Verordn. v. 8. Juni 1892; Sachsen § 1 Verordn. v. 28. Septbr. 1883; Württemberg §§ 39 ff. Verordn. v. 2. Novbr. 1892; Baden §§ 4, 5 Verordn. v. 3. Septbr. 1892.

§. 45.*)

I. Die Aufsichtsbehörde überwacht die Befolgung der gesetzlichen und statutarischen Vorschriften und kann dieselbe durch Androhung, Festsetzung und Vollstreckung von Ordnungsstrafen gegen die Mitglieder des Kassenvorstandes erzwingen.

Sie ist befugt, von allen Verhandlungen, Büchern II.
und Rechnungen der Kasse Einsicht zu nehmen und die Kasse zu revidiren.

Sie kann die Berufung der Kassenorgane zu Sitzungen III.
verlangen und, falls diesem Verlangen nicht entsprochen wird, die Sitzungen selbst anberaumen.

In den auf ihren Anlaß anberaumten Sitzungen IV.
kann sie die Leitung der Verhandlungen übernehmen.

Solange der Vorstand oder die Generalversamm- V.
lung nicht zu Stande kommt oder die Organe der Kasse die Erfüllung ihrer gesetzlichen oder statutenmäßigen Obliegenheiten verweigern, kann die Aufsichtsbehörde die Befugnisse und Obliegenheiten der Kassenorgane selbst oder durch von ihr zu bestellende Vertreter auf Kosten der Kasse wahrnehmen.

*) Der § 45 Abs. 1 bis 4 gilt auch für Betriebs- (Fabrik-) und Bau-Krankenkassen (§§ 66, 72) mit der aus § 66 Abs. 2 sich ergebenden Erweiterung. Der § 45 Absatz 5 gilt fortan auch für Innungs-Krankenkassen (§ 73).

Zu § 45.

1. „Bei der Berathung wurde unter Zustimmung der Regierungsvertreter festgestellt, daß die hier genannte Aufsichtsbehörde diejenige des § 40 (jetzt § 44), nach den dort gefaßten Beschlüssen also (bei Kassen für) größere Gemeinden die Gemeindebehörde sei, und daß der erste Absatz des § 41 (jetzt § 45) nicht aussprechen solle, daß auch solche Kassenleistungen im Aufsichtswege erzwungen werden könnten, welche zwischen den Kassenmitgliedern oder anderen Personen und der Kassenverwaltung streitig seien; auf derartige Leistungen beziehe sich der § 52" (jetzt § 58). Komm.Ber. S. 65.

2. Ueber das weitere Recht der Aufsichtsbehörde, die Mitglieder des Vorstandes und die Vertreter zur Generalversammlung, falls die

Wahl von den Berechtigten verweigert wird, ihrerseits zu ernennen, vgl. § 39, sowie ähnlich § 46 Abs. 2.

3. Ausf.Best.: Preußen Ziffer 26 ff. Anw. v. 10. Juli 1892; Bayern § 4 Verordn. v. 8. Juni 1892, Ziffer 30, 31 Min.Bek. v. 15. Oktbr. 1892; Sachsen § 1 Verordn. v. 28. Septbr. 1883; Württemberg §§ 37, 39 ff. Verordn. v. 2. Novbr. 1892; Baden § 44 Verordn. v. 3. Septbr. 1892; Hessen Ziffer 20, 21 Anw. v. 5. Novbr. 1892.

§. 46.*)

I. Sämmtliche oder mehrere **Gemeinde-Krankenversicherungen und** Orts-Krankenkassen innerhalb des Bezirks einer Aufsichtsbehörde können durch übereinstimmende Beschlüsse **der betheiligten Kommunalverbände und der** Generalversammlungen **der betheiligten Kassen sich** zu einem Verbande **vereinigen** zum Zweck:

1. der Anstellung eines gemeinsamen Rechnungs- und Kassenführers **und anderer gemeinsamer Bediensteten,**
2. der Abschließung gemeinsamer Verträge mit Aerzten, Apotheken, Krankenhäusern **und Lieferanten von Heilmitteln und anderer Bedürfnisse der Krankenpflege,**
3. der Anlage und des Betriebes gemeinsamer Anstalten zur Heilung und Verpflegung erkrankter Mitglieder, **sowie zur Fürsorge für Rekonvalescenten,**
4. **der gemeinsamen Bestreitung der Krankenunterstützungskosten zu einem die Hälfte ihres Gesammtbetrages nicht übersteigenden Theil.**

Die Vertretung des Kassenverbandes und die Ge- II.
schäftsführung für denselben wird nach Maßgabe eines
von der höheren Verwaltungsbehörde zu genehmigenden
Verbandsstatuts durch einen **von den Verwaltungen der betheiligten Gemeinde-Krankenversicherungen und den** Vorständen der betheiligten Kassen zu wählenden oder, solange eine Wahl nicht zu Stande kommt, von der Aufsichtsbehörde zu ernennenden Vorstand wahrgenommen. **Im Falle der Anstellung eines gemeinsamen Rechnungs- und Kassenführers können durch das Verbandsstatut Bestimmungen über gemeinsame Verwahrung der Bestände der betheiligten Gemeinde-Krankenversicherungen und Krankenkassen getroffen werden.**

Der Verband kann unter seinem Namen III.
Rechte erwerben und Verbindlichkeiten eingehen, vor Gericht klagen und verklagt werden. Die Ausgaben des Verbandes werden durch Beiträge der betheiligten **Gemeinde-Krankenversicherungen und Kranken**kassen gedeckt, welche in Ermangelung anderweiter durch Uebereinkommen derselben getroffener Regelung **am Schlusse jedes Rechnungsjahres nach dem Verhältniß der im Laufe des Rechnungsjahres vereinnahmten Kassenbeiträge** umgelegt werden.

Die Gemeinde-Krankenversicherungen und IV.
Krankenkassen, welche dem Verbande angehören, sind verpflichtet, auf Aufforderung des Verbandsvorstandes im Laufe des Rechnungsjahres

diejenigen Vorschüsse zur Verbandskasse zu leisten, welche zur Deckung der gemeinsamen Ausgaben erforderlich sind. Die Vorschüsse sind in Ermangelung anderweiter durch das Verbandsstatut getroffener Regelung nach dem Verhältniß der im Laufe des zunächst voraufgegangenen Rechnungsjahres vereinnahmten Kassenbeiträge auszuschreiben und innerhalb zweier Wochen nach erfolgter Ausschreibung einzuzahlen. Die im Laufe des Rechnungsjahres geleisteten Vorschüsse sind bei der am Schlusse desselben erfolgenden Umlegung zur Anrechnung zu bringen.

*) Der § 46 gilt auch für Betriebs- (Fabrik-), Bau- und Innungs-Krankenkassen (§§ 64, 72, 73).

Zu § 46.

1. Zur Bildung von Kassenverbänden (unbeschadet der fortbestehenden Selbständigkeit der einzelnen Kassen), insbesondere behufs thunlichster Verminderung der Verwaltungs- und Kurkosten, führt „die Erwägung, daß die Verwaltungskosten, welche bei kleineren Kassen leicht eine unverhältnißmäßige Höhe erreichen, auf ein sehr geringes Maß zurückgeführt werden können, wenn die Rechnungs- und Kassenführung sämmtlicher für den Bezirk einer Gemeinde bestehenden Orts-Krankenkassen in einer Hand vereinigt wird, und daß, wenn mit der gemeinsamen Rechnungs- und Kassenführung auch die Funktionen der in § 44 (jetzt § 49) Absatz 3 vorgesehenen gemeinsamen Meldestelle verbunden werden, die einfachste und sicherste Durchführung des Versicherungszwanges und der richtigen Vertheilung der Versicherungspflichtigen auf die verschiedenen Kassen bei möglichst geringer Belästigung der Arbeitgeber durch die An- und Abmeldepflicht erreicht wird."

„Die Vereinigung sämmtlicher oder mehrerer Orts-Krankenkassen zur Abschließung gemeinsamer Verträge mit Aerzten und Apotheken bietet unter allen Umständen die Möglichkeit, die Gewährung freier ärztlicher Behandlung und freier Arznei mit dem möglichst geringen Kostenaufwande zu beschaffen, und bildet in solchen Fällen, wo für einen größeren Bezirk mehrere Kassen mit zahlreichen örtlich zerstreuten Mitgliedern bestehen, nicht selten die nothwendige Voraussetzung für die Uebernahme der Gewährung freier ärztlicher Behandlung durch die Kassen, sofern die Funktionen eines Kassenarztes gegen eine für die Kasse erschwingbare Vergütung nur unter der Voraussetzung wahrgenommen werden, daß der Bezirk der Kassen in örtliche Abtheilungen zerlegt wird und in jeder Abtheilung ein Arzt für die Mitglieder sämmtlicher Kassen die Behandlung übernimmt" (Motive).

2. Die in dem bisherigen Gesetz nur im Umriß behandelten Kassenverbände sind durch die Novelle weiter ausgebaut worden. In dieser Beziehung wird in Abs. 1 des § 46 auch der Gemeinde-Krankenversicherung, ebenso durch §§ 64, 72, 73 auch den Betriebs- (Fabrik-), Bau- und Innungs-Krankenkassen die Betheiligung an einem Kassenverbande ermöglicht, und es werden außerdem die Zwecke des Kassenverbandes erweitert; der Zusatz in Abs. 2 ermöglicht zur Erleichterung der Kassenverwaltung die gemeinsame Verwahrung der Bestände, wogegen die Verrechnung für die einzelnen Kassen eine gesonderte bleiben muß; in Abs. 3 und 4 wird den Verbänden zur besseren Erfüllung ihrer Aufgabe rechtliche Selbständigkeit verliehen (vgl. § 25 Abs. 1), die Verpflichtung der Kassen zur vorschüssigen Einzahlung von Beiträgen ausgesprochen, und als Maßstab für die Aufbringung der Beiträge statt der bisher maßgebenden Zahl der Kassenmitglieder die Höhe der im letzten Jahre vereinnahmten Kassenbeiträge oder ein anderer, durch Uebereinkommen festgestellter Maßstab hingestellt.

Nach § 58 Abs. 1 sind Streitigkeiten über Ansprüche des Verbandes gegen seine Mitglieder von der Aufsichtsbehörde zu entscheiden und sofort vollstreckbar.

3. Höhere Verwaltungsbehörde ist in Preußen der Regierungs-Präsident, für Berlin der Ober-Präsident.

4. Ausf. Best.: Preußen Ziffer 2, 5, 54 Anw. v. 10. Juli 1892; Bayern §§ 2 bis 4 Verordn. v. 8. Juni 1892, Ziffer 32 Min. Bek. v. 15. Oktbr. 1892; Sachsen § 1 Verordn. v. 28. Septbr. 1883; Württemberg §§ 44, 45 Verordn. v. 2. Novbr. 1892; Baden §§ 45, 46 Verordn. v. 3. Septbr. 1892; Hessen Ziffer 49 ff. Anw. v. 5. Novbr. 1892.

§. 46 a.*)

I. **Ein nach §. 46 Absatz 1 gebildeter Verband kann durch übereinstimmende Beschlüsse der betheiligten Kommunalverbände und der Generalversammlungen der betheiligten Krankenkassen aufgelöst werden.**

II. **Jede Gemeinde-Krankenversicherung und Krankenkasse kann nach sechs Monate vorher erfolgter Aufkündigung mit dem Schlusse des Kalenderjahres aus dem Verbande austreten.**

III. **Soweit nicht durch das Verbandsstatut oder durch Uebereinkommen etwas anderes bestimmt ist, wird bei der Auflösung des Verbandes oder beim Ausscheiden einer der betheiligten Kassen von dem nach Deckung der Schulden verbleibenden Vermögen des Verbandes jeder ausscheidenden Kasse derjenige Antheil überwiesen, welcher auf sie nach dem Verhältniß der im Laufe des letzten Kalenderjahres vereinnahmten Kassenbeiträge entfällt.**

*) Der § 46 a gilt auch für Betriebs- (Fabrik-), Bau- und Innungs-Krankenkassen (§§ 64, 72, 73).

Zu § 46 a.

1. Dieser durch die Novelle eingefügte Paragraph regelt die Auflösung der Kassenverbände und den Austritt aus denselben einschl. der vermögensrechtlichen Folgen solcher Maßnahmen.

2. Ausf. Best.: Bayern § 2 Verordn. v. 8. Juni 1892; Württemberg §§ 44, 45 Verordn. v. 2. Novbr. 1892; Baden § 47 Verordn. v. 3. Septbr. 1892; Hessen Ziffer 53 Anw. v. 5. Novbr. 1892.

§. 46 b.*)

Durch die Zentralbehörde kann bestimmt werden, daß und unter welchen Voraussetzungen bereits bestehende Vereinigungen von Gemeinde-Krankenversicherungen und auf Grund dieses Gesetzes errichteter Krankenkassen, welche Zwecke der im §. 46 unter Ziffer 1 bis 4 bezeichneten Art verfolgen, die Rechte der auf Grund des §. 46 errichteten Verbände haben.

*) Der § 46 b gilt auch für Innungs-Krankenkassen (§ 73).

Zu § 46 b.

1. Dieser durch die Novelle eingefügte § will Vorsorge treffen, daß solche bereits bestehenden Vereinigungen von Kassen, welche Zwecke der in § 46 bezeichneten Art verfolgen, ohne Rücksicht darauf, wie sie zu Stande gekommen sind und ob ihre Verwaltung den Vorschriften des § 46 entspricht, die Rechte der Kassenverbände, insbesondere deren rechtliche Selbständigkeit, erhalten und so vor zerstörenden Tendenzen bewahrt werden können. Man hat dabei vornehmlich an den Berliner Kassenverein gedacht.

2. Ausf.Best.: Bayern § 6 Verordn. v. 8. Juni 1892.

§. 47.*)

Die Schließung einer Orts-Krankenkasse muß erfolgen: I.

1. wenn die Zahl der Mitglieder dauernd unter fünfzig sinkt;
2. wenn sich aus den Jahresabschlüssen der Kasse ergiebt, daß die gesetzlichen Mindestleistungen auch nach erfolgter Erhöhung der Beiträge der Versicherten auf drei Prozent **desjenigen Betrages, nach welchem die Unter-**

stützungen zu bemessen sind (§§. 20, 26 a Ziffer 6), nicht gedeckt werden können, und **eine** weitere Erhöhung der Beiträge **nicht auf dem im §. 31 Absatz 2 vorgesehenen Wege beschlossen wird.**

II. Die Auflösung kann erfolgen, wenn sie von der Gemeindebehörde unter Zustimmung der Generalversammlung beantragt wird.

III. Die Schließung oder Auflösung erfolgt durch Verfügung der höheren Verwaltungsbehörde, welche, **sofern sie auf Schließung einer Kasse gerichtet ist, von der Generalversammlung, sofern dadurch die Auflösung einer Kasse abgelehnt wird, von der Gemeindebehörde beziehungsweise der Generalversammlung** nach Maßgabe des §. 24 angefochten werden kann.

IV. Wird eine Orts-Krankenkasse geschlossen oder aufgelöst, so sind die versicherungspflichtigen Personen, für welche sie errichtet war, anderen Orts-Krankenkassen und, soweit dies nicht ohne **erhebliche** Benachtheiligung anderer Orts-Krankenkassen geschehen kann, der Gemeinde-Krankenversicherung zu überweisen.

V. Das etwa vorhandene Vermögen der Kasse ist in diesem Falle zunächst zur Berichtigung der etwa vorhandenen Schulden und zur Deckung der vor der Schließung oder Auflösung bereits entstandenen Unterstützungsansprüche zu verwenden. Der Rest fällt denjenigen Orts-Krankenkassen, sowie der Gemeinde-Krankenversicherung zu, welchen die der geschlossenen oder aufgelösten Kasse angehörenden Personen überwiesen werden. **Findet eine solche Ueberweisung nicht statt, so ist der Rest des Vermögens in der dem bisherigen Zweck am meisten entsprechenden Weise zu verwenden.**

Die Verfügung über die Zuweisung der ver- VI.
sicherungspflichtigen Personen, für welche die geschlossene oder aufgelöste Kasse errichtet war, an andere Krankenkassen oder die Gemeinde-Krankenversicherung, sowie über die Vertheilung oder Verwendung des Restvermögens wird von der höheren Verwaltungsbehörde getroffen. Gegen diese Verfügung steht den Betheiligten innerhalb vier Wochen die Beschwerde an die Zentralbehörde zu. Die Beschwerde hat, soweit es sich um die Zuweisung der versicherungspflichtigen Personen handelt, keine aufschiebende Wirkung.

Die Vorschrift des ersten Absatzes findet keine An- VII.
wendung, wenn nach dem Urtheil der höheren Verwaltungsbehörde die Gewährung der gesetzlichen Mindestleistungen durch vorhandenes Vermögen oder durch andere außerordentliche Hülfsquellen gesichert ist.

*) Abs. 5 des § 47 gilt im Allgemeinen auch für Betriebs- (Fabrik-) Krankenkassen (§ 68 Abs. 5). Wegen der Bau-Krankenkassen vgl. § 72. Die Absätze 3 bis 6 des § 47 gelten fortan auch für Innungs-Krankenkassen (§ 73).

Zu § 47.

1. § 47 behandelt die Aufhebung von Orts-Krankenkassen, und zwar sowohl von Amtswegen auf Grund der Leistungsunfähigkeit (Schließung), wie auf Antrag (Auflösung). Er gilt für Orts-

Krankenkassen aller Art; für größere Kassenorganisationen (gemeinsame Orts-Krankenkassen einer Gemeinde, gemeinsame Orts-Krankenkassen mehrerer Gemeinden, Orts-Krankenkassen für den Bezirk eines weiteren Kommunalverbandes) giebt außerdem § 48 noch weitere, die Auflösung auf Antrag sowie die Ausscheidung einzelner Bestandtheile betreffende Vorschriften.

Die Schließung darf nur erfolgen wegen Leistungsunfähigkeit. Diese wird

a) erwiesen (Abs. 1 Nr. 2), wenn die Jahresabschlüsse ergeben, daß mit dem regelmäßigen Maximalbeitrag, d. h. mit $4^1/_2$ Prozent des (auf 3 bez. 4 Mark reduzirten) Lohns (cf. Anm. 1 zu § 31), die gesetzlichen Mindestleistungen nicht mehr gedeckt werden können, anderweitiges Vermögen nicht vorhanden ist (Abs. 7) und eine Erhöhung der Beiträge über jenen Betrag hinaus bei den Betheiligten Widerspruch findet;

b) auf Grund des Gesetzes und bis zum Beweise des Gegentheils vermuthet (Abs. 1 Nr. 1), wenn die Mitgliederzahl dauernd unter 50 sinkt. Der Gegenbeweis hat darzuthun, daß trotz der geringen Mitgliederzahl die Gewährung der gesetzlichen Mindestleistungen anderweit gesichert ist (Abs. 7).

(Für die Gemeinde-Krankenversicherung geht eine Schließung begrifflich nicht an; für dieselbe ist daher in analogen Fällen der Leistungsunfähigkeit unter der Voraussetzung, daß die Gemeinde zur Ermäßigung ihrer Vorschußverbindlichkeit entsprechende Anträge stellt, die zwangsweise Vereinigung mehrerer Gemeinden zu gemeinsamer Gemeinde-Krankenversicherung vorgesehen worden, § 13.)

2. Durch die Novelle sind die bisherigen Bestimmungen dieses § materiell insofern geändert worden, als einmal eine Erhöhung der Beiträge über das regelmäßige Maximum hinaus nicht schon an dem Widerspruch eines Einzelnen scheitern soll, und ferner die Zuweisung von Mitgliedern geschlossener oder aufgelöster Krankenkassen an andere Krankenkassen oder an die Gemeinde-Krankenversicherung nur dann unterbleiben soll, wenn sie zu einer „erheblichen" Schädigung der letzteren führen würde. Die übrigen Abänderungen und Ergänzungen, welche die Novelle vorgenommen hat, bezwecken größere Klarheit in der Zuständigkeit und im Verfahren. In letzterer Beziehung ist

insbesondere der jetzige Abs. 6, welcher in § 48a seine Ergänzung findet, neu eingeschoben worden.

3. Höhere Verwaltungsbehörde ist in Preußen der Bezirksausschuß (vorbehaltlich des Verwaltungsstreitverfahrens vor demselben mit event. Revision, Verordn. v. 1. Aug. 1892, G.S. S. 239); soweit es sich aber um die Ueberweisung der Kassenmitglieder und die Verwendung des Vermögens handelt, der Regierungs-Präsident (in Berlin der Ober-Präsident).

4. Ausf.Best.: Preußen Ziffer 2, 23, 28, 38 ff. Anw. v. 10. Juli 1892; Bayern Art. 3, 5 G. v. 26. Mai 1892, §§ 2, 3, 6 Verordn. v. 8. Juni 1892, Ziffer 33 bis 35 Min.Bek. v. 15. Oktbr. 1892; Sachsen § 1 Verordn. v. 28. Septbr. 1883; Württemberg §§ 46 ff. Verordn. v. 2. Novbr. 1892; Baden §§ 48 bis 50 Verordn. v. 3. Septbr. 1892; Hessen Ziffer 31 ff. Anw. v. 5. Novbr. 1892.

§. 48.

Orts-Krankenkassen, welche auf Grund der §§. 16, I.
17 **oder 18a** für versicherungspflichtige Personen verschiedener Gewerbszweige oder Betriebsarten errichtet sind, können nach Anhörung der Gemeinde aufgelöst werden, wenn die Generalversammlung der Kasse dies beantragt.

Unter der gleichen Voraussetzung kann die Aus- II.
scheidung der demselben Gewerbszweige oder derselben Betriebsart angehörenden Kassenmitglieder aus der gemeinsamen Kasse erfolgen, wenn die Mehrzahl dieser Kassenmitglieder zustimmt.

Für Orts-Krankenkassen, welche auf Grund der III.
§§. 43 oder 43a gemeinsam für mehrere Gemeinden oder für einen weiteren Kommunalverband errichtet sind, kann auf Antrag einer der betheiligten Gemeinden oder der Generalversammlung der betheiligten

Kasse die Auflösung oder die Ausscheidung der in einer oder mehreren der betheiligten Gemeinden beschäftigten Kassenmitglieder erfolgen.

IV. Die Auflösung oder Ausscheidung erfolgt durch Verfügung der höheren Verwaltungsbehörde. **Gegen** die Verfügung, durch welche die Auflösung oder Ausscheidung angeordnet oder versagt wird, steht den Betheiligten innerhalb vier Wochen die Beschwerde an die Zentralbehörde zu. **Ueber** die Verwendung und Vertheilung des Vermögens, sowie über die anderweitige Versicherung der versicherungspflichtigen Personen **ist** nach Maßgabe des §. 47 Absatz 4 **bis 6** Bestimmung zu treffen.

Zu § 48.

1. Vgl. die Anm. 1 zu § 47. Höhere Verwaltungsbehörde ist in Preußen der Bezirksausschuß (vorbehaltlich der Beschwerde an den Minister für Handel und Gewerbe); soweit es sich aber um die Ueberweisung der Kassenmitglieder und die Verwendung des Vermögens handelt, der Regierungs-Präsident (in Berlin der Ober-Präsident).

2. Ausf. Best.: Preußen Ziffer 2, 5, 38 ff. Anw. v. 10. Juli 1892; Bayern §§ 1 bis 3, 6 Verordn. v. 8. Juni 1892, Ziffer 33 bis 35 Min.Bek. v. 15. Oktbr. 1892; Sachsen § 1 Verordn. v. 28. Septbr. 1883; Württemberg §§ 46 ff. Verordn. v. 2. Novbr. 1892; Baden §§ 48 bis 50 Verordn. v. 3. Septbr. 1892; Hessen Ziffer 31 ff. Anw. v. 5. Novbr. 1892.

§. 48a.*)

I. **Ergiebt sich, daß einem Kassenstatut nach §. 24 Absatz 1 die Genehmigung hätte versagt werden müssen, so hat die höhere Verwaltungsbehörde die erforderliche Abänderung anzu-**

ordnen. Der die Abänderung anordnende Bescheid kann auf dem im §. 24 Absatz 1 bezeichneten Wege angefochten werden.

Unterläßt die Vertretung der Kasse, die endgültig angeordnete Abänderung zu beschließen, so hat die höhere Verwaltungsbehörde die Beschlußfassung anzuordnen und, falls dieser Anordnung keine Folge gegeben wird, ihrerseits die erforderliche Abänderung des Kassenstatuts von Amtswegen mit rechtsverbindlicher Wirkung zu vollziehen. Dasselbe gilt, wenn die Vertretung der Kasse unterläßt, diejenigen Abänderungen des Kassenstatuts zu beschließen, welche durch endgültige, auf Grund der §§. 18 a, 43 a, 47 Absatz 6 erlassene Anordnungen erfordert werden. II.

*) Der § 48 a gilt auch für Betriebs- (Fabrik-) und Bau-Krankenkassen (§§ 64, 72), der Abs. 2 auch für Innungs-Krankenkassen (§ 73).

Zu § 48 a.

1. Dieser durch die Novelle eingefügte Paragraph soll insbesondere Vorsorge treffen, daß Irrthümer, die bei der Genehmigung der Kasse vorgekommen sind, nachträglich geheilt werden können. Wie die Motive der Novelle sagen (S. 58), ist es insbesondere häufig vorgekommen, daß Kassenstatuten den gesetzlichen Anforderungen nicht entsprachen und aus Irrthum der Behörde doch genehmigt wurden; zahlreich seien namentlich diejenigen Fälle gewesen, in denen ein Kassenstatut genehmigt wurde, obwohl die Bestimmung desselben über die Klassen der der Kasse angehörenden Personen mit der gleichen Bestimmung anderer Kassenstatute im Widerspruch standen. In allen solchen Fällen kann fortan auf Grund des § 48 a Remedur geschaffen werden. Zuständigkeit in Preußen: Anordnung des Regierungs-Präsidenten bezw. Ober-Präsidenten; Klage beim Ober-Verwaltungsgericht binnen zwei Wochen nach

der Zustellung der Anordnung. (Verordn. v. 1. Aug. 1892, G.S.S. 289.) Das gemäß der Anordnung von der Kasse abgeänderte Statut bedarf der Genehmigung durch den Bezirksausschuß (§ 24).

2. Ausf.Best.: Preußen Ziffer 2, 36 Anw. v. 10. Juli 1892; Bayern Art. 3, 5 G. v. 26. Mai 1892, § 3 Verordn. v. 8. Juni 1892; Württemberg §§ 34, 51 Verordn. v. 2. Novbr. 1862; Hessen Ziffer 26, 29 Anw. v. 5. Novbr. 1892.

D. Gemeinsame Bestimmungen für die Gemeinde-Krankenversicherung und für die Orts-Krankenkassen.

§. 49.

I. Die Arbeitgeber haben jede von ihnen beschäftigte versicherungspflichtige Person, welche **weder einer Betriebs- (Fabrik-) Krankenkasse (§. 59), Bau-Krankenkasse (§. 69), Innungs-Krankenkasse (§. 73), Knappschaftskasse (§. 74) angehört, noch gemäß §. 75 von der Verpflichtung, der Gemeinde-Krankenversicherung oder einer Orts-Krankenkasse anzugehören, befreit ist,** spätestens am dritten Tage nach Beginn der Beschäftigung anzumelden und spätestens am dritten Tage nach Beendigung **derselben** wieder abzumelden. **Veränderungen, durch welche während der Dauer der Beschäftigung die Versicherungspflicht für solche Personen begründet wird, die der Versicherungspflicht auf Grund ihrer Beschäftigung bisher nicht unterlagen, sind spätestens am dritten Tage nach ihrem Eintritt gleichfalls anzumelden. Das Gleiche gilt bei Aenderungen**

des Arbeitsvertrages, welche die Versicherungspflicht der im §. 1 Absatz 4 bezeichneten Personen zur Folge haben.

Die Anmeldungen und Abmeldungen erfolgen für **versicherungspflichtige Personen solcher Klassen, für welche** Orts-Krankenkassen **bestehen (§. 23 Absatz 2 Ziffer 1),** bei den durch das Statut dieser Kassen bestimmten Stellen, **übrigens** bei der Gemeindebehörde oder einer von dieser zu bestimmenden Meldestelle. II.

In der Anmeldung zur Orts-Krankenkasse sind auch die behufs der Berechnung der Beiträge durch das Statut geforderten Angaben über die Lohnverhältnisse zu machen. Aenderungen in diesen Verhältnissen sind spätestens am dritten Tage, nachdem sie eingetreten, anzumelden. III.

Durch Beschluß der Verwaltung der Gemeinde-Krankenversicherung und durch das Kassenstatut kann die Frist für die An- und Abmeldungen bis zum letzten Werktage der Kalenderwoche, in welcher die dreitägige Frist (Absatz 1) abläuft, erstreckt werden. IV.

Die Aufsichtsbehörde, sowie **die höhere Verwaltungsbehörde** kann für sämmtliche **Gemeinde-Krankenversicherungen und** Orts-Krankenkassen **ihres** Bezirks **oder einzelner Theile desselben** eine gemeinsame Meldestelle errichten. Die **Aufbringung der** Kosten derselben **erfolgt durch die** V.

betheiligten Gemeinden und Orts-Krankenkassen **nach Maßgabe des §. 46 Absatz 3, 4.**

Zu § 49.

1. Die gemeinsamen Bestimmungen für die Gemeinde-Krankenversicherung und die Orts-Krankenkassen regeln die An- und Abmeldung der dem Versicherungszwang unterliegenden Personen (§§ 49 bis 50), die Beitragspflicht (§ 51) und die Einzahlungspflicht (§§ 52 bis 53) der Arbeitgeber, die Beitreibung rückständiger Beiträge (§ 55), die zwangsweise Anstellung weiterer Kassenärzte u. s. w. (§ 56 a), die Unangreifbarkeit der Unterstützungen (§ 56), das Verhältniß zur Armenpflege und zu anderweiten Unterstützungsansprüchen (§ 57), die Gewährung gegenseitiger Aushülfe in Krankheitsfällen (§ 57 a) und die Entscheidung von Streitigkeiten (§§ 53 a, 57 b, 58).

2. Die Meldepflicht des Arbeitgebers ist zur Durchführung des Versicherungszwanges erforderlich, weil es bei dem ausgedehnten Orts- und Berufswechsel unserer Arbeiter unmöglich sein würde, den Zwang, in das Versicherungsverhältniß einzutreten und in demselben zu verbleiben, gegen die letzteren direkt anzuwenden (Motive).

Die Meldepflicht des Arbeitgebers bezieht sich nur auf die Zwangsmitglieder, nicht auf die freiwilligen Mitglieder. Wegen Begründung der Meldepflicht für die auf Grund des § 2 Ziffer 1 und 4 der Versicherungspflicht statutarisch unterstellten Personen vgl. § 54.

3. Die Anmeldung hat nur die Bedeutung der Kontrole und der thatsächlichen Feststellung eines bereits eingetretenen Verhältnisses. Das letztere selbst aber tritt ex lege auf Grund des Eintritts in die Beschäftigung und auf Grund der Thatsache ein, daß eine andere nach dem Gesetz zugelassene Versicherung nicht besteht. Die einzelne Kasse hat an der Meldung ein erhebliches Interesse, weil sie nur dadurch in den Stand gesetzt wird, die Zugehörigkeit der einzelnen Versicherten zur Kasse zu prüfen und die Beiträge von ihren Mitgliedern zu erheben. Zur Unterstützung in Krankheitsfällen ist die Kasse, unbeschadet ihres Rückgriffs an säumige Arbeitgeber (§ 50), auch dann verpflichtet, wenn der Erkrankte nicht gemeldet war, denn derselbe ist kraft Gesetzes durch den Eintritt in die Beschäftigung Mitglied geworden.

4. Nichtbeachtung der Vorſchriften dieſes Paragraphen zieht Beſtrafung nach § 81 und die Verpflichtung zur Erſtattung geleiſteter Unterſtützungen gemäß § 50 nach ſich.

5. Durch die Novelle hat dieſer Paragraph mehrfache Aenderungen der anfänglichen Faſſung erhalten, welche aber nicht prinzipieller Natur ſind. Früher war durch den Wortlaut des Geſetzes die Vorſchrift, welche Arbeiter zu melden ſeien, nur indirekt ausgedrückt, indem die Vorſchrift dahin ging, es ſeien alle diejenigen verſicherungspflichtigen Perſonen an- bezw. abzumelden, „für welche die Gemeinde-Krankenverſicherung eintritt oder welche einer Orts-Krankenkaſſe angehören". Jetzt wird direkt geſagt, wer zu melden ſei, während ſachlich die Meldepflicht die gleiche geblieben iſt; es ſind nämlich jetzt wie früher alle diejenigen verſicherungspflichtigen Perſonen zu melden, welche kraft ihrer Beſchäftigung einer Betriebs- (Fabrik-), Bau-, Innungs- oder Knappſchaftskaſſe nicht angehören und auch nicht in Folge ihrer Zugehörigkeit zu einer die Mindeſtleiſtungen gewährenden freien Hülfskaſſe (§§ 75, 75a) von dem Beitritt zur Gemeinde-Krankenverſicherung oder Orts-Krankenkaſſe befreit ſind. Die Regierungsvorlage zur Novelle wollte auch die Mitglieder dieſer freien Hülfskaſſen der Meldepflicht unterwerfen und deren Befreiung von der Zugehörigkeit zur Orts-Krankenkaſſe bezw. Gemeinde-Krankenverſicherung nur auf Antrag eintreten laſſen; denn die Orts-Krankenkaſſe u. ſ. w. müſſe ſelbſt die Prüfung darüber vornehmen, ob die Befreiung der Mitglieder ſolcher Hülfskaſſen geſetzlich begründet ſei, dem Arbeitgeber aber müſſe der Anreiz, die läſtige Meldepflicht zu umgehen und deshalb nur Mitglieder von Hülfskaſſen in Arbeit zu nehmen, genommen werden, ebenſo aber auch das ſchwere Riſiko, indem er ſich bei einer etwa aus Irrthum über die Verpflichtung unterlaſſenen Meldung der Erſatzverpflichtung des § 50 ausſetzt. Die Kommiſſion des Reichstags hat dies reprobirt und es im Weſentlichen beim Alten belaſſen.

Die Prüfung, ob die Betheiligung an einer Hülfskaſſe von der Zugehörigkeit zur Orts-Krankenkaſſe entbindet, wird jetzt dadurch erleichtert, daß nach § 75b die den freien Hülfskaſſen behördlich ertheilten Beſcheinigungen allgemein maßgebend ſind. Gehört alſo der Arbeiter einer Hülfskaſſe an, für welche er (etwa in ſeinem Beitragsquittungsbuch) eine Beſcheinigung nach § 75b vorweiſen kann, ſo braucht der Arbeitgeber nur noch festzustellen, ob das von der Hülfskasse (oder der betr. Mitgliederkasse derselben) gewährte Krankengeld mindestens so hoch ist wie die Hälfte des ortsüblichen Tagelohns des Beschäftigungsorts. Ist dies der Fall, so ist die Meldung entbehrlich; andernfalls ist sie nothwendig.

Die Meldepflicht des Arbeitgebers besteht im Allgemeinen nur bei dem Eintritt in die Beschäftigung. Bei Veränderungen während der Dauer der Beschäftigung hat der Arbeitgeber im Allgemeinen nicht zu melden; er hat vielmehr solche Veränderungen nur dann zu melden, wenn Personen, die bisher nicht versicherungspflichtig waren, fortan versicherungspflichtig werden (z. B. wenn Jemand, der bisher keinen Lohn erhielt, fortan gelohnt wird, oder wenn das Gehalt eines Betriebsbeamten auf 2000 Mark herabgesetzt wird, oder wenn bei Handlungsgehülfen die Verpflichtungen des Prinzipals aus Art. 60 H.G.B. nachträglich beschränkt werden). Veränderungen in der Kassenzugehörigkeit, d. h. die Thatsache, ob ein an sich Versicherungspflichtiger während der Dauer der Beschäftigung aus der freien Hülfskasse oder der betr. Mitgliederklasse austritt, braucht der Arbeitgeber nicht zu kontroliren; aber die Hülfskassen selbst sind fortan kraft Gesetzes zur Anzeige derartiger Veränderungen verpflichtet (§ 49 a), während früher eine solche Verpflichtung nur kraft besonderer Anordnung der einzelnen Behörden begründet werden konnte (§ 76 in der alten Fassung).

6. Die Meldepflicht des Arbeitgebers umfaßt nach dem neuen Abs. 3 unter Umständen auch die Verpflichtung zu Angaben über die Lohnverhältnisse.

7. Der durch die Novelle eingefügte Abs. 4 gestattet im Interesse der Erleichterung des meldepflichtigen Arbeitgebers eine Hinausschiebung der Meldefrist bis zum letzten Werktage (im Allgemeinen Sonnabend) derjenigen Kalenderwoche, in welcher die dreitägige Frist abläuft. Wegen Hinausschiebung der Meldefrist auf 2 Wochen für Mitglieder von Hülfskassen vgl. § 75 Abs. 2.

8. Die Errichtung einer gemeinsamen Meldestelle kann nach einer Bestimmung der Novelle (Abs. 5) fortan auch durch die höhere Verwaltungsbehörde für deren Bezirke erfolgen. Hierdurch wird die Errichtung gemeinsamer Meldestellen für größere Bezirke ermöglicht.

9. Ausf.Best.: Preußen Ziffer 2, 5, 55, 56 Anw. v. 10. Juli 1892; Bayern Art. 1, 2 Ges. v. 26. Mai 1892, §§ 2 bis 4 Verordn. v. 8. Juni 1892, Ziffer 36 Min.Bek. v. 15. Oktbr. 1892; Sachsen § 1 Verordn. v. 28. Septbr. 1883; Württemberg §§ 52 ff. Verordn. v. 2. Novbr. 1892; Baden §§ 51, 52 Verordn. v. 3. Septbr. 1892; Hessen Ziffer 54 ff. Anw. v. 5. Novbr. 1892, § 13 Verordn. v. 5. Novbr. 1892.

§. 49 a.*)

Hülfskassen der im §. 75 bezeichneten Art haben jedes Ausscheiden eines versicherungspflichtigen Mitgliedes aus der Kasse und jedes Uebertreten eines solchen in eine niedrigere Mitgliederklasse innerhalb Monatsfrist bei der gemeinsamen Meldestelle oder bei der Aufsichtsbehörde desjenigen Bezirks, in welchem das Mitglied zur Zeit der letzten Beitragszahlung beschäftigt war, unter Angabe seines Aufenthaltsortes und seiner Beschäftigung zu dieser Zeit schriftlich anzuzeigen. I.

Für Hülfskassen, welche örtliche Verwaltungsstellen errichtet haben, ist die Anzeige von der örtlichen Verwaltungsstelle zu erstatten. II.

Zur Erstattung der Anzeige ist für jede Hülfskasse, sofern deren Vorstand nicht eine andere Person damit beauftragt, der Rechnungsführer derselben, für die örtliche Verwaltungsstelle dasjenige Mitglied, welches die Rechnungsgeschäfte derselben führt, verpflichtet. III.

Die Aufsichtsbehörde hat die an sie gelangenden Anzeigen der Verwaltung der Ge- IV.

meinde-Krankenversicherung oder dem Vorstande der Orts-Krankenkasse, welcher die in der Anzeige bezeichnete Person nach der in derselben angegebenen Beschäftigung anzugehören verpflichtet ist, zu überweisen.

*) Abs. 4 gilt auch für Betriebs- (Fabrik-), Bau- und Innungs-Krankenkassen (§§ 64, 72, 73).

Zu § 49a.

1. Vgl. Anm. 5 zu § 49. Wegen der gemeinsamen Meldestelle vgl. § 49 Abs. 5.

2. Unterlassung der Anzeigen ist straffällig nach § 81.

3. Der § 49a war hinsichtlich der Anzeige des Uebertritts zu einer niedrigeren Mitgliederklasse für Mitglieder bisher genügender Hülfskassen bis 1. Juli 1893 suspendirt, vgl. Ges. v. 14. Dezbr. 1892 (Reichs-Gesetzbl. S. 1049). Seither hat dieses letztere (Uebergangs-)Gesetz seine Bedeutung verloren.

4. Ausf.Best.: Preußen Ziffer 5, 56 Anw. v. 10. Juli 1892; Bayern Art. 1, 2 Ges. v. 26. Mai 1892, § 4 Verordn. v. 8. Juni 1892; Württemberg §§ 54, 55, 78 Verordn. v. 2. Novbr. 1892; Baden § 52 Verordn. v. 3. Septbr. 1892; Hessen Ziffer 55 Anw. v. 5. Novbr 1892.

§. 50.

I. Arbeitgeber, welche der **ihnen nach §. 49 obliegenden** Anmeldepflicht **vorsätzlich oder fahrlässigerweise** nicht genügen, **haben** alle Aufwendungen, welche **eine** Gemeinde-Krankenversicherung oder eine Orts-Krankenkasse auf Grund gesetzlicher oder statutarischer Vorschrift **in einem vor der Anmeldung durch die nicht angemeldete Person veranlaßten Unterstützungsfalle** gemacht **hat,** zu erstatten.

Die Verpflichtung zur Entrichtung von Beiträgen für die Zeit, während welcher die nicht angemeldete oder nicht angezeigte Person der Gemeinde-Krankenversicherung oder der Orts-Krankenkasse anzugehören verpflichtet war, wird hierdurch nicht berührt. II.

Zu § 50.

1. Die durch die Novelle bewirkten Abänderungen des Abſ. 1 ſollen außer Zweifel ſtellen, daß ſich die Erſatzpflicht auch auf das Sterbegeld erſtreckt. Durch den neuen Abſ. 2 wird im Intereſſe der Klarſtellung ausdrücklich ausgeſprochen, daß die Verpflichtung zur Beitragszahlung durch den etwaigen Eintritt der Erſatzpflicht nicht berührt wird.

2. Streitigkeiten über Erſtattungsanſprüche aus § 50 werden nach der neuen Faſſung des § 58 nicht, wie bisher, ſofort im Rechtswege, ſondern zunächſt von der Aufſichtsbehörde, vorbehaltlich des Rechtsweges (event. des Verwaltungsſtreitverfahrens), entſchieden werden.

3. cf. die Strafandrohung in § 81.

4. Ausf.Beſt.: Bayern Art. 1, 2 Geſ. v. 26. Mai 1892.

§. 51.*)

Die Beiträge zur Krankenversicherung entfallen bei versicherungspflichtigen Personen zu zwei Dritteln auf diese, zu einem Drittel auf ihre Arbeitgeber. Eintrittsgelder belasten nur die Versicherten. I.

Durch ſtatutariſche Regelung (§. 2) kann beſtimmt werden, daß Arbeitgeber, in deren Betrieben Dampfkeſſel oder durch elementare Kraft bewegte Triebwerke nicht verwendet und mehr als zwei dem Kranken- II.

versicherungszwange unterliegende Personen nicht beschäftigt werden, von der Verpflichtung zur Leistung von Beiträgen aus eigenen Mitteln befreit sind.

*) Dieser Paragraph gilt auch für Innungs-Krankenkassen (§ 73), jedoch fortan mit der Modifikation aus § 90 der Gewerbeordnung, in der Fassung des Gesetzes v. 26. Juli 1897. Nach § 65 Abs. 2 und § 72 gilt § 51 analog auch für Betriebs- (Fabrik-) und Bau-Krankenkassen.

Zu § 51.

1. Dieser Paragraph ist der bisherige § 52. Die Umstellung der bisherigen §§ 51 und 52 erfolgte lediglich aus redaktionellen Rücksichten. Die jetzige Fassung des Abs. 1 beruht auf der Novelle, findet ihr Vorbild im § 19 Inv. Ges. und soll in Verbindung mit der anderweiten Fassung des § 52 die Beitragsverpflichtung des versicherten Arbeiters schärfer zum Ausdruck bringen, als dies bisher der Fall war.

2. Die Beitragspflicht der Arbeitgeber ($33^1/_3$ Prozent des Gesammtkrankenversicherungsbeitrags, also 50 Prozent desjenigen Antheils, den der Arbeitnehmer beizutragen hat [ein Betrag, welcher der früheren Preuß. Gesetzgebung und dem R.G. v. 8. April 1876, betr. die Abänderung des Tit. VI der Gewerbeordnung, entspricht]), ist ein aus sozialpolitischen Gründen dem versicherungspflichtigen Arbeitnehmer auf Kosten des Arbeitgebers zugesprochener Vortheil. Derselbe war aber nur bei Personen, welche zur Versicherung verpflichtet wurden, und nur für die mit Beitrittszwang ausgestatteten Einrichtungen (die gleichartigen landesgesetzlichen Bestimmungen für Knappschaftskassen bleiben nach dem Reichsgesetz unberührt, § 74) gerechtfertigt; denn diese Einrichtungen sind so getroffen, daß jede versicherungspflichtige Person in einer dieser Organisationen der Versicherungspflicht genügen und durch die Betheiligung an denselben der der Versicherungspflicht entsprechenden Rechtswohlthat theilhaftig werden kann. Wer sich dem freiwillig entzieht und Mitglied einer neben jenen Einrichtungen zugelassenen Hülfskasse ohne Beitrittszwang (§ 75) wird, dem kann diese Rechtswohlthat nicht wider seinen Willen aufgedrängt werden. Hieraus ergiebt sich:

a) zu Hülfskassen ohne Beitrittszwang (§ 75) ist kein Beitrag der Arbeitgeber zu entrichten (Hülfskassen mit Beitrittszwang gelten als Orts- u. s. w. Krankenkassen, § 85);

b) durch freiwillige Betheiligung nichtversicherungspflichtiger Personen wird eine Beitragsverpflichtung des Arbeitgebers nicht begründet, cf. Anm. 3 zu § 41. Dies gilt sowohl für die freiwillig eintretenden (§§ 4, 19, 26, 63, 72), wie für die nach Aufhören ihrer Beschäftigung freiwillig bleibenden Personen (§§ 11, 27, 64, 72, 73). Diese freiwilligen Mitglieder zahlen die vollen Kassenbeiträge einschl. des Antheils der Arbeitgeber.

Das Gesetz gestattet, durch statutarische Regelung folgende Ausnahmen von der Beitragspflicht des Arbeitgebers zu begründen:

a) für die in ganz kleinen Betrieben beschäftigten Arbeiter (§ 51 Abs 2), weil in solchen kleinen Betrieben Arbeitnehmer und Arbeitgeber sozial oft gleichstehen und letztere durch Beiträge für die ersteren zu sehr belastet werden würden;

b) für die auf Grund des § 2 statutarisch versicherten unständigen Arbeiter und Hausgewerbetreibenden (§ 54), weil die Verhältnisse hier zu verschieden sind, als daß sich übersehen ließe, ob die Beitragsleistung der Arbeitgeber praktisch möglich und durchführbar sein wird.

Wegen der weitergehenden Zuschußverbindlichkeit der Fabrikherren, der Bauherren und der Innungen bei Insuffizienz der Betriebs- (Fabrik-), der Bau- und der Innungs-Krankenkassen vgl. § 65 Abs. 3, §§ 72, 73. Bei Innungs-Krankenkassen können die Innungs-Mitglieder 50 Prozent der Beiträge übernehmen, dann aber den Vorsitz und hälftige Vertretung in den Kassenorganen beanspruchen, § 90 der Gewerbeordnung in der Fassung des Ges. v. 26. Juli 1897.

3. Ausf.Best.: Preußen Ziffer 2, 8 bis 10 Anw. v. 10. Juli 1892; Bayern Art. 1, 2 Ges. v. 26. Mai 1892, §§ 2, 3 Verordn. v. 8. Juni 1892; Baden § 10 Verordn. v. 3. Septbr. 1892; Hessen Ziffer 3 Anw. v. 5. Novbr. 1892.

§. 52.*)

Die Arbeitgeber sind verpflichtet, die Beiträge I.
und Eintrittsgelder, welche für die von ihnen be-

schäftigten Personen zur Gemeinde-Krankenversicherung oder zu einer Orts-Krankenkasse zu entrichten sind, **einzuzahlen. Die Beiträge sind an die Gemeinde-Krankenversicherung,** sofern nicht durch Gemeindebeschluß andere Zahlungstermine festgesetzt sind, wöchentlich **im Voraus, an die Orts-Krankenkasse** zu den durch Statut festgesetzten Zahlungsterminen einzuzahlen. **Das Eintrittsgeld ist mit dem ersten fälligen Beitrage einzuzahlen.** Die Beiträge sind solange fortzuzahlen, bis die vorschriftsmäßige Abmeldung (§. 49) erfolgt ist, und für den betreffenden Zeittheil zurückzuerstatten, wenn die **rechtzeitig** abgemeldete Person innerhalb der Zahlungsperiode aus der bisherigen **Beschäftigung** ausscheidet.

II. **Wenn der Versicherte gleichzeitig in mehreren die Versicherungspflicht begründenden Arbeitsverhältnissen steht, so haften die sämmtlichen Arbeitgeber als Gesammtschuldner für die vollen Beiträge und Eintrittsgelder.**

III. **Durch Gemeindebeschluß mit Genehmigung der Aufsichtsbehörde oder durch Kassenstatut kann bestimmt werden, daß die Beiträge stets für volle Wochen erhoben und zurückgezahlt werden.**

*) Dieser Paragraph gilt auch für Innungs-Krankenkassen (§ 73); analog auch für Betriebs- (Fabrik-) und Bau-Krankenkassen (§§ 65, 72).

Zu § 52.

1. Dieser Paragraph ist der frühere § 51, vgl. Anm. 1 zu § 51.

2. Die Verpflichtung, die Kassenbeiträge seiner dem Versicherungszwang unterworfenen Arbeiter einzuzahlen, ist dem Arbeitgeber

um deswillen auferlegt worden, weil es nicht möglich ſein würde, dieſelben von jedem einzelnen Arbeiter, ſofern ſie nicht freiwillig entrichtet werden, zwangsweiſe einzuziehen.

3. Darüber, daß für Perſonen, welche nach § 2 Ziffer 1 und 4 dem Verſicherungszwang ſtatutariſch unterſtellt werden, die Einzahlungsverbindlichkeit der Arbeitgeber nach Maßgabe der lokalen Verhältniſſe durch eine anderweite Beſtimmung erſetzt oder auch ganz in Fortfall gebracht werden kann, vgl. § 54; darüber, daß auf freiwillige Kaſſenmitglieder die Einzahlungsverbindlichkeit des Arbeitgebers keine Anwendung findet, vgl. Anm. 3 zu § 4. Die für die Arbeiter verauslagten Beiträge kann der Arbeitgeber bei der Lohnzahlung anrechnen, § 53; wegen rückſtändiger fälliger Beiträge findet gegen den letzteren die Zwangsbeitreibung im Verwaltungswege, § 55, ſowie event. die Ausſchließung von der Vertretung und Wahlberechtigung zu den Kaſſenorganen ſtatt, § 38 Abſ. 4.

4. Durch die Novelle ſind in Abſ. 1 Beſtimmungen über die Einzahlung der Eintrittsgelder aufgenommen; auch iſt die frühere Beſtimmung, daß die Beiträge immer im Voraus gezahlt werden ſollten, in Fortfall gebracht. Fortan bleibt es der Regelung durch Gemeindebeſchluß oder durch Kaſſenſtatut überlaſſen, ob die Beiträge im Voraus oder nachfolgend erhoben werden ſollen. Nur für den Fall, daß für die Gemeinde-Krankenverſicherung eine beſondere Beſtimmung durch Gemeindebeſchluß nicht getroffen wird, bleibt es bei der Vorauszahlung.

5. Abſ. 2 regelt die Einzahlung der Beiträge für ſolche Verſicherten, welche gleichzeitig mehrere Arbeitgeber haben, und Abſ. 3 bezweckt die Erleichterung des Kaſſen- und Rechnungsweſens.

6. Ausf.Beſt.: Bayern Art. 1, 2 Geſ. v. 26. Mai 1892, §§ 3, 4 Verordn. v. 8. Juni 1892; Württemberg § 56 Verordn. v. 2. Novbr. 1892; Baden § 19 Verordn. v. 3. Septbr. 1892; Heſſen Ziffer 5, 6 Anw. v. 5. Novbr. 1892.

§. 52 a. *)

Auf Antrag der Gemeinde-Krankenverſicherung oder einer Orts-Krankenkaſſe kann die Aufſichtsbehörde widerruflich anordnen, daß I.

solche Arbeitgeber, die mit Abführung der Beiträge im Rückstande geblieben sind und deren Zahlungsunfähigkeit im Zwangsbeitreibungsverfahren festgestellt worden ist, nur den auf sie selbst als Arbeitgeber entfallenden Theil der Beiträge, welche für die von ihnen beschäftigten versicherungspflichtigen Personen zur Gemeinde-Krankenversicherung oder Orts-Krankenkasse zu entrichten sind, einzuzahlen haben.

II. Wird dies angeordnet, so sind die von solchen Arbeitgebern beschäftigten versicherungspflichtigen Personen verpflichtet, die Eintrittsgelder sowie den auf sie selbst entfallenden Theil der Beiträge zu den festgestellten Zahlungsterminen selbst an die Gemeinde-Krankenversicherung oder Krankenkasse einzuzahlen.

III. Die Anordnungen (Absatz 1) müssen diejenigen Arbeitgeber, für welche sie gelten sollen, nach Namen, Wohnort und Geschäftsbetrieb deutlich bezeichnen und sind diesen Arbeitgebern schriftlich mitzutheilen.

IV. Die von solchen Anordnungen betroffenen Arbeitgeber sind verpflichtet, dieselben den von ihnen beschäftigten, in der Gemeinde-Krankenversicherung oder Orts-Krankenkasse versicherten versicherungspflichtigen Personen durch dauernden Aushang in den Betriebsstätten bekannt zu machen und bei jeder Lohnzahlung die von ihnen beschäftigten versicherungspflichtigen Personen

darauf hinzuweiſen, daß dieſe die im Abſatz 2 bezeichneten Beiträge ſelbſt einzuzahlen haben.

Gegen die im Abſatz 1 bezeichneten Anordnungen findet binnen zwei Wochen nach der Zuſtellung die Beſchwerde an die höhere Verwaltungsbehörde ſtatt. Die Beſchwerde hat keine aufſchiebende Wirkung. Die Entſcheidung der höheren Verwaltungsbehörde iſt endgültig. V.

*) Der § 52a gilt auch für Betriebs- (Fabrik-), Bau- und Innungs-Krankenkassen (§§ 65, 72, 73).

Zu § 52a.

1. Dieſer durch die Novelle eingefügte Paragraph enthält ſcharfe Beſtimmungen, durch welche, in Verbindung mit § 82b, einer von leiſtungsunfähigen Arbeitgebern namentlich im Baugewerbe bisher zuweilen beobachteten gewiſſenloſen und die Kaſſe ſchädigenden Praxis vorausſichtlich ein Ende bereitet werden wird. Es iſt nämlich vorgekommen, daß ſolche, trotzdem ſie völlig leiſtungsunfähig ſind, ihr Gewerbe weiter betreiben, ihren Arbeitern bei der Lohnzahlung die Krankenverſicherungsbeiträge abziehen, aber weder dieſe noch ihren eigenen Theil an Kaſſenbeiträgen der Kaſſe zuführen, ſondern dieſe Beträge für ſich behalten. Die Kaſſe war gegen dieſe Praxis bisher machtlos. Fortan werden ſolche Arbeitgeber nach § 82b beſtraft, gleichzeitig aber kann auf Grund des § 51 die Kaſſe zu ihrem Gelde, ſoweit die Beiträge von den Verſicherten zu entrichten ſind, dadurch gebracht werden, daß die letzteren zu direkten Schuldnern der Kaſſe gemacht werden. Die Einbuße der Krankenkaſſe beſteht dann, abgeſehen von gewiſſen Weiterungen, welche die Einziehung der Beiträge in zahlreichen kleinen Beträgen der verſicherten Arbeiter hervorrufen mag, nur noch in dem einen auf die Arbeitgeber entfallenden Drittel.

2. Ausf.-Beſt.: Bayern Art. 1, 2 Geſ. v. 26. Mai 1892, §§ 3, 4 Verordn. v. 8. Juni 1892; Württemberg § 57 Verordn. v. 2. Novbr. 1892; Baden § 53 Verordn. v. 3. Septbr. 1892.

§. 52 b.*)

Auf Zusatzbeiträge der Versicherten für besondere auf Antrag zu gewährende Kassenleistungen an Familienangehörige (§. 6a Absatz 1 Ziffer 5, §. 9 Absatz 1 Satz 2, §. 21 Absatz 1 Ziffer 5, §. 22 Absatz 2) finden die Vorschriften der §§. 51 und 52 keine Anwendung.

*) Der § 52 b gilt auch für Betriebs- (Fabrik-), Bau- und Innungs-Krankenkassen (§§ 65, 72, 73).

Zu § 52 b.

1. Zusatzbeiträge für Familienunterstützung werden also (ebenso wie Eintrittsgelder, § 51 Abs. 1) niemals von dem Arbeitgeber eingezahlt oder antheilig getragen, sondern immer nur von dem Versicherten selbst. Denn bei Familienunterstützungen, die „auf Antrag" gewährt werden (in der Gem.Kr.Vers. [§ 6 a Abs. 1 Z. 5], sowie nach Wahl der Kasse in organisirten Krankenkassen [§ 21 Abs. 1 Z. 5]), finden die von der antheiligen Uebernahme der Beiträge durch die Arbeitgeber und von deren Einzahlungsverpflichtung handelnden §§ 51, 52 „keine Anwendung"; für solche Familienunterstützungen aber, die von organisirten Krankenkassen „allgemein", also ohne besonderen Antrag gewährt werden [§ 21 Abs. 1 Z. 5], dürfen Zusatzbeiträge überhaupt nicht erhoben werden (§ 22 Abs. 2).

2. Ausf.Best.: Bayern Art. 1, 2 Ges. v. 26. Mai 1892.

§. 53.*)

I. **Die Versicherten sind verpflichtet, die Eintrittsgelder und Beiträge, letztere nach Abzug des auf den Arbeitgeber entfallenden Drittels (§. 51), bei den Lohnzahlungen sich einbehalten zu lassen. Die Arbeitgeber dürfen nur auf diesem Wege den auf die Versicherten entfallen-**

den Betrag wieder einziehen. Die Abzüge für Beiträge ſind auf die Lohnzahlungsperioden, auf welche ſie entfallen, gleichmäßig zu vertheilen. Dieſe Theilbeträge dürfen, ohne daß dadurch Mehrbelaſtungen der Verſicherten herbeigeführt werden, auf volle zehn Pfennig abgerundet werden. Sind Abzüge für eine Lohnzahlungsperiode unterblieben, ſo dürfen ſie nur noch bei der Lohnzahlung für die nächſtfolgende Lohnzahlungsperiode nachgeholt werden.

II. Hat der Arbeitgeber Beiträge um deswillen nachzuzahlen, weil die Verpflichtung zur Entrichtung von Beiträgen zwar vom Arbeitgeber anerkannt, von dem Verſicherten, der Gemeinde-Krankenverſicherung oder Orts-Krankenkaſſe aber beſtritten wurde und erſt durch einen Rechtsſtreit (§. 58) hat feſtgeſtellt werden müſſen, oder weil die im §. 49a vorgeſchriebene Anzeige erſt nach Ablauf der im Abſatz 1 bezeichneten Zeiträume oder gar nicht erſtattet worden iſt, ſo findet die Wiedereinziehung des auf den Verſicherten entfallenden Theiles der Beiträge ohne die vorſtehend aufgeführten Beſchränkungen ſtatt.

III. Arbeitgeber, deren Zahlungsunfähigkeit im Zwangsbeitreibungsverfahren feſtgeſtellt worden iſt, ſind, ſolange für ſie nicht eine Anordnung der im §. 52a bezeichneten Art getroffen worden iſt, verpflichtet, die im Abſatz 1

zugelassenen Lohnabzüge zu machen und deren Betrag sofort, nachdem der Abzug gemacht worden ist, an die berechtigte Kasse abzuliefern.

*) Dieser Paragraph gilt auch für Betriebs- (Fabrik-), Bau- und Innungs-Krankenkassen (§§ 65, 72, 73).

Zu § 53.

1. Die in dem § 53 der bisherigen Fassung enthaltenen Grundsätze sind durch die Novelle in zwei Paragraphen (53 und 53a) vertheilt und weiter ausgestaltet worden.

2. Der § 53 bestimmt den Weg, auf welchem die Arbeitgeber die Eintrittsgelder und denjenigen Theil der Beiträge, welcher gemäß § 51 den Versicherten zur Last fällt, von diesen wieder einziehen können. Der erste Satz des Abs. 1 entspricht sachlich der bisherigen Vorschrift des § 53 Abs. 1, dreht aber die letztere, welche nur die Berechtigung des Arbeitgebers zum Abzug der Beiträge aussprach, um und macht hieraus eine Verpflichtung des Versicherten, den Abzug zu dulden. Es soll hierdurch zu besserem Ausdruck gebracht werden, daß der Versicherte nicht den geringsten Anspruch darauf hat, daß ihm der Arbeitgeber etwa den Beitrag erläßt; irrthümliche, in der Praxis hervorgetretene Auffassungen ließen eine solche präzisere Fassung der bisherigen Vorschrift räthlich erscheinen.

Durch den zweiten Satz des ersten Absatzes wird ebenfalls nur deutlicher als bisher zum Ausdruck gebracht, daß die Abzüge nur bei der Lohnzahlung sollen erfolgen dürfen, während die weiteren Sätze in Anlehnung an § 109 Abs. 3 und § 112 des Invaliditäts- und Altersversicherungsgesetzes Vorsorge treffen, daß die Abzüge für Beiträge gleichmäßig vertheilt und nicht zum Nachtheil des Versicherten in zu großen Summen auf einmal gemacht werden dürfen. Für besondere Fälle, in denen der Arbeitgeber nicht in der Lage ist, den Abzug rechtzeitig machen zu können, enthält sodann der neue Abs. 2 Ausnahmen. Strafvorschriften in §§ 82, 82b.

3. Der Abs. 3 ist neu und enthält eine weitere Ausgestaltung des in § 52a enthaltenen Gedankens für solche Fälle,

in denen die ſcharfen Maßregeln des § 52 a noch nicht erforderlich erſchienen ſind. In Fällen dieſer Art iſt der leiſtungsunfähige Arbeitgeber verpflichtet (nicht blos, wie leiſtungsfähige Arbeitgeber, berechtigt), den Verſicherten die auf ſie entfallenden Eintrittsgelder und Beitragstheile abzuziehen; er iſt dann weiter zur ſofortigen Abführung dieſer Beträge an die Kaſſe verpflichtet. Strafvorſchrift in § 82.

4. Ausf.Beſt.: Bayern Art. 1, 2 Geſ. v. 26. Mai 1892.

§. 53 a.*)

Streitigkeiten zwiſchen dem Arbeitgeber und den von ihm beſchäftigten Perſonen über die Berechnung und Anrechnung der von dieſen zu leiſtenden Beiträge werden nach den Vorſchriften des Geſetzes, betreffend die Gewerbegerichte, vom 29. Juli 1890 (Reichs-Geſetzbl. S. 141) entſchieden. I.

Die Vorſchriften des letzteren Geſetzes finden auch auf Streitigkeiten zwiſchen den bezeichneten Perſonen über die Berechnung und Anrechnung des Eintrittsgeldes Anwendung. Zur Entſcheidung dieſer Streitigkeit ſind auch die auf Grund des §. 80 jenes Geſetzes fortbeſtehenden Gewerbegerichte zuſtändig. II.

*) Der § 53 a gilt auch für Betriebs- (Fabrik-), Bau- und Innungs-Krankenkassen (§§ 65, 72, 73).

Zu § 53 a.

1. Vgl. Anm. 1 zu § 53. Die Aenderungen des § 53 Abſ. 2 der bisherigen Faſſung wurden erforderlich, weil § 120 a der Gewerbeordnung, auf welchen die alte Faſſung verwies, durch § 78 Abſ. 1 des Geſetzes, betr. die Gewerbegerichte, vom 29. Juli 1890 (R.G.Bl. S. 141) aufgehoben und durch andere Beſtimmungen erſetzt worden iſt.

Streitigkeiten zwischen Arbeitgebern und Versicherten über die Berechnung und Anrechnung der auf letztere entfallenden Eintrittsgelder und Beiträge werden also fortan verschieden behandelt, je nach der Kategorie der Betheiligten.

a) Bei gewerblichen Arbeitern, Betriebsbeamten u.s.w. sowie Hausgewerbetreibenden, auf welche sich die sachliche Zuständigkeit der Gewerbegerichte grundsätzlich erstreckt (§§ 1, 2, 4 des Ges. vom 29. Juli 1890), müssen diese Streitigkeiten in erster Instanz bei Gewerbegerichten zur Entscheidung gebracht werden, falls solche errichtet worden sind; die Berufung geht an das Landgericht, ist aber nur zulässig, wenn der Werth des Streitgegenstandes den Betrag von 100 Mark übersteigt (§ 55 a. a. O). Sind Gewerbegerichte nicht errichtet, so findet wahlweise das Verfahren vor dem Gemeindevorsteher vorbehaltlich des Rechtswegs (§ 71 a. a. O.), oder die sofortige Beschreitung des Rechtswegs statt.

b) Bei anderen Versicherten, insbesondere land- und forstwirthschaftlichen Arbeitern, versicherungspflichtigen Staats- und Kommunalbeamten, bei Handlungsgehülfen und -Lehrlingen sowie bei Arbeitern der Heeres- und der Marineverwaltung, kann wahlweise das Verfahren vor dem Gemeindevorsteher vorbehaltlich des Rechtswegs oder sofort der Rechtsweg eingeschlagen werden. (§§ 71, 76, 78 Abs. 3 a. a. O.)

c) Bei Innungen sind ausschließlich zuständig die Innungen (für Streitigkeiten mit Lehrlingen, § 81a Ziffer 4 der Gewerbeordnung in der Fassung des Gesetzes vom 26. Juli 1897) und die Innungsschiedsgerichte (für Streitigkeiten mit Gesellen und Arbeitern), diese, soweit von der Befugniß, solche Innungsschiedsgerichte zu errichten, Gebrauch gemacht ist (§1 8 b Ziffer 4 a. a. O.), und zwar in beiden Fällen vorbehaltlich der Berufung auf den ordentlichen Rechtsweg (§ 91b a. a. O., § 79 Abs. 2 des Gewerbegerichtsgesetzes). Sind Innungsschiedsgerichte nicht errichtet, so gelten für Streitigkeiten mit Gesellen und Arbeitern die Bestimmungen unter a.

d) Die Zuständigkeit besonderer landesrechtlicher Gewerbegerichte bleibt unberührt. (§ 80 a. a. O.)

2. Ausf. Best.: Bayern Art. 1, 2 Ges. v. 26. Mai 1892 Württemberg § 58 Verordn. v. 2. Novbr. 1892.

§. 54.

Ob und inwieweit die Vorschriften des §. 49 **Absatz 1 bis 3, §. 51, §. 52 Absatz 1** auf die Arbeitgeber der im §. 2 Absatz 1 unter **Ziffer 1 und 4** bezeichneten Personen Anwendung finden, ist durch statutarische Bestimmung zu regeln; dieselbe bedarf der Genehmigung der höheren Verwaltungsbehörde. I.

Auf dem gleichen Wege kann bestimmt werden: II.

1. **daß für diejenigen Versicherten, auf welche die Anwendung der Vorschriften des §. 1 auf Grund des §. 2 Absatz 1 Ziffer 4 erstreckt ist, sowie für die von ihnen beschäftigten versicherungspflichtigen Personen die Beiträge und Unterstützungen statt nach dem ortsüblichen Lohne gewöhnlicher Tagearbeiter (§. 8) in Prozenten des wirklichen Arbeitsverdienstes, soweit dieser vier Mark für den Arbeitstag nicht überschreitet, festzustellen sind;**
2. **daß die Arbeitgeber der im §. 2 Absatz 1 Ziffer 4 bezeichneten Gewerbetreibenden, sofern auf diese die Anwendung der Vorschriften des §. 1 erstreckt ist, auch die Beiträge für die von diesen Gewerbetreibenden beschäftigten versicherungspflichtigen Personen einzuzahlen und zu einem Drittel aus eigenen Mitteln zu bestreiten haben.**

Zu § 54.

1. Die Meldepflicht des § 49 sowie die Vorschriften über Einzahlung und Tragung der Beiträge fanden nach der bisherigen Fassung bei allen in § 2 bezeichneten Personenkategorien nur auf besonderen Beschluß Anwendung. Für die land- und forstwirthschaftlichen Arbeiter war dies bereits durch § 139 des land- und forstwirthschaftlichen Unfall- und Krankenversicherungsgesetzes geändert worden. Nachdem jetzt verschiedene andere in § 2 bisher aufgeführte Kategorien in Fortfall gekommen sind, bleiben für diese besondere Beschlußfassung nur noch die vorübergehend beschäftigten Personen (§ 2 Ziffer 1) und die Hausindustriellen (§ 2 Ziffer 4) übrig. Für diese beiden Kategorien soll das Nöthigste schon bei der Erstreckung der Versicherungspflicht geregelt werden (§ 2 Abs. 2).

2. Der durch die Novelle zugefügte Abs. 2 beabsichtigt, die Einführung und Durchführung der Krankenversicherung in der Hausindustrie (§ 2 Ziffer 4) zu erleichtern. Die Vorschrift, daß die Arbeitgeber der Hausindustriellen auch für die von den letzteren beschäftigten Personen zur Beitragsleistung herangezogen werden dürfen, findet ihr Vorbild in § 2 Abs. 2 Inv.Ges.

3. Ausf.Best.: Preußen Ziffer 2, 8 bis 10 Anw. v. 10. Juli 1892; Bayern Art. 1, 2 Ges. v. 26. Mai 1892, §§ 1 bis 3 Verordn. v. 8. Juni 1892, Ziffer 2 bis 4 Min.Bek. v. 15. Oktbr. 1892; Sachsen § 1 Verordn. v. 28. Septbr. 1883; Baden § 10 Verordn. v. 3. Septbr. 1892; Hessen Ziffer 3 Anw. v. 5. Novbr. 1892.

§. 54 a.*)

Im Falle der Erwerbsunfähigkeit werden für die Dauer der Krankenunterstützung Beiträge nicht entrichtet. Die Mitgliedschaft dauert während des Bezuges von Krankenunterstützung fort.

*) Dieser Paragraph gilt auch für Betriebs- (Fabrik-), Bau- und Innungs-Krankenkassen (§§ 65, 72, 73).

Zu § 54a.

Der durch die Novelle eingefügte § 54a ſoll Zweifel beſeitigen, die in der Praxis hervorgetreten waren.

§. 55.*)

Der Anſpruch auf Eintrittsgelder und Beiträge verjährt in einem Jahre nach Ablauf des Kalenderjahres, in welchem er entſtanden iſt. Rückſtändige **Eintrittsgelder und** Beiträge werden in derſelben Weiſe beigetrieben, wie Gemeindeabgaben. **Die dafür beſtehenden landesrechtlichen Vorſchriften finden auch inſofern Anwendung, als ſie über die aufſchiebende Wirkung etwaiger gegen die Zahlungspflicht erhobener Einwendungen Beſtimmung treffen.** I.

Die rückſtändigen Eintrittsgelder und Beiträge haben das Vorzugsrecht des §. 54 Nr. 1 der Reichs-Konkursordnung vom 10. Februar 1877 (Reichs-Geſetzbl. S. 351). II.

Sofern nach Gemeindebeſchluß oder Kaſſenſtatut der Einleitung des Beitreibungsverfahrens ein Mahnverfahren vorangeht, kann von Arbeitgebern, welche die Eintrittsgelder und Beiträge nicht zum Fälligkeitstermine eingezahlt haben, eine Mahngebühr erhoben und wie die Rückſtände beigetrieben werden. Die Feſtſetzung des Betrages der Mahngebühr unterliegt der Genehmigung der Aufſichtsbehörde. III.

*) Dieser Paragraph gilt auch für Betriebs- (Fabrik-), Bau- und Innungs-Krankenkassen (§§ 65, 72, 73, 74).

Zu § 55.

1. Durch die in der Novelle vorgesehenen Zusätze wird für rückständige Eintrittsgelder und Beiträge eine kurze Verjährungsfrist bestimmt und zur Beseitigung eines entstandenen Zweifels ausdrücklich angeordnet, „daß das Beitreibungsverfahren durch die Erhebung von Einwendungen gegen die Verpflichtung oder ihren Umfang nicht aufgehalten wird". (Mot. d. Nov.)

2. Durch die von der Novelle zugelassene Erhebung einer Mahngebühr wird „in vielen Fällen die Einziehung rückständiger Beiträge ohne Einleitung des umständlicheren und kostspieligeren Beitreibungsverfahrens ermöglicht werden". (Mot. d. Nov.)

3. Ausf.Best.: Preußen Ziffer 5, 11, 20 Anw. v. 10. Juli 1892; Bayern Art. 1, 2 Ges. v. 26. Mai 1892, § 4 Verordn. v. 8. Juni 1892; Württemberg § 59 Verordn. v. 2. Novbr. 1892; Baden § 54 Verordn. v. 3. Septbr. 1892; Hessen Ziffer 6 Anw. v. 5. Novbr. 1892.

§. 56.*)

I. **Die Unterstützungsansprüche auf Grund dieses Gesetzes verjähren in zwei Jahren vom Tage ihrer Entstehung an.**

II. Die dem Unterstützungsberechtigten zustehenden Forderungen können mit rechtlicher Wirkung weder verpfändet, noch übertragen, noch **für andere als die im §. 749 Absatz 4 der Civilprozeßordnung bezeichneten Forderungen der Ehefrau und ehelichen Kinder und die des ersatzberechtigten Armenverbandes** gepfändet **werden; sie** dürfen nur auf geschuldete **Eintrittsgelder und** Beiträge, **welche von dem Unterstützungsberechtigten selbst einzuzahlen waren, sowie auf Geldstrafen, welche**

er durch Zuwiderhandlungen gegen die auf Grund des §. 6a Absatz 2 oder §. 26a Absatz 2 Ziffer 2a erlassenen Vorschriften verwirkt hat, aufgerechnet werden.

*) Dieser Paragraph gilt auch für Betriebs- (Fabrik-), Bau- und Innungs-Krankenkassen (§§ 65, 72, 73).

Zu § 56.

1. Durch die Novelle ist eine kurze Verjährungsfrist für die Ansprüche auf Krankenunterstützung eingeführt und außerdem über die Pfändbarkeit der Forderungen des Unterstützungsberechtigten sowie über deren Aufrechnung auf die von dem Berechtigten geschuldeten Leistungen nähere Bestimmung getroffen worden. Aehnliche Bestimmungen enthalten §§ 64, 68 Unf.Vers.Ges. und § 40 Inv.Ges.

2. Nach § 617 B.G.B. (gültig vom 1. Januar 1900 ab) fällt im Fall der Krankenversicherung die Verpflichtung des Dienstherrn fort, dem in die häusliche Gemeinschaft aufgenommenen Bediensteten gegen Aufrechnung auf den Dienstlohn Verpflegung und ärztliche Behandlung zu gewähren. Für den Fall der Krankenversicherung darf die Aufrechnung der Unterstützung auf den Lohn nicht stattfinden, § 57 Abs. 1 K.V.G. Weitergehende landesgesetzliche Ansprüche des Dienstboten bleiben bestehen (Art. 95 Einf.G. z. B.G.B.). Handlungsgehülfen und -Lehrlinge haben, wenn sie in die häusliche Gemeinschaft aufgenommen sind, dieselben Ansprüche; im Uebrigen haben sie gemäß § 63 H.G.B. (seit 1. Januar 1898 in Kraft) bei unverschuldetem Unglück Anspruch auf Fortbezug von Gehalt und Unterhalt für höchstens 6 Wochen, und es darf auch bei ihnen für den Fall der Krankenversicherung eine Aufrechnung der Unterstützung auf den Lohn nicht stattfinden (§ 63 Abs. 2 H.G.B.). Vgl. Anm. 3 zu § 57.

3. Der § 749 Abs. 4 der Civilprozeßordnung hat durch Art. 2 des Gesetzes wegen Abänderung des Gesetzes, betreffend die Beschlagnahme des Arbeits- oder Dienstlohnes, und der Civilprozeßordnung v. 29. März 1897 (R.G.Bl. S. 159), eine andere Fassung erhalten.

§. 56a.*)

I. **Auf Antrag von mindestens dreißig betheiligten Versicherten kann die höhere Verwaltungsbehörde nach Anhörung der Kasse und der Aufsichtsbehörde die Gewährung der im §. 6 Absatz 1 Ziffer 1 und §. 7 Absatz 1 bezeichneten Leistungen durch weitere als die von der Kasse bestimmten Aerzte, Apotheken und Krankenhäuser verfügen, wenn durch die von der Kasse getroffenen Anordnungen eine den berechtigten Anforderungen der Versicherten entsprechende Gewährung jener Leistungen nicht gesichert ist.**

II. **Wird einer solchen Verfügung nicht binnen der gesetzten Frist Folge geleistet, so kann die höhere Verwaltungsbehörde die erforderlichen Anordnungen statt der zuständigen Kassenorgane mit verbindlicher Wirkung für die Kasse treffen.**

III. **Die nach Absatz 1 und 2 zulässigen Verfügungen sind der Kasse zu eröffnen und zur Kenntniß der betheiligten Versicherten zu bringen. Die Verfügung der höheren Verwaltungsbehörde ist endgültig.**

*) Der § 56a gilt auch für Betriebs- (Fabrik-), Bau-, Innungs- und Knappschaftskassen (§§ 65, 72, 73, 74).

Zu § 56a.

Durch diesen von der Novelle eingefügten Paragraphen soll die Möglichkeit geboten werden, die Zahl der Kassenärzte u. s. w. auch

gegen den Willen der Kaſſenorgane zu vermehren, wenn dies den berechtigten Intereſſen der Verſicherten nach dem Ermeſſen der Behörde entſpricht. Die letztere iſt an beſtimmte Formen oder an beſondere weitere Vorausſetzungen für ihre freie pflichtmäßige Entſchließung nicht gebunden.

Ausf.Beſt.: Bayern §§ 3, 4 Verordn. v. 8. Juni 1892, Ziffer 37 Min.Bek. v. 15. Oktbr. 1892; Württemberg § 60 Verordn. v. 2. Novbr. 1892; Baden § 55 Verordn. v. 3. Septbr. 1892.

§. 57.*)

Die auf geſetzlicher Vorſchrift beruhende Verpflichtung von Gemeinden oder Armenverbänden zur Unterſtützung hülfsbedürftiger Perſonen, ſowie die auf Geſetz, Vertrag **oder letztwilliger Anordnung** beruhenden Anſprüche der Verſicherten gegen Dritte werden durch dieſes Geſetz nicht berührt. I.

Soweit auf Grund dieſer Verpflichtung Unterſtützungen für einen Zeitraum geleiſtet ſind, für welchen dem Unterſtützten auf Grund dieſes Geſetzes ein Unterſtützungsanſpruch zuſteht, geht der letztere im Betrage der geleiſteten Unterſtützung auf die Gemeinde oder den Armenverband über, von welchen die Unterſtützung geleiſtet iſt. II.

Das Gleiche gilt von den Betriebsunternehmern und Kaſſen, welche die den bezeichneten Gemeinden und Armenverbänden obliegende Verpflichtung zur Unterſtützung auf Grund geſetzlicher Vorſchrift erfüllt haben. III.

Iſt von der Gemeinde-Krankenverſicherung oder von der Orts-Krankenkaſſe Unterſtützung in einem Krankheitsfalle geleiſtet, für welchen dem Verſicherten ein geſetzlicher Entſchädigungsanſpruch gegen Dritte IV.

zusteht, so geht dieser Anspruch in Höhe der geleisteten Unterstützung auf die Gemeinde-Krankenversicherung oder die Orts-Krankenkasse über.

V. In Fällen dieser Art gilt als Ersatz der im §. 6 Absatz 1 Ziffer 1 bezeichneten Leistungen die Hälfte des gesetzlichen Mindestbetrages des Krankengeldes.

*) Dieser Paragraph gilt auch für Betriebs- (Fabrik-), Bau- und Innungs-Krankenkassen (§§ 65, 72, 73), sowie für die in § 75 bezeichneten Hülfskassen ohne Beitrittszwang (§ 75 c).

Zu § 57.

1. Der § 57 behandelt das Verhältniß der Krankenunterstützung zu besonderen Ansprüchen des Erkrankten gegen Dritte, mögen sie auf Gesetz oder auf Vertrag beruhen, sowie zur öffentlichen Armenpflege. Alle diese besonderen Verhältnisse werden durch die Krankenunterstützung grundsätzlich nicht berührt, nur ändern sich zum Theil die Beziehungen der Betheiligten.

Abs. 1 enthält die allgemeine Vorschrift; Abs. 2 und 3 beziehen sich auf das Zusammentreffen der Krankenunterstützung mit der öffentlichen Armenpflege (vgl. in Abs. 1 und 2 das Wort: Verpflichtung), Abs. 4 auf das Zusammentreffen mit Entschädigungsansprüchen aus dem Gesetz; Abs. 5 bezieht sich auf beide Fälle. Wegen der Zuständigkeit zur Entscheidung von Streitigkeiten vgl. § 58.

2. Die gesetzlichen Vorschriften, auf Grund deren Versicherte für den Fall einer Krankheit Ansprüche auf öffentliche Armenunterstützung haben (gegen Armenverbände oder diejenigen, die in den Fällen des Abs. 3 an Stelle der Armenverbände Armenunterstützung gewährt haben), sowie die gesetzlichen Vorschriften, auf Grund deren Versicherte im Fall einer Krankheit Entschädigungsansprüche gegen Dritte haben (z. B. auf Grund des Haftpflichtgesetzes v. 7. Juni 1871 [R.G.Bl. S. 207] oder allgemeiner civilrechtlicher Vorschriften [oblig. ex delicto, cf. Th. I Titel 6 Allg. Preuß. Landrecht; code civil art. 1384]), bleiben bestehen. Doch soll der Versicherte in diesen Fällen nicht doppelt unterstützt bezw. ent-

ſchädigt werden; die zur Entſchädigung Verpflichteten aber ſollen auch keinen Gewinn auf Koſten der Krankenkaſſe oder Beſchäftigungsgemeinde, dieſe wiederum keinen Gewinn auf Koſten der Armenverbände machen. Deshalb ſoll die Gemeinde-Krankenverſicherung oder die Krankenkaſſe, welche zur Unterſtützung des Erkrankten auf Grund dieſes Geſetzes verpflichtet iſt, innerhalb des durch Geſetz bezw. Statut gegebenen Umfanges der Krankenunterſtützung

a) die dem Erkrankten auf Grund der Armenpflege etwa bereits gewährte Unterſtützung an den betr. Armenverband erſtatten;

b) den geſetzlichen Entſchädigungsanſpruch des Erkrankten gegen Dritte (d. h. alſo nicht gegen Armenverbände) ihrerſeits gegen dieſe Dritten geltend machen können.

Die Regreßnahme an die Arbeitgeber (als Dritte) auf Grund des Haftpflichtgeſetzes ꝛc. iſt aber durch §§ 95 ff. des Unfallverſicherungsgeſetzes v. 6. Juli 1884 (R.G.Bl. S. 69) und die gleichartigen Beſtimmungen der anderen Unfallverſicherungsgeſetze für diejenigen Fälle aufgehoben, in welchen gegen Unfall verſicherte Perſonen durch einen Betriebsunfall verletzt ſind und nach § 5 a. a. O. während der erſten 13 Wochen von den Krankenkaſſen (oder der Gemeinde-Krankenverſicherung) unterſtützt werden müſſen. Krankenkaſſen ꝛc., welche (durch einen Betriebsunfall) Verletzte unterſtützen, haben daher den Regreß nur noch gegen diejenigen Perſonen, durch deren eigenen Vorſatz oder kriminell ſtrafbare Fahrläſſigkeit der Unfall herbeigeführt iſt, § 96 a. a. O. Vgl. v. Woedtke, Komm. z. Unf.Verſ.Geſ. Anm. 1. zu § 95.

3. Anſprüche auf Fortzahlung des Lohns oder Gehalts im Krankheitsfall, mögen dieſelben lediglich auf dem Arbeitsvertrag oder auf geſetzlicher Vorſchrift beruhen (z. B. bei Geſinde oder bei Handlungsgehülfen, Art. 63 H.G.B.) ſind keine „Entſchädigungsanſprüche". Sie bleiben daher im Falle der Krankenunterſtützung ebenſo wie andere auf Vertrag (insbeſondere Verſicherungsvertrag mit Privatverſicherungsgeſellſchaften) beruhenden Anſprüche der Verſicherten

gegen Dritte — bei konkurrirender Privatversicherung jedoch unbeschadet der nach § 26 a Abs. 1 (früher § 26 Abs. 3) unter Umständen eintretenden Beschränkung im Fall der Doppelversicherung, wie im Komm.Ber. S. 73 ausdrücklich anerkannt wird — dergestalt unberührt, daß sie für die eine Unterstützung gewährenden Kassen ein Eintrittsrecht nicht begründen. Der Versicherte bezieht vielmehr neben dem Krankengeld seinen vertragsmäßigen Lohn weiter, und dieser darf ihm nicht gekürzt werden Vgl. §§ 80, 82.

4. Das Pauschquantum nach Abs. 5 gilt im Allgemeinen auch für die Erstattung der Kosten einer über 13 Wochen hinaus geleisteten Fürsorge für Verunglückte, wenn die fernere Fürsorge für dieselben der Krankenkasse übertragen war, cf. § 5 Abs. 8 Unf.Vers.Ges. v. 6. Juli 1884.

5. Ausf.Best.: Bayern Art. 1, 2 Ges. v. 26. Mai 1892; Württemberg § 61 Verordn. v. 2. Novbr. 1892.

§. 57 a.*)

I. **Auf Erfordern einer Gemeinde-Krankenversicherung oder einer Orts-Krankenkasse ist den bei ihr versicherten Personen, welche außerhalb des Bezirks derselben wohnen, im Falle der Erkrankung von der für Versicherungspflichtige desselben Gewerbszweiges oder derselben Betriebsart bestehenden Orts-Krankenkasse oder in Ermangelung einer solchen von der Gemeinde-Krankenversicherung des Wohnortes dieselbe Unterstützung zu gewähren, welche der Erkrankte von der Gemeinde-Krankenversicherung oder Orts-Krankenkasse, der er angehört, zu beanspruchen hat. Diese haben der unterstützenden Orts-Krankenkasse oder Ge-**

meinde-Krankenverſicherung die hieraus erwachſenden Koſten zu erſtatten.

Dasſelbe gilt für Verſicherte, welche während eines vorübergehenden Aufenthalts außerhalb des Bezirks der Gemeinde-Krankenverſicherung oder Orts-Krankenkaſſe, der ſie angehören, erkranken, ſofern oder ſolange ihre Ueberführung nach ihrem Wohnorte nicht erfolgen kann. Eines beſonderen Antrages der Gemeinde-Krankenverſicherung oder Orts-Krankenkaſſe bedarf es in dieſen Fällen nicht. II.

Erfolgt die Erkrankung im Auslande, ſo hat der Betriebsunternehmer dem Erkrankten, ſofern oder ſolange eine Ueberführung in das Inland nicht erfolgen kann, diejenigen Unterſtützungen zu gewähren, welche der letztere von der Gemeinde-Krankenverſicherung oder der Orts-Krankenkaſſe, der er angehört, zu beanſpruchen hat. Dieſe hat dem Betriebsunternehmer die ihm hieraus erwachſenden Koſten zu erſtatten. III.

Für die Erſtattung der Koſten gilt in dieſen Fällen als Erſatz der im §. 6 Abſatz 1 Ziffer 1 bezeichneten Leiſtungen die Hälfte des Krankengeldes. IV.

*) Die Befugnisse aus § 57a gelten auch für Betriebs- (Fabrik-), Bau- und Innungs-Krankenkassen (§§ 65, 72, 73) sowie für Knappschaftskassen (§ 74).

Zu § 57a.

Dieser durch die Novelle neu eingeschobene Paragraph verpflichtet im Anschluß an § 16 Ausb.Ges. die Gemeinde-Krankenversicherungen und Krankenkassen, für einander (sowie für Mitglieder anderer organisirter Krankenkassen, §§ 65, 72, 73, 74) einzutreten, soweit es sich um Mitglieder handelt, welche außerhalb des Bezirks der eigenen Kasse erkranken. Bei Erkrankungen im Auslande soll zunächst der Unternehmer eintreten.

Streitigkeiten über Ersatzansprüche werden nach Maßgabe des § 58 Abs. 2 entschieden.

Ausf.Best.: Württemberg § 62 Verordn. v. 2. Novbr. 1892; Baden § 56 Verordn. v. 3. Septbr. 1892.

§. 57b.*)

I. **Streitigkeiten zwischen Gemeinde-Krankenversicherungen und Orts-Krankenkassen oder zwischen Orts-Krankenkassen über die Frage, welcher von ihnen die in einem Gewerbszweige oder in einer Betriebsart oder in einem einzelnen Betriebe beschäftigten Personen angehören, werden von der höheren Verwaltungsbehörde entschieden.**

II. **Gegen die Entscheidung steht den Betheiligten nur die Beschwerde an die Zentralbehörde zu. Die Beschwerde ist binnen zwei Wochen nach der Eröffnung der Entscheidung einzulegen.**

III. **Ergeht die Entscheidung dahin, daß versicherungspflichtige Personen einer anderen Kasse, als derjenigen, bei welcher sie bisher thatsächlich versichert waren, anzugehören haben,**

ſo iſt in derſelben der Zeitpunkt zu beſtimmen, mit welchem das neue Verſicherungsverhältniß in Kraft tritt.

*) Der § 57b gilt auch für Betriebs- (Fabrik-), Bau- und Innungs-Krankenkassen (§§ 65, 72, 73).

Zu § 57 b.

Dieſer durch die Novelle neu eingeſchobene Paragraph ordnet an, daß in ſolchen Fällen, in denen zwiſchen den in Betracht kommenden Kaſſen ein Streit über die Kaſſenzugehörigkeit ganzer Gewerbszweige oder Betriebsarten, oder ganzer Betriebe entſteht, die Verwaltungsbehörden entſcheiden ſollen. Der Rechtsweg iſt demgemäß in ſolchen Fällen ausgeſchloſſen. Derartige Streitigkeiten betreffen meiſt Zweifel über die durch das Kaſſenſtatut getroffenen organiſatoriſchen Feſtſetzungen und erfordern immer die Erledigung gewerbetechniſcher Fragen. Die Entſcheidung hat daher derjenigen Stelle übertragen werden müſſen, „welche für die Genehmigung dieſer organiſatoriſchen Beſtimmungen zuſtändig iſt und die zur Beurtheilung gewerbetechniſcher Fragen geeigneten Kräfte beſitzt". (Mot. zur Nov.)

Entſteht der Streit über die Kaſſenzugehörigkeit nicht zwiſchen den einzelnen Kaſſen, ſondern zwiſchen einer Kaſſe und einem Verſicherungspflichtigen, ſo findet § 57b keine Anwendung; „die Entſcheidung über die Frage der Kaſſenzugehörigkeit bildet dann nur eine Vorfrage in dem Verfahren nach § 58 Abſ. 1". (Mot. zur Nov.)

Ausf.Beſt.: Bayern Art. 1, 2 Geſ. v. 26. Mai 1892, §§ 3, 6 Verordn. v. 8. Juni 1892; Württemberg § 63 Verordn. v. 2. Novbr. 1892.

§. 58.*)

I. Streitigkeiten, welche zwiſchen den auf Grund dieſes Geſetzes zu verſichernden Perſonen oder ihren Arbeitgebern einerſeits und der Gemeinde-Krankenverſicherung oder der Orts-Krankenkaſſe andererſeits **über das Verſicherungsverhältniß oder** über die Verpflichtung zur Leistung oder Einzahlung von **Eintrittsgeldern und** Beiträgen oder über Unterstützungsansprüche entstehen, **sowie Streitigkeiten über Unterstützungsansprüche aus §. 57a Absatz 3 und über Erstattungsansprüche aus §. 50** werden von der Aufsichtsbehörde entschieden. **Erstreckt sich der Bezirk der Gemeinde-Krankenversicherung oder der Orts-Krankenkasse über mehrere Gemeindebezirke, so kann durch die Zentralbehörde die Entscheidung anderen Behörden übertragen werden.** Die Entscheidung **kann** binnen **vier** Wochen nach der Zustellung derselben mittelst Klage **im ordentlichen** Rechtswege, **soweit aber landesgesetzlich solche Streitigkeiten dem Verwaltungsstreitverfahren überwiesen sind, im Wege des letzteren angefochten werden.**

II. Streitigkeiten über die im §. 57 Absatz 2 **und 3** bezeichneten Ansprüche, **Streitigkeiten über Erstattungsansprüche aus §. 3a Absatz 4, §§. 3b und 57a, ferner Streitigkeiten zwischen Gemeinde-Krankenversicherungen und Krankenkassen über den Ersatz irrthümlich geleisteter Unterstützungen** werden im Verwaltungsstreitverfahren, wo ein solches nicht besteht, **von der Aufsichtsbehörde** entschieden. **Die Entscheidung der Aufsichtsbehörde kann binnen vier Wochen nach Zustellung derselben im Wege des Rekurses nach Maßgabe der §§. 20 und 21 der Gewerbeordnung angefochten werden.**

Streitigkeiten zwischen einem Verbande und den betheiligten Kassen (§. 46) aus dem Verbandsverhältniß werden von der Aufsichtsbehörde entschieden. Die Entscheidungen können binnen vier Wochen nach der Zustellung derselben im Wege des Verwaltungsstreitverfahrens, wo ein solches nicht besteht, im Wege des Rekurses nach Maßgabe der Vorschriften der §§. 20 und 21 der Gewerbeordnung angefochten werden. III.

Die Entscheidung **der Aufsichtsbehörde über** Unterstützungsansprüche **oder über Ansprüche eines Verbandes an die betheiligten Kassen (Absatz 1 und 3)** ist vorläufig vollstreckbar. IV.

*) Dieser Paragraph gilt auch für Betriebs- (Fabrik-), Bau- und Innungs-Krankenkassen (§ 65, 72, 73), der Abs. 2 ausserdem auch für die im § 75 bezeichneten Hülfskassen ohne Beitrittszwang (§ 76).

Zu § 58.

1. Die Bestimmungen dieses Paragraphen gelten für die Gemeinde-Krankenversicherung nur insoweit, als dieselbe auf Grund dieses Gesetzes geregelt ist. Es ist nach dem Komm.Ber. (S. 75) von der Kommission beschlossen, „ausdrücklich im Bericht zu erklären, daß bei derjenigen landesgesetzlich geregelten Gemeinde-Krankenversicherung, für welche durch § 12 des Entwurfs (jetzt § 15) die fortdauernde Geltung der landesrechtlichen Vorschrift ausgesprochen ist, auch die auf die Entscheidung von Streitigkeiten bezüglichen landesrechtlichen Vorschriften in Kraft bleiben sollen."

Für Bayern vgl. wegen der Gemeinde-Krankenversicherung Art. I §§ 2 bis 4, wegen der Krankenkassen Art. 8 Bayr. Ausf.Ges. v. 28. Febr. 1884.

2. Durch die Bestimmungen der Novelle sind

a) einzelne, bisher nicht besonders geregelte Streitfälle unter diesen Paragraphen gebracht, insbesondere Streitigkeiten über das Versicherungsverhältniß, über Erstattungsansprüche aus § 3 a Abs. 4, §§ 3 b, 50 und 57 a, über den Ersatz irrthümlich geleisteter Unterstützungen, sowie Streitigkeiten aus dem Kassenverbandsverhältniß (§ 46). Ferner ist

b) in den wichtigen Fällen des Abs. 1 der Rechtsweg gegen die zuerst anzurufende Entscheidung der Aufsichtsbehörde zwar belassen, indessen gestattet worden, daß subsidiär durch Landesgesetz an Stelle des Rechtswegs das Verwaltungsstreitverfahren gesetzt werden darf.

c) Für die Fälle des Abs. 2 ist neben das Verwaltungsstreitverfahren subsidiär die Entscheidung der Aufsichtsbehörde vorbehaltlich des Rekurses nach §§ 20, 21 der Gewerbeordnung getreten, während früher subsidiär die Entscheidung der Aufsichtsbehörde mit nachfolgendem Rechtsweg vorgesehen war.

d) Die auf die Krankenkasse übergegangenen Entschädigungsansprüche des Versicherten gegen Dritte (§ 57 Abs. 4) sind nicht mehr, wie bisher, im Verwaltungsstreitverfahren, sondern — da nichts besonderes gesagt wird, also die allgemeine Regel Platz greift — im ordentlichen Rechtswege zu entscheiden.

3. Man beachte demgemäß:

a) Streitigkeiten zwischen der Gemeinde-Krankenversicherung (oder Krankenkasse) und den Versicherten, oder zwischen der Gemeinde-Krankenversicherung (oder Krankenkasse) und den Arbeitgebern über

1. das Versicherungsverhältniß,
2. die Verpflichtung zur Leistung von Eintrittsgeldern und Beiträgen,
3. die Verpflichtung zur Einzahlung von Eintrittsgeldern und Beiträgen,
4. die Unterstützungsansprüche,
5. die Erstattungsansprüche gegen Arbeitgeber aus § 50

entscheidet die Aufsichtsbehörde (§ 44) vorbehaltlich des

Rechtswegs; an Stelle des Rechtswegs kann landesgesetzlich das Verwaltungsstreitverfahren gesetzt werden (§ 58 Abs. 1); vorläufig vollstreckbar sind die Entscheidungen bei Unterstützungsansprüchen (§ 58 Abs. 4);

b) Streitigkeiten zwischen den Arbeitgebern und den Versicherten über die Berechnung und Anrechnung der Beiträge und Eintrittsgelder entscheiden Gewerbegerichte, event. (wahlweise) der ordentliche Richter oder die Gemeindebehörden (§ 53a), bei Innungen die Innung und das Innungsschiedsgericht, vgl. Anm. 1c zu § 53a.

c) Streitigkeiten der Krankenkassen oder Gemeinde-Krankenversicherungen über Erstattungsansprüche
   1. gegenüber Arbeitgebern befreiter Personen (§ 3a Abs. 4 und § 3b),
   2. gegenüber solchen Krankenkassen, die behufs Leistung der Krankenunterstützung für die zunächst verpflichtete Kasse eingetreten sind (§ 57a),
   3. gegenüber den Armenverbänden u. s. w. wegen Erstattung der von den letzteren geleisteten Armenunterstützungen (§ 57 Abs. 2 und 3)

werden im Verwaltungsstreitverfahren, event. von der Aufsichtsbehörde vorbehaltlich des Rekurses nach §§ 20, 21 der Gewerbeordnung und ohne sofortige Vollstreckbarkeit entschieden (§ 58 Abs. 2);

d) Streitigkeiten der Krankenkassen und Gemeinde-Krankenversicherungen über Erstattungsansprüche gegenüber entschädigungspflichtigen Dritten werden im ordentlichen Rechtswege entschieden (§ 57 Abs. 4); dasselbe gilt für Streitigkeiten über andere auf Gesetz, Vertrag oder letztwilliger Anordnung beruhende Ansprüche der Versicherten gegen Dritte (§ 57 Abs. 1);

e) Streitigkeiten zwischen verschiedenen Krankenkassen und Gemeinde-Krankenversicherungen über die Kassenzugehörigkeit bestimmter Klassen von Personen entscheidet die höhere Verwaltungsbehörde, vorbehaltlich der Anrufung der Zentralbehörde (§ 57b);

f) Streitigkeiten zwischen dem Kassenverbande und den betheiligten Kassen aus dem Verbandsverhältniß werden von der Aufsichtsbehörde vorbehaltlich des Verwaltungsstreitverfahrens entschieden (§ 58 Abs. 3). Die Entscheidung der Aufsichtsbehörde ist vorläufig vollstreckbar (§ 58 Abs. 4).

4. Die §§ 20 und 21 der Gewerbeordnung vgl. in Anm. 4 zu § 24.

5. Der § 58 Abs. 2 gilt nach § 5 Abs. 8 des Unf.Vers.Ges. v. 6. Juli 1884 auch für Streitigkeiten zwischen Berufsgenossenschaften und Krankenkassen (oder der Gemeinde-Krankenversicherung) wegen der den letzteren übertragenen Fürsorge für Verunglückte über die ersten 13 Wochen hinaus. Vgl. v. Woedtke, Komm. z. Unf.Vers.Ges. Anm. 34 zu § 5 a. a. O. Aehnlich bei Uebertragung der Fürsorge an Krankenkassen seitens der Invaliditäts- und Altersversicherungsanstalten (§ 12 Abs. 3 Inv.Ges.).

6. In Preußen findet in den Fällen des Abs. 1 gegen die Entscheidung der Aufsichtsbehörde der Rechtsweg statt; in den Fällen des Abs. 2 ist der Bezirksausschuß vorbehaltlich der Revision zuständig.

7. Ausf.Best.: Preußen Ziffer 2, 5, 60 Anw. v. 10. Juli 1892; Bayern Art. 4, 5 Ges. v. 26. Mai 1892, §§ 3, 4, 6 Verordn. v. 8. Juni 1892; Sachsen § 1 Verordn. v. 28. Septbr. 1883; Württemberg §§ 43, 64 Verordn. v. 2. Novbr. 1892.

E. Betriebs- (Fabrik-) Krankenkassen.

§. 59.

Krankenkassen, welche für einen der im §. 1 bezeichneten Betriebe oder für mehrere dieser Betriebe gemeinsam in der Weise errichtet werden, daß auf dem Wege des Arbeitsvertrages (durch Fabrikordnung, Reglement u. s. w.) die in dem Betriebe beschäftigten Personen zum Beitritt verpflichtet werden, unterliegen den nachfolgenden Vorschriften.

Zu § 59.

1. Vgl. den Komm. des Verf. Anm. 1 zu § 59. „Die in der Praxis hervorgetretenen Vorzüge der Fabrik-Krankenkassen wurden lebhaft

und unter Bezugnahme auf thatsächliche Verhältnisse, z. B. im Elsaß, betont; wiederholt wurde unter Zustimmung der Majorität der Kommission der Satz ausgesprochen, daß eine gut eingerichtete und geleitete Fabrik-Krankenkasse die für den Arbeiter erwünschteste Form der Krankenversicherung sei." ... „Es bestehe um der Arbeiter willen ein erhebliches Interesse an der Aufrechterhaltung der Betriebs- (Fabrik-) Krankenkassen. Mit diesen seien bedeutende Kapitalien an angesammeltem Gelde und an mancherlei humanitären Einrichtungen verbunden. Ein Zwang zur Bildung von Betriebs- (Fabrik-) Krankenkassen sei nicht zu entbehren. Es könne sonst durch die Indolenz oder Widerwilligkeit eines Fabrikinhabers der Gemeinde wider ihren Willen der ganze umständliche Apparat einer Orts-Krankenkasse oder Gemeinde-Krankenversicherung mit vielen Mitgliedern aufgedrängt werden. Auch sei ein Zusammenzwängen der Fabrikarbeiter mit den Handwerkern in ein und dieselbe Kasse bedenklich, weil es den beiderseitigen Interessen widerspreche." (Komm.Ber. S. 76.)

2. Die Bestimmungen der §§ 59 ff. gelten auch für die Fälle des § 2 (insbes. Arbeiter in der Land- und Forstwirthschaft), soweit die Anwendung der Vorschriften des § 1 auf die dort genannten Kategorien erstreckt worden ist.

3. § 59 enthält nur das Prinzip der Betriebs- (Fabrik-) Krankenkasse. Die Beitrittsverpflichtung zu derselben regelt sich fortan nach § 63; Fabrikordnungen, Reglements 2c. dürfen abweichende Bestimmungen nicht enthalten (§§ 80, 82).

4. Für mehrere Betriebe kann eine gemeinschaftliche Betriebs- (Fabrik-) Krankenkasse nur dann neu (cf. Anm. 1 zu § 60 sowie § 85) errichtet werden, wenn die Betriebe sämmtlich von einem Unternehmer betrieben werden, § 60. Vgl. aber § 67a.

5. Ausf.Best.: Baden § 56 Verordn. v. 11. Febr. 1884.

§. 60.

Ein Unternehmer, welcher in einem Betriebe oder I. in mehreren Betrieben fünfzig oder mehr dem Krankenversicherungszwange unterliegende Personen beschäftigt, ist berechtigt, eine Betriebs- (Fabrik-) Krankenkasse zu errichten.

II. Er kann dazu durch Anordnung der höheren Verwaltungsbehörde verpflichtet werden, wenn dies von der Gemeinde, in welcher die Beschäftigung stattfindet, oder von der Krankenkasse, welcher die beschäftigten Personen angehören, beantragt wird. Vor der Anordnung ist dem Unternehmer, sowie den von ihm beschäftigten Personen oder von diesen gewählten Vertretern und, falls der Antrag von einer Orts-Krankenkasse ausgegangen ist, auch der Gemeinde zu einer Aeußerung darüber Gelegenheit zu geben.

Zu § 60.

1. Darüber, daß die bei Inkrafttreten des Gesetzes bestehenden Fabrik-Krankenkassen, wenn für dieselben durch Reglement, Fabrikordnung, Statut oder dergl. ein Beitrittszwang eingeführt worden ist, als solche auch dann fortbestehen, wenn sie — was für neu zu begründende Kassen dieser Art unzulässig ist, vgl. Anm. 4 zu § 59 — für die Betriebe verschiedener Unternehmer begründet worden sind, daß sie aber im Uebrigen den Vorschriften dieses Gesetzes auch dann unterworfen sind, wenn sie in Gestalt eingeschriebener Hülfskassen errichtet worden sind, vgl. § 85 sowie den Komm. d. Verf. Anm. 2 zu § 60.

2. Zuständig ist in Preußen (abgesehen von den Staatsbetrieben, § 84) der Regierungs-Präsident, für Berlin der Ober-Präsident.

3. Ausf.Best.: Preußen Ziffer 2, 5, 44 ff. Anw. v. 10. Juli 1892; Bayern §§ 2, 3, 5 Verordn. v. 8. Juni 1892, Ziffer 38 Min.Bek. v. 15. Oktbr. 1892; Sachsen § 1 Verordn. v. 28. Septbr. 1883; Württemberg § 66 Verordn. v. 2. Novbr. 1892; Baden § 57 Verordn. v. 3. Septbr. 1892; Hessen Ziffer 37 ff. Anw. v. 5. Novbr. 1892.

§. 61.

Unternehmer eines Betriebes, welcher für die darin beschäftigten Personen mit besonderer Krankheitsgefahr verbunden ist, können auch dann, wenn sie weniger als fünfzig Personen beschäftigen, zur Errichtung einer Betriebs- (Fabrik-) Krankenkasse angehalten werden. I.

Unternehmern eines Betriebes, in welchem weniger als fünfzig Personen beschäftigt werden, kann die Errichtung einer Betriebs- (Fabrik-) Krankenkasse gestattet werden, wenn die nachhaltige Leistungsfähigkeit der Kasse in einer von der höheren Verwaltungsbehörde für ausreichend erachteten Weise sichergestellt ist. II.

Zu § 61.

1. Für derartige Betriebs- (Fabrik-) Krankenkassen gilt neben der für alle Betriebs- (Fabrik-) Krankenkassen vorgeschriebenen eventuellen Zuschußverbindlichkeit der Fabrikherren (§ 65 Abs. 3) auch deren Verpflichtung zu Vorschüssen im Bedarfsfall, § 64 Nr. 5.

2. Vgl. Anm. 2 zu § 60.

3. Ausf.Best.: Preußen Ziffer 2, 5, 44 ff. Anw. v. 10. Juli 1892; Bayern §§ 3, 5 Verordn. v. 8. Juni 1892, Ziffer 39 Min.Bek. v. 15. Oktbr. 1892; Sachsen § 1 Verordn. v. 28. Septbr. 1883; Württemberg § 66 Verordn. v. 2. Novbr. 1892; Baden § 58 Verordn. v. 3. Septbr. 1892; Hessen Ziffer 37 ff. Anw. v. 5. Novbr. 1892.

§. 62.

Unternehmer, welche der Verpflichtung, eine Betriebs- (Fabrik-) Krankenkasse zu errichten, innerhalb der von der höheren Verwaltungsbehörde zu bestimmenden Frist nicht nachkommen, sind verpflichtet, für jede in ihrem Betriebe beschäftigte, dem Versicherungszwange I.

unterliegende Person Beiträge bis zu fünf Prozent des verdienten Lohnes aus eigenen Mitteln zur Gemeinde-Krankenversicherung oder zur Orts-Krankenkasse zu leisten.

II. Die Höhe der zu leistenden Beiträge wird nach Anhörung der Gemeindebehörde von der höheren Verwaltungsbehörde endgültig festgesetzt.

Zu § 62.

1. Die Mehrbeiträge auf Grund dieses Paragraphen können von der höheren Verwaltungsbehörde (cf. Anm. 2 zu § 60) auch dann auferlegt werden, wenn die Betriebs- (Fabrik-) Krankenkasse wegen unordentlicher Kassen- und Rechnungsführung hat geschlossen werden müssen. cf. § 68 Abs. 1 Nr. 3, Abs. 2.

Auch auf diese Beiträge findet § 55 Anwendung.

3. Ausf.Best.: Preußen Ziffer 2, 44 ff., 50 Anw. v. 10. Juli 1892; Bayern §§ 2, 3, 5 Verordn. v. 8. Juni 1892, Ziffer 40 Min.Bek. v. 15. Oktbr. 1892; Sachsen § 1 Verordn. v. 28. Septbr. 1883; Württemberg § 66 Verordn. v. 2. Novbr. 1892; Baden § 59 Verordn. v. 3. Septbr. 1892; Hessen Ziffer 37 ff. Anw. v. 5. Novbr. 1892.

§. 63.*)

I. Versicherungspflichtige Personen, welche in dem Betriebe, für welchen eine Betriebs- (Fabrik-) Krankenkasse errichtet ist, beschäftigt werden, gehören **vorbehaltlich der Bestimmungen des §. 75** mit dem Tage des Eintritts in die Beschäftigung der Kasse als Mitglieder an.

II. Nichtversicherungspflichtige in dem Betriebe beschäftigte Personen haben das Recht, der Kasse beizutreten, **sofern ihr jährliches Gesammteinkommen**

zweitausend Mark nicht übersteigt. Der Beitritt erfolgt durch schriftliche oder mündliche Anmeldung bei dem Kassenvorstande, gewährt aber keinen Anspruch auf Unterstützung im Falle einer bereits zur Zeit dieser Anmeldung eingetretenen Erkrankung. **Die Kasse ist berechtigt, nichtversicherungspflichtige Personen, welche sich zum Beitritt melden, einer ärztlichen Untersuchung unterziehen zu lassen und ihre Aufnahme abzulehnen, wenn die Untersuchung eine bereits bestehende Krankheit ergiebt.**

Versicherungspflichtigen Personen ist der Austritt III. mit dem Schlusse des Rechnungsjahres zu gestatten, wenn sie denselben mindestens drei Monate vorher bei dem Vorstande beantragen und vor dem Austritt nachweisen, daß sie einer der im §. 75 bezeichneten Kassen angehören.

Nichtversicherungspflichtige Personen, welche die IV. Beiträge an zwei aufeinanderfolgenden Zahlungsterminen nicht geleistet haben, scheiden damit aus der Kasse aus.

*) Der § 63 gilt auch für Bau-Krankenkassen (§ 72) und entspricht dem für Orts-Krankenkassen geltenden § 19.

Zu § 63.

1. Alle versicherungspflichtigen, in einer Fabrik beschäftigten Personen müssen der Betriebs- (Fabrik-) Krankenkasse angehören, falls sie nicht Mitglieder einer die Mindestleistungen gewährenden Hülfskasse (§ 75) sind; sie dürfen während ihrer Beschäftigung in der Fabrik aus der für letztere errichteten Krankenkasse nach näherer Bestimmung des § 19 Abs. 5 nur dann austreten, wenn sie einer solchen Hülfs-

kasse (§ 75) beigetreten sind. Vgl. darüber Näheres in Komm. d. Verf. Anm. 2 zu § 63.

2. Durch die Novelle ist die frühere Bestimmung in Abs. 1, wonach auch bei Betheiligung an einer der in §§ 73, 74 bezeichneten (Innungs- oder Knappschafts-) Kassen die Mitgliedschaft bei der Betriebs- (Fabrik-) Krankenkasse nicht eintreten sollte, beseitigt und die freiwillige Betheiligung, entsprechend den gleichartigen Vorschriften für die Gemeinde-Krankenversicherung (§ 4) und die Orts-Krankenkassen (§ 19), beschränkt worden.

§. 64.*)

Die **für Orts-Krankenkassen geltenden Bestimmungen der** §§. 20 bis 42, **46 bis 46 b, 48 a und 49 a Absatz 4** finden auf die Betriebs- (Fabrik-) Krankenkassen mit folgenden Abänderungen Anwendung:

1. Das Kassenstatut (§. 23) ist durch den Betriebsunternehmer in Person oder durch einen Beauftragten nach Anhörung der beschäftigten Personen oder der von denselben gewählten Vertreter zu errichten.
2. Durch das Kassenstatut kann dem Betriebsunternehmer oder einem Vertreter desselben der Vorsitz im Vorstande und in der Generalversammlung übertragen werden.
3. Die Rechnungs- und Kassenführung ist unter Verantwortlichkeit und auf Kosten des Betriebsunternehmers durch einen von demselben zu bestellenden Rechnungs- und Kassenführer wahrzunehmen. Verwendungen von Kassengeldern in den Nutzen der Betriebsunternehmer fallen unter die Vorschrift des §. 42 Absatz 2.

4. Reichen die Bestände einer auf Grund der Vorschrift des §. 61 errichteten Betriebs- (Fabrik-) Krankenkasse nicht aus, um die laufenden Ausgaben derselben zu decken, so sind von dem Betriebsunternehmer die erforderlichen Vorschüsse zu leisten.

5. Die aus dem Betriebe ausgeschiedenen Personen, welche auf Grund der Vorschrift des §. 27 Mitglieder der Kasse bleiben, können Stimmrechte nicht ausüben und Kassenämter nicht bekleiden.

*) Der § 64 gilt auch für Bau-Krankenkassen (§ 72).

Zu § 64.

1. Die bisherige Ziffer 1 ist durch die Novelle als entbehrlich gestrichen worden, weil die in derselben zugelassene Berechnung der Leistungen und Beiträge nach dem Individualverdienst nunmehr auch schon für Orts-Krankenkassen gilt (§ 26a Ziffer 6).

2. Es gelten also für die Betriebs- (Fabrik-) Krankenkassen folgende für Orts-Krankenkassen erlassene Bestimmungen:

a) über die Minimal- und Maximalleistungen (§§ 6, 7, 20, 21, 26a) und über Kassenverbände (§§ 46 bis 46c);

b) über die Karenzzeit (§§ 6, 21, 26, 26a), das Eintrittsgeld und die zulässigen Modifikationen der Unterstützung bei einzelnen Mitgliedern (§ 26);

c) über die Festsetzung des durchschnittlichen Tagelohns (§ 20);

d) über den Maßstab für die Bemessung der Beiträge (§§ 22, 26a);

e) über die Höhe der Beiträge, cf. Anm. 1 zu § 31, mit der Maßgabe, daß, wenn 3 Prozent (im Ganzen 4½ Prozent) des Lohns zur Gewährung der Mindestleistungen nicht genügen, nicht eine Schließung der Kasse stattfindet, sondern nach § 65 Abs. 2 die Zuschußverbindlichkeit des Fabrikherrn eintritt;

f) über die event. Ausgleichung bei einem Mißverhältniß zwischen Beiträgen und Leistungen (§§ 20, 31, 33), vorbehaltlich der Bestimmung des § 64 Z. 4 und des § 65 Abs. 2;

g) über den Inhalt, die Genehmigung und die etwaige zwangsweise Aenderung des Statuts*) (§§ 23, 24, 48 a), wogegen die Errichtung desselben nach Maßgabe des § 64 Nr. 2 erfolgt;

h) über die Korporationsrechte der Kasse (§ 25);

i) über die freiwillige Fortsetzung der Mitgliedschaft trotz Austritts aus der Fabrik (§ 27) mit der Beschränkung des § 64 Z. 5, sowie über den einstweiligen Fortbezug der Leistungen im Fall der Erwerbslosigkeit (§ 28);

k) über den Reservefonds (§§ 32, 33 Abs. 2) und die Beschränkung der Zwecke, zu denen Beiträge erhoben werden und Zahlungen aus der Kasse geleistet werden dürfen (§ 29);

l) über die Generalversammlung und den Vorstand, sowie über die Vertretung des Arbeitgebers in beiden (§§ 34 bis 39, 42) vorbehaltlich der Bestimmung des § 64 Z. 3; über die Rechnungs- und Kassenführung (§§ 40, 42) vorbehaltlich der Bestimmung des § 64 Z. 3;

m) über die der höheren Verwaltungsbehörde einzureichenden Uebersichten und deren demnächstige Verarbeitung (§§ 41, 79).

Außerdem gelten für die Betriebs- (Fabrik-) Krankenkassen nach § 63

n) im Allgemeinen auch die Bestimmungen über den obligatorischen und freiwilligen Eintritt und Austritt, einschl. der im § 26 a Abs. 2 Nr. 5 nachgelassenen Erweiterung des Mitgliederkreises;

ebenso nach § 65

o) die Bestimmungen über die Einzahlung und Verrechnung der Eintrittsgelder und Versicherungsbeiträge sowie die antheilige Uebernahme der letzteren durch die Arbeitgeber (§§ 51, 52, 52 b, 53, 53 a, 54 a) mit der Strafvorschrift des § 82;

p) über die Verjährung, die administrative Zwangsvollstreckung und die Vorrechte bei Eintrittsgeldern, Beiträgen und Unterstützungsansprüchen (§§ 55, 56);

q) über die Vermehrung der Kassenärzte (§ 56 a);

---

*) Wegen des Normalstatuts vgl. Anm. 3 zu § 23.

r) über das Verhältniß zur Armenpflege und zu civilrechtlichen Ansprüchen des Erkrankten gegen Dritte (§ 57);

s) über die gegenseitige Aushülfe der Kassen (§ 57 a);

t) über die Streitigkeiten (§§ 57 b, 58)

sowie nach § 66 vorbehaltlich der dort enthaltenen Modifikation;

u) über die Beaufsichtigung der Kassen, §§ 44, 45.

Wegen der Aufsichtsbehörde vgl. § 84.

3. Ueber die Folgen, welche eine Verabsäumung der Fürsorge für ordnungsmäßige Kassen- und Rechnungsführung nach sich zieht, vgl. § 68 Abs. 1 Nr. 3, Abs. 2.

4. Außer der hier vorgesehenen Verpflichtung des Fabrikherrn, für die Betriebs- (Fabrik-) Krankenkassen gesundheitsgefährlicher und unter der Normalzahl bleibender Betriebe im Bedarfsfall erstattungsfähige Vorschüsse zu leisten, ist nach § 65 Abs. 2 jeder Betriebsunternehmer verpflichtet, für den Fall der Insuffizienz seiner Betriebs- (Fabrik-) Krankenkasse Zuschüsse aus eigenen Mitteln ohne Erstattungsanspruch zu leisten, cf. darüber Komm. d. Verf. Anm. 10 zu § 64.

5. „Die Nr. 6 (jetzt 5) des Paragraphen ist von der Kommission neu eingefügt worden, weil man anerkannte, daß aus der Arbeit ausgeschiedene Kassenmitglieder, welche durch freiwillige Fortzahlung der (vollen, vgl. Anm. 5 zu § 4) Beiträge sich die Kassenmitgliedschaft erhalten, nicht wohl einen Anspruch darauf haben dürften, an der Verwaltung der Kasse selbst weiter mitzuwirken, und daß andererseits beim Fehlen einer derartigen Bestimmung unter Umständen für die Fabrik-Krankenkassen erhebliche Uebelstände dadurch hervortreten können, daß eine größere Anzahl nicht in der Fabrik beschäftigter Arbeiter Stimmrecht in Kassenangelegenheiten ausüben." (Komm.-Ber. S. 82.)

Bei Orts-Krankenkassen vermochte man eine gleiche Gefahr nicht zu erkennen und lehnte daher die Ausdehnung dieser Bestimmung auf jene Kassen ab (vgl. Komm.-Ber. S. 49).

6. Ausf.Best.: Preußen Ziffer 2, 5, 7 Anw. v. 10. Juli 1892; Bayern Ziffer 41 Min.Bek. v. 15. Oktbr. 1892; Württemberg § 67 Verordn. v. 2. Novbr. 1892; Baden § 60 Verordn. 3. Septbr. 1892; Hessen Ziffer 37 ff. Anw. v. 5. Novbr. 1892.

§. 65.*)

I. Die Betriebsunternehmer sind verpflichtet, die statutenmäßigen **Eintrittsgelder und** Beiträge für die von ihnen beschäftigten versicherungspflichtigen Kassenmitglieder zu den durch das Kassenstatut festgesetzten Zahlungsterminen in die Kasse einzuzahlen und **die Beiträge** zu einem Drittel aus eigenen Mitteln zu leisten.

II. Werden die gesetzlichen Mindestleistungen der Kasse (§. 20) durch die Beiträge, nachdem diese für die Versicherten drei Prozent der durchschnittlichen Tagelöhne oder des Arbeitsverdienstes erreicht haben, nicht gedeckt, so hat der Betriebsunternehmer die zur Deckung derselben erforderlichen Zuschüsse aus eigenen Mitteln zu leisten.

III. Die Bestimmungen **des §. 52 Absatz 3 und der §§. 52a bis 53a, 54a** bis 58 finden auch auf Betriebs- (Fabrik-) Krankenkassen **entsprechende** Anwendung.

*) **Der § 65 gilt auch für Bau-Krankenkassen (§§ 62 Abs. 3), der Abs. 2 auch für Innungs-Krankenkassen (§ 73).**

Zu § 65.

1. Der § 65 rekapitulirt in Abs. 1 die wesentlichen Bestimmungen der für die Orts-Krankenkassen und für die Gemeinde-Krankenversicherung geltenden §§ 51 und 52 und erklärt in Abs. 3 die für dieselben Formen der Krankenversicherung gegebenen §§ 52a bis 58 ferner für anwendbar (mit alleiniger Ausnahme des hier nicht anwendbaren § 54), welche insbesondere von der theilweisen Wiedererstattung der Beiträge durch die

Versicherten, von den Vorrechten der Beitrags- und Unterstützungsforderungen, von der Verjährung, von dem Verhältniß zur Armenpflege und zu Entschädigungsverpflichtungen Dritter, sowie von Streitigkeiten handeln. Der § 65 stellt endlich in Abs. 2 den Grundsatz auf, daß jeder Betriebsunternehmer, welcher eine Betriebs- (Fabrik-) Krankenkasse errichtet, für dieselbe aus eigenen Mitteln Zuschüsse (ohne Erstattungsanspruch) leisten muß, falls die Kassenleistungen, auf das gesetzliche Mindestmaß reduzirt, mit den auch für die übrigen organisirten Krankenkassen (d. h. für Orts-, Innungs- und Bau-Krankenkassen) vorgeschriebenen regelmäßigen Maximalbeiträgen (d. h. zusammen 4½ Prozent des Lohns, Anm. 1 zu § 31) nicht bestritten werden können. Während also für Orts-Krankenkassen nach § 47 als Folge einer Insuffizienz die Schließung der Kasse eintreten muß, tritt für Betriebs- (Fabrik-) und ebenso auch für Bau- und Innungs-Krankenkassen (§§ 72, 73) statt der Schließung die Zuschußverbindlichkeit des Betriebsunternehmers ein. Man ist dabei von der Ansicht ausgegangen, daß eine Insuffizienz bei so hohen Kassenbeiträgen (zumal die Verwaltungskosten nach § 64 Z. 3 im Allgemeinen dem Betriebsunternehmer zur Last fallen, aus den Kassenbeiträgen also nicht zu bestreiten sind, überdies auch häufig Kassenvermögen zur Verfügung stehen wird) kaum eintreten, daß aber die Möglichkeit derselben den Arbeitgeber veranlassen werde, „auf möglichste Beseitigung gesundheitsgefährlicher Einrichtungen in seiner Fabrik Bedacht zu nehmen“. (Komm.Ber. S. 83.)

2. Der bisherige Abs. 2 ist von der Novelle als entbehrlich gestrichen worden, weil die in demselben enthaltenen Vorschriften über die Einbehaltung der auf die Versicherten entfallenden Beiträge durch das Zitat des § 53 im Abs. 3 für anwendbar erklärt sind.

3. Ausf.Best.: Preußen Ziffer 52 Anw. v. 10. Juli 1892; Württemberg §§ 65, 67 Verordn. v. 2. Novbr. 1892; Baden § 60 Verordn. v. 3. Septbr. 1892.

§. 66.*)

Auf die Beaufsichtigung der Betriebs- (Fabrik-) Krankenkassen finden die §§. 44, **45** Anwendung. I.

II. Die Aufsichtsbehörde ist befugt, Ansprüche, welche der Kasse gegen den Betriebsunternehmer aus der Rechnungs- und Kassenführung erwachsen (§. 64 Ziffer 3), in Vertretung der Kasse entweder selbst oder durch einen von ihr zu bestellenden Vertreter geltend zu machen.

*) Der § 66 gilt auch für Bau-Krankenkassen (§ 72).

Zu § 66.

1. Wegen der Betriebe des Reichs oder der Staaten cf. auch § 84.

2. Durch die Novelle ist auch der bisher nicht anwendbare Abs. 5 des § 45 für anwendbar erklärt, insofern im Abs. 1 die bisherige Beschränkung, daß vom § 45 nur die Abs. 1 bis 4 anwendbar sein sollen, gestrichen wurde.

3. Motive S. 42: „Die Abhängigkeit der Kassenmitglieder von dem Betriebsunternehmer könnte von diesem leicht benutzt werden, um den Vorstand der Kasse dahin zu bestimmen, daß er Ansprüche der letzteren gegen den Unternehmer nicht geltend mache. Um für solche Fälle die Wahrnehmung der Kasseninteressen gegen übelwollende Betriebsunternehmer sicher zu stellen, soll die Aufsichtsbehörde durch § 60 (jetzt § 66) Abs. 2 ermächtigt werden, Ansprüche der Kasse gegen den Unternehmer in Vertretung der ersteren unabhängig von der Mitwirkung des Vorstandes geltend zu machen."

4. Ausf.Best.: Preußen Ziffer 5 Anw. v. 10. Juli 1892; Bayern §§ 4, 5 Verordn. v. 8. Juni 1892, Ziffer 42 Min.Bek. v. 15. Oktbr. 1892; Sachsen § 1 Verordn. v. 28. Septbr. 1883; Württemberg § 67 Verordn. v. 2. Novbr. 1892; Baden § 61 Verordn. v. 3. Septbr. 1892.

§. 67.*)

I. Wird der Betrieb oder werden die Betriebe, für welche die Kasse errichtet ist, zeitweilig eingestellt oder soweit eingeschränkt, daß die Zahl der darin beschäftigten versicherungspflichtigen Personen unter die doppelte Zahl der statutenmäßigen Vorstandsmitglieder sinkt, so kann die Verwaltung von der Aufsichtsbehörde übernommen werden, welche dieselbe durch einen von ihr zu bestellenden Vertreter wahrzunehmen hat.

Das vorhandene Kassenvermögen, die Rechnungen, Bücher und sonstigen Aktenstücke der Kasse sind in diesem Falle der Aufsichtsbehörde auszuliefern. II.

Vorstehende Bestimmungen finden keine Anwendung, wenn die zeitweilige Einstellung oder Einschränkung eine durch die Art des Betriebes bedingte periodisch wiederkehrende ist. III.

*) Der § 67 gilt auch für Bau-Krankenkassen (§ 72).

Zu § 67.

1. „Man war dabei darüber einverstanden, daß, wenn die Aufsichtsbehörde einer Betriebsunterbrechung halber die Kassenverwaltung übernommen hat, die letztere bei der Wiederaufnahme des Betriebes in der früheren Weise von selbst wieder auf den Betriebsunternehmer übergehe." (Komm.Ber. S. 84.)

Die den Aufsichtsbehörden hier ertheilte Befugniß findet auch auf die schon seither bestehenden Fabrikkassen Anwendung, cf. § 85.

2. Ausf.Best.: Preußen Ziffer 5, 48 Anw. v. 10. Juli 1892; Bayern §§ 4, 5 Verordn. v. 8. Juni 1892, Ziffer 43 Min.Bek. v. 15. Oktbr. 1892; Sachsen Verordn. v. 28. Septbr. 1883; Württemberg § 68 Verordn. v. 2. Novbr. 1892; Baden § 61 Verordn. v. 8. Septbr. 1892; Hessen Ziffer 41 Anw. v. 5. Novbr. 1892.

§. 67 a.*)

Geht von mehreren Betrieben eines Unternehmers, für welche eine gemeinsame Betriebs- I.

(Fabrik-) Krankenkasse besteht, einer in den Besitz eines anderen Unternehmers über, so scheiden die in diesem Betriebe beschäftigten Personen auf den Antrag eines der betheiligten Unternehmer aus der Kasse aus.

II. In diesem Falle erfolgt die Theilung des Vermögens der bisher gemeinsamen Kasse nach folgenden Bestimmungen:

1. Ergiebt sich nach Berichtigung der etwa vorhandenen Schulden und Deckung der vor dem Zeitpunkte des Ausscheidens bereits entstandenen Unterstützungsansprüche ein überschießendes Vermögen, so ist der Theil desselben, welcher dem Verhältniß der Zahl der ausscheidenden zur Gesammtzahl der bisherigen Kassenmitglieder entspricht, derjenigen Krankenkasse zu überweisen, welcher die in dem ausscheidenden Betriebe beschäftigten Personen fortan anzugehören haben.
2. Ergiebt sich ein Fehlbetrag, so ist derselbe, falls der Antrag von dem Unternehmer des ausscheidenden Betriebes gestellt worden ist, von diesem in dem unter Ziffer 1 festgesetzten Verhältniß zu decken.

III. Der Antrag auf Ausscheidung ist an die höhere Verwaltungsbehörde zu richten. Diese bestimmt den Zeitpunkt, mit welchem die Aus-

scheidung stattzufinden hat, und entscheidet über die Vertheilung des Vermögens. Gegen diese Entscheidung steht den Betheiligten binnen zwei Wochen die Beschwerde an die Zentralbehörde zu.

*) Der § 67 a gilt auch für Bau-Krankenkassen.

Zu § 67 a.

1. Dieser durch die Novelle eingefügte Paragraph behandelt den Fall, daß von mehreren Fabriken desselben Unternehmers, für welche eine gemeinsame Betriebs- (Fabrik-) Krankenkasse besteht, etwa durch Verkauf einzelne in die Hände anderer Unternehmer übergehen und demgemäß die Betriebs- (Fabrik-) Krankenkasse nachträglich Betriebe verschiedener Unternehmer umfassen, also dem Grundsatz des § 60 Abs. 1 nicht mehr entsprechen würde. In diesem Falle soll die Kasse weiter bestehen dürfen, aber die Ausscheidung der in andere Hände übergegangenen Betriebe aus der Kasse zulässig sein. „Die vorgeschlagene Bestimmung geht von der Annahme aus, daß der Fortbestand der Gemeinsamkeit der Krankenversicherung so lange unbedenklich ist, als die betheiligten Unternehmer darüber einverstanden sind, daß aber die Trennung rathsam erscheint, sobald einer der Unternehmer den Fortbestand der Gemeinsamkeit als einen Uebelstand empfindet und demgemäß die Trennung beantragt". (Mot. z. Nov.)

Die Weiterversicherung für den ausgeschiedenen Betrieb richtet sich demnächst nach allgemeinen Grundsätzen; die darin beschäftigten Personen fallen in die Orts-Krankenkasse, welche für den betr. Betriebszweig errichtet ist, oder in die Gemeinde-Krankenversicherung, sofern nicht etwa für den Betrieb eine neue Betriebs- (Fabrik-) Krankenkasse errichtet wird.

2. Ausf.Best.: Preußen Ziffer 2, 49 ff. Anw. v. 10. Juli 1892; Bayern §§ 3, 5, 6 Verordn. v. 8. Juni 1892; Württemberg §§ 69, 70 Verordn. v. 2. Novbr. 1892; Hessen Ziffer 42 ff. Anw. v. 5. Novbr. 1892.

§. 67 b.*)

Bei Veränderungen in der Organisation einer öffentlichen Betriebsverwaltung kann auf deren Antrag die höhere Verwaltungsbehörde die Bezirke der für diese Verwaltung bestehenden Betriebs-(Fabrik-)Krankenkassen nach Anhörung der Kassenorgane anderweit festsetzen. Dabei finden die Vorschriften des §. 67 a Absatz 2 und 3 entsprechende Anwendung.

*) Der § 67 b gilt auch für Bau-Krankenkassen (§ 72).

Zu § 67 b.

Diese durch die Novelle eingeschobene Bestimmung will insbesondere für die Staats-Eisenbahnverwaltung ermöglichen, daß bei Veränderung der Direktionsbezirke u. s. w., für welche je eine Kasse errichtet ist, die Bezirke den Kassen der neuen Direktionsbezirke ohne besondere Schwierigkeiten angepaßt werden können.

§. 67 c.*)

I. **Mehrere Betriebs- (Fabrik-) Krankenkassen für Betriebe desselben Unternehmers können mit Zustimmung ihrer Generalversammlungen zu einer Kasse vereinigt werden.**

II. **Die Vereinigung erfolgt durch Errichtung eines Kassenstatuts für die vereinigte Kasse nach Vorschrift des §. 64 Ziffer 1 mit der Maßgabe, daß als Vertreter der beschäftigten Personen die Generalversammlungen der bestehenden Kassen gelten.**

III. **Mit dem Zeitpunkte, zu welchem die vereinigte Kasse ins Leben tritt, gehen auf dieselbe**

alle Rechte und Verbindlichkeiten der bisherigen Kassen über.

*) Der § 67c gilt auch für Bau-Krankenkassen (§ 72).

Zu § 67 c.

Dieser durch die Novelle eingefügte Paragraph füllt eine bisher vorhandene Lücke aus, indem die Vereinigung mehrerer, für Betriebe desselben Unternehmers bestehender Betriebs- (Fabrik-) Krankenkassen zu einer einzigen Betriebs- (Fabrik-) Krankenkasse ohne den umständlichen Weg des § 68 Abs. 3 ermöglicht wird. Auf Betriebe mehrerer Unternehmer ist diese Vorschrift grundsätzlich nicht auszudehnen, vgl. § 60 Abs. 1.

2. Ausf.-Best.: Preußen Ziffer 47 Anw. v. 10. Juli 1892; Hessen Ziffer 40 Anw. v. 5. Novbr. 1892.

§. 68.*)

Die Kasse ist zu schließen: I.

1. wenn der Betrieb oder die Betriebe, für welche sie errichtet ist, aufgelöst werden;
2. soweit nicht auf den Betrieb, für welchen die Kasse errichtet ist, die Vorschrift des §. 61 Absatz 1 Anwendung findet, wenn die Zahl der in dem Betriebe beschäftigten versicherungspflichtigen Personen dauernd unter die gesetzliche Mindestzahl (§. 60) sinkt und die dauernde Leistungsfähigkeit der Kasse nicht genügend sichergestellt wird (§. 61 Absatz 2);
3. wenn der Betriebsunternehmer es unterläßt, für ordnungsmäßige Kassen- und Rechnungsführung Sorge zu tragen.

II. In dem Falle zu 3 kann gleichzeitig mit der Schließung der Kasse dem Betriebsunternehmer die im §. 62 vorgesehene Verpflichtung auferlegt und die Errichtung einer neuen Betriebs- (Fabrik-) Krankenkasse versagt werden.

III. Die Kasse kann nach Anhörung der betheiligten Gemeinden aufgelöst werden, wenn der Betriebsunternehmer unter Zustimmung der Generalversammlung die Auflösung beantragt.

IV. Die Schließung oder Auflösung erfolgt durch die höhere Verwaltungsbehörde. Gegen den dieselbe aussprechenden oder ablehnenden Bescheid, in welchem die Gründe anzugeben sind, kann binnen zwei Wochen nach der Zustellung Beschwerde an die vorgesetzte Behörde erhoben werden.

V. Auf das Vermögen der geschlossenen oder aufgelösten Kasse finden die Vorschriften des §. 47 Absatz 5 **entsprechende** Anwendung. **Sind** die zur Deckung bereits entstandener Unterstützungsansprüche erforderlichen Mittel nicht vorhanden, so sind die letzteren vor Schließung oder Auflösung der Kasse aufzubringen. Die Haftung für dieselben liegt dem Betriebsunternehmer ob.

*) Der § 68 gilt auch für Bau-Krankenkassen, vorbehaltlich der im § 72 enthaltenen Modifikationen.

Zu § 68.

1. Wegen einer Leistungsunfähigkeit, die aus der Minderzahl der versicherungspflichtigen Personen nicht präsumirt, sondern aus dem Mißverhältniß zwischen Einnahmen und Ausgaben erwiesen wird,

cf. § 65; wegen der Ueberweisung im Fall der Schließung oder Auflösung cf. Anm. 3 zu § 47.

Die Vorschriften dieser Paragraphen finden auch auf ältere, als Betriebs- (Fabrik-) Krankenkassen fortbestehende Fabrik-Krankenkassen mit Beitrittszwang Anwendung, auch wenn dieselben in der Form der eingeschriebenen Hilfskassen errichtet sein sollten, cf. §§ 85, 87, sowie Anm. 2 zu § 47.

2. Die geringfügige Aenderung in Abs. V wurde durch die anderweite Fassung des dort angezogenen § 47 Abs. 5 erforderlich.

3. Zuständig ist in Preußen der Regierungs-Präsident, in Berlin der Ober-Präsident; als Rechtsmittel ist nur die Beschwerde an den Minister für Handel gegeben.

4. Ausf.Best.: Preußen Ziffer 50 ff. Anw. v. 10. Juli 1892; Bayern §§ 3, 5 Verordn. v. 8. Juni 1892, Ziffer 44 bis 46 Min.Bek. v. 15. Oktbr. 1892; Sachsen § 1 Verordn. v. 28. Septbr. 1883; Württemberg § 71 Verordn. v. 2. Novbr. 1892; Baden § 62 Verordn. v. 3. Septbr. 1892; Hessen Ziffer 44 ff. Anw. v. 5. Novbr. 1892.

F. Bau-Krankenkassen.

§. 69.

Für die bei Eisenbahn-, Kanal-, Wege-, Strom-, Deich- und Festungsbauten, sowie in anderen vorübergehenden Baubetrieben beschäftigten Personen haben die Bauherren auf Anordnung der höheren Verwaltungsbehörde Bau-Krankenkassen zu errichten, wenn sie zeitweilig eine größere Zahl von Arbeitern beschäftigen.

Zu § 69.

1. Die §§ 69 bis 72 „handeln von den Bau-Krankenkassen, das heißt von solchen Krankenkassen, welche für die bei gewissen (größeren) Bauten beschäftigten Personen errichtet werden sollen, und deren Existenz mit der Beendigung des Baues und der Abwickelung der dann noch verbleibenden Kassengeschäfte erlischt. . . . Bei größeren Straßen-,

Eisenbahn-, Tunnel-, Kanal-, Festungsbauten handelt es sich um eine fluktuirende, nur vorübergehend an der Arbeitsstelle thätige Arbeiterschaft, deren Glieder häufig Ausländer, namentlich Italiener, zu sein pflegen. Diese Leute etwa einer bestehenden Krankenkasse zuzuweisen, erschien auch der Kommission völlig unthunlich" (Komm.Ber. S. 84). Auch größere Hochbauten von Privatunternehmern gehören hierher, cf. Komm.Ber. S. 85.

„Wollte man den Gemeinden die Verpflichtung auferlegen, auch für diese fluktuirenden Arbeitermassen durch Errichtung von Krankenkassen oder durch die Gemeinde-Krankenversicherung zu sorgen, so würde man ihnen eine geschäftliche und finanzielle Last aufbürden, welche namentlich von kleineren Gemeinden nicht zu bewältigen wäre. Außerdem würde diese Regelung in den zahlreichen Fällen, wo Bauten der gedachten Art bei fortschreitender Ausführung sich örtlich weiter bewegen und folgeweise dieselben Arbeiter oft in raschem Wechsel in verschiedenen Gemeindebezirken beschäftigt werden, überhaupt nicht durchführbar sein" (Motive).

Die Bau-Krankenkassen sind den Betriebs-(Fabrik-) Krankenkassen nachgebildet.

2. Soweit Bau-Krankenkassen nicht errichtet werden, fallen die gegen Lohn und Gehalt „bei Bauten" (§ 1) beschäftigten Personen in die sonstigen zugelassenen Formen der Krankenversicherung.

3. „Die Verpflichtung zur Errichtung dieser Kassen soll nicht dem Bauunternehmer, sondern dem Bauherrn obliegen, weil das Verhältniß zwischen Bauherrn und Bauunternehmer, zwischen diesem und dem Unter-Unternehmer ein so mannigfaltiges und oft so unklares ist, daß es in der Praxis zu den erheblichsten Zweifeln über die Person des Verpflichteten führen würde, wenn die Verpflichtung dem Bauunternehmer auferlegt werden würde. Dazu kommt, daß als Bauunternehmer in den verschiedenen Abstufungen nicht selten Personen auftreten, deren wirthschaftliche Verhältnisse die erforderliche Bürgschaft für die Erfüllung der gesetzlichen Verpflichtung vermissen lassen" (Motive).

Wegen der unter Umständen zugelassenen Uebertragung dieser Verpflichtungen auf Bauunternehmer vgl. § 70; wegen der Bau-Krankenkassen für Reichs- oder Staatsbetriebe vgl. § 84.

4. In Preußen trifft die Anordnung (vorbehaltlich der Fälle des § 84 Abs. 3) der Regierungs-Präsident, für Berlin der Ober-Präsident, vorbehaltlich der Beschwerde an den Minister für Handel. Die Genehmigung des Statuts erfolgt durch den Bezirksausschuß (wie bei Orts-Krankenkassen).

5. Ausf.Best.: Preußen Ziffer 2, 5, 53 Anw. v. 10. Juli 1892; Bayern §§ 3, 5 Verordn. v. 8. Juni 1892, Ziffer 47, 48 Min.Bek. v. 15. Oktbr. 1892; Sachsen §§ 1, 2 Verordn. v. 28. Septbr. 1883; Württemberg §§ 72 ff. Verordn. v. 2. Novbr. 1892; Baden § 63 Verordn. v. 3. Septbr. 1892; Hessen Ziffer 47 Anw. v. 5. Novbr. 1892.

§. 70.

Die den Bauherren obliegende Verpflichtung kann mit Genehmigung der höheren Verwaltungsbehörde auf einen oder mehrere Unternehmer, welche die Ausführung des Baues oder eines Theiles desselben für eigene Rechnung übernommen haben, übertragen werden, wenn dieselben für die Erfüllung der Verpflichtung eine nach dem Urtheil der höheren Verwaltungsbehörde ausreichende Sicherheit bestellen.

Zu § 70.

1. Vgl. Anm. 4 zu § 69.

2. Ausf.Best.: Preußen Ziffer 2 Anw. v. 10. Juli 1892; Bayern §§ 3, 5 Verordn. v. 8. Juni 1892, Ziffer 47 Min.Bek. v. 15. Oktbr. 1892; Sachsen §§ 1, 2 Verordn. v. 28. Septbr. 1883; Württemberg §§ 72 ff. Verordn. v. 2. Novbr. 1892; Baden § 63 Verordn. v. 3. Septbr. 1892.

§. 71.

Bauherren, welche der ihnen nach §. 69 auferlegten Verpflichtung nicht nachkommen, haben den von ihnen beschäftigten Personen für den Fall einer Krankheit und im Falle des Todes derselben ihren Hinterbliebenen die im §. 20 vorgeschriebenen Unterstützungen aus eigenen Mitteln zu leisten.

Zu § 71.

Derselbe Nachtheil trifft die Bauherren oder Unternehmer nach § 72 Abs. 2, wenn sie (cf. § 70) nicht für ordnungsmäßige Kassen- und Rechnungsführung Sorge tragen.

Wegen der aus § 71 entstehenden Streitigkeiten vgl. Anm. 2 zu § 72.

Ausf.Best.: Bayern Ziffer 47 Min.Bek. v. 15. Oktbr. 1892; Württemberg §§ 72 ff. Verordn. v. 2. Novbr. 1892.

§. 72.

I. Die in Gemäßheit des §. 69 errichteten Krankenkassen sind zu schließen:

1. wenn der Betrieb, für welchen sie errichtet sind, aufgelöst wird;
2. wenn der Bauherr oder Unternehmer es unterläßt, für ordnungsmäßige Kassen- und Rechnungsführung Sorge zu tragen.

II. In dem Falle zu 2 trifft den Bauherrn oder Unternehmer die im §. 71 ausgesprochene Verpflichtung.

III. Im Uebrigen finden auf die in Gemäßheit des §. 69 errichteten Krankenkassen die Vorschriften der §§. 63 bis 68 mit der Maßgabe Anwendung, daß über die Anwendbarkeit der Vorschrift des §. 32 die höhere Verwaltungsbehörde bei Genehmigung des Kassenstatuts, über die Verwendung des bei Schließung oder Auflösung einer Kasse verbleibenden Restes des Kassenvermögens das Kassenstatut Bestimmung treffen muß.

Eine Verwendung zu Gunsten des Bauherrn oder Unternehmers ist ausgeschlossen.

IV. Auf Streitigkeiten über Unterstützungsansprüche, welche auf Grund des §. 71 gegen den Bauherrn erhoben werden, findet die Vorschrift des §. 58 Absatz 1 Anwendung; auf Streitigkeiten über Ersatzansprüche, welche auf Grund des §. 71 und des §. 57 Absatz 2 gegen den Bauherrn erhoben werden, findet die Vorschrift des §. 58 Absatz 2 Anwendung.

Zu § 72.

1. Der § 72 verweist auf §§ 63 bis 68. Von diesen verweist wiederum der § 64 auf §§ 20 bis 42, 46 bis 46 b, 48 a und 49 a Abs. 4, der § 65 auf § 52 Abs. 3, §§ 52 a bis 53 a, §§ 54 a bis 58, der § 66 auf §§ 44 und 45. Hiernach gelten, da den §§ 51 und 52 Abs. 1 der für die Betriebs-(Fabrik-)Krankenkassen geltende § 65 im Wesentlichen entspricht und § 49 Abs. 1 bis 3 eine allgemein geltende Verpflichtung der Hilfskassen enthält, auch für die Bau-Krankenkassen alle Bestimmungen der §§ 20 bis 68, mit Ausnahme folgender:

§ 43 (gemeinsame Orts-Krankenkassen mehrerer Gemeinden),

§ 43 a (Zuweisung Versicherter an gemeinsame Orts-Krankenkassen),

§§ 47 und 48 (Schließung und Auflösung der Orts-Krankenkassen),

§§ 49 und 50 (Anmeldung Versicherter),

§ 52 Abs. 2 (Haftung mehrerer Arbeitgeber desselben Versicherten),

§ 54 (Ausnahmen für Hausindustrielle),

§§ 59 bis 62 (Errichtung von Betriebs-[Fabrik-]Krankenkassen),

dies jedoch nur mit der Maßgabe, daß

a) über die Bildung des Reservefonds (§ 32),

b) über die Verwendung des Vermögens bei Schließung oder Auflösung der Kasse (§ 68),

c) über die Schließungsgründe und die den Unternehmer bei verschuldeter Schließung treffenden Nachtheile (§ 68) einige Modifikationen in § 72 vorgeschrieben sind und daß bezüglich der Streitigkeiten (§ 58) nach § 72 ein durch § 71 für erforderlich gehaltener Zusatz gemacht worden ist.

Mit diesen Maßgaben gilt das, was zu § 64 über die Betriebs-(Fabrik-)Krankenkassen gesagt worden ist, auch für Bau-Krankenkassen.

2. Ist eine Bau-Krankenkasse zu Unrecht nicht errichtet worden (§ 71), und werden dann von den bei der Bauausführung beschäftigten versicherungspflichtigen Personen Unterstützungsansprüche erhoben (§ 72 Abs. 4), so ist zu unterscheiden: Wird der Unterstützungsanspruch von den Unterstützungsberechtigten gegen den Bauherrn direkt erhoben, so entscheidet im Streitfall die Aufsichtsbehörde vorbehaltlich des Rechtswegs (event. des Verwaltungsstreitverfahrens), bei sofortiger Vollstreckbarkeit ihrer Entscheidung (§ 58 Abs. 1). Ist dagegen die Unterstützung bereits von Anderen geleistet (verauslagt), z. B. von der Gemeinde-Krankenversicherung — dieser Fall wird vermuthlich die Regel bilden, weil, solange eine besondere Krankenkasse nicht errichtet ist, die Bauarbeiter nach §§ 1, 4 kraft Gesetzes der Gemeinde-Krankenversicherung derjenigen Gemeinde, in deren Bezirk sie beschäftigt werden (§ 5 a), zufallen —, so sieht sich der säumige Bauherr einem Ersatzanspruch der letzteren gegenüber, welcher im Verwaltungsstreitverfahren, event. von der Aufsichtsbehörde vorbehaltlich des Rekurses nach §§ 21, 22 der Gewerbeordnung, erledigt wird (§ 58 Abs. 2).

3. Ausf.Best.: Preußen Ziffer 2, 7, 53 Anw. v. 10. Juli 1892; Bayern §§ 3, 5 Verordn. v. 8 Juni 1892, Ziffer 47 Min.Bek. v. 15. Oktbr. 1892; Sachsen §§ 1, 2 Verordn. v. 28. Septbr. 1883; Württemberg §§ 72 ff. Verordn. v. 2. Novbr. 1892; Baden § 63 Verordn. v. 3. Septbr. 1892.

G. Innungs-Krankenkassen.

§. 73.

I. Auf Krankenkassen, welche auf Grund der Vorschriften des Titels VI der Gewerbeordnung von Innungen für die Gesellen und Lehrlinge ihrer Mitglieder errichtet werden, finden die Vorschriften des §. 19 Absatz **5**, §§. 20 bis 22, **26** bis 33, *34* bis *38*, 39 bis 42, *45* Absatz *5*, **46**, **46a**, **46b**, *47* Absatz *3* bis *6*, **48a Absatz 2**, **§. 49a Absatz 4**, **§§.** 51 bis **53a**, **54a** bis 58, 65 Absatz **2** Anwendung.

Wird für eine Innung nach Maßgabe der vorstehenden Bestimmung eine Innungs-Krankenkasse errichtet, so werden die von Innungsmitgliedern in ihrem Gewerbebetriebe beschäftigten versicherungspflichtigen Personen, vorbehaltlich der Bestimmung des §. 75, soweit sie zu dem Zeitpunkte, mit welchem die Kasse ins Leben tritt, in dieser Beschäftigung stehen, mit diesem Zeitpunkte, soweit sie später in diese Beschäftigung eintreten, mit diesem Eintritt Mitglieder der Innungs-Krankenkasse. II.

Versicherungspflichtige Personen, deren Arbeitgeber der Innung, für welche eine Innungs-Krankenkasse errichtet ist, erst nach deren Errichtung beitreten, werden, soweit sie bisher einer Orts-Krankenkasse angehörten, mit Beginn des neuen Rechnungsjahres Mitglieder der Innungs-Krankenkasse, sofern der Arbeitgeber drei Monate zuvor dem Vorstande der Orts-Krankenkasse seinen Eintritt in die Innung nachgewiesen hat. III.

Mit dem Zeitpunkte, mit welchem versicherungspflichtige Personen Mitglieder einer Innungs-Krankenkasse werden, scheiden sie aus IV.

anderen auf Grund dieses Gesetzes errichteten Kassen, welchen sie bis dahin vermöge ihrer Beschäftigung angehörten, aus.

V. **Den Zeitpunkt, mit welchem eine neuerrichtete Innungs-Krankenkasse ins Leben tritt, bestimmt die höhere Verwaltungsbehörde.**

VI. Im Uebrigen bleiben für diese Kassen die Vorschriften des Titels VI der Gewerbeordnung in Kraft.

Zu § 73.

1. Die Innungs-Krankenkassen, welche auf Grund des Titels VI der Gewerbeordnung von Innungen für ihre Gesellen und Lehrlinge errichtet sind (§ 85) oder errichtet werden (vgl. Anm. 2), sind durch das Krankenversicherungsgesetz, nachdem sie erst durch das Reichsgesetz vom 18. Juli 1881 neu geregelt worden waren und schon deshalb, ebenso wie die etwas älteren eingeschriebenen Hülfskassen (cf. allg. Mot.), aufrecht erhalten bleiben mußten, als zulässige Form der allgemeinen Zwangsversicherung der im Handwerk beschäftigten Gehülfen, Gesellen und Lehrlinge (§ 1 Abs. 1 Ziffer 2) anerkannt worden.

Bisher wurde die Zugehörigkeit zur Innungs-Krankenkasse nicht unmittelbar durch die Beschäftigung bei einem Innungsmeister, sondern nur mittelbar dadurch begründet, daß der Innungsmeister durch den Arbeitsvertrag seinen Gesellen und Lehrling zum Beitritt nöthigt. Hierin hat die Novelle von 1892 eine durchgreifende Aenderung eintreten lassen, indem durch die neu eingefügten Absätze 2 bis 5, ebenso wie die Orts- und Betriebs-(Fabrik-) und Bau-Krankenkassen, „die Innungs-Krankenkassen als Zwangskassen in dem Sinne anerkannt werden, daß die Beschäftigung einer versicherungspflichtigen Person bei einem Innungsmitgliede die Zugehörigkeit derselben zu der Innungs-Krankenkasse zur unmittelbaren Folge hat" (Mot. z. Nov.). Im Uebrigen bezwecken die Zusätze, bestehende Orts-Krankenkassen gegen die Folgen einer plötzlichen wesentlichen Aenderung ihres Mitgliederstandes, wie er durch die Errichtung einer Innungs-Krankenkasse oder durch gleichzeitigen Eintritt zahlreicher Arbeitgeber in eine mit einer Innungs-Krankenkasse ausgestattete Innung herbeigeführt werden kann, sicherzustellen.

Durch § 90 des Gesetzes, betr. die Abänderung der Gewerbeordnung, v. 26. Juli 1897 sind endlich die Innungs-Krankenkassen in dem Bestreben, den Versicherten einen größeren Einfluß auf die Kassenverwaltung einzuräumen, den Orts-Krankenkassen noch mehr als bisher genähert worden, insofern noch weitere für letztere geltende Bestimmungen, nämlich die §§ 34 bis 38, 45 Abs. 5, 47 Abs. 3 bis 6, auf die ersteren anwendbar erklärt sind.

2. Der Innungs-Krankenkasse gehören nicht nur die Gesellen und Lehrlinge der Innungsmeister, sondern auch die in dem Gewerbebetrieb der letzteren etwa sonst noch beschäftigten versicherungspflichtigen Personen, z. B. Arbeiter, Handlanger und dergl., an (Mot. z. Nov.). Es ergiebt sich dies aus der Fassung des Abs. 2, welcher von der Zugehörigkeit aller von Innungsmitgliedern beschäftigten versicherungspflichtigen „Personen" spricht.

3. Die Innungs-Krankenkassen sind den Orts-Krankenkassen nachgebildet, jedoch ist für den Fall, daß die Mindestleistungen mit den Maximalbeiträgen nicht bestritten werden können, nicht die Schließung, sondern die Zuschußverpflichtung der Arbeitgeber bezw. der Innung vorgeschrieben (wie bei Betriebs- [Fabrik-] Krankenkassen), § 65 Abs. 2, § 73 Abs. 1. Ferner kann nach § 90 Ges. v. 26. Juli 1897 (vgl. Anm. 1) die Kassenverwaltung ausschließlich den Gesellen (Gehülfen) und Arbeitern übertragen, oder es kann beschlossen werden, daß der Vorsitzende sowie die Hälfte (statt $^1/_3$) der Mitglieder der Kassenorgane von der Innung bestellt werden sollen, falls die Innungsmitglieder (statt $^1/_3$) die Hälfte der Beiträge tragen.

Hiernach gelten für Innungs-Krankenkassen alle Vorschriften für Orts-Krankenkassen, insbesondere auch die Vorschriften über die Kassenleistungen, die Beiträge und die Beitragsverpflichtung der Arbeitgeber, mit folgenden Ausnahmen:

a) Die Errichtung von Innungs-Krankenkassen und ihrer Statuten regelt sich nach § 85 G.O. in der neuen Fassung. Die Kasse wird auf Beschluß der Innungsversammlung (§ 93 Abs. 2, Ziff. 9 G.O.) dadurch errichtet, daß für sie nach den Bestimmungen des Innungsstatuts (§ 83 Abs. 2 Ziffer 13 G.O.) und unter Betheiligung des Gesellenausschusses (§ 95 Abs. 2 bis 4 G.O.) ein Nebenstatut aufgestellt wird; dieses unterliegt der Genehmigung der höheren Verwaltungsbehörde, deren Genehmigung nach Ermessen versagt werden kann; gegen die Verfügung dieser Behörde ist nur die Beschwerde an die Landes-Zentralbehörde zulässig, welche endgiltig entscheidet. Vor der Beschlußfassung der höheren Verwaltungsbehörde sind die Gemeindebehörde des Innungssitzes und die Aufsichtsbehörde zu hören (§ 85 G.O.). Die Genehmigung des Nebenstatuts erfolgt gebühren- und kostenfrei. (§ 99 G.O.)

b) Die Abänderung der Nebenstatuten erfolgt nach § 36 Ziffer 3 K.V.G., welcher durch § 90 G.O. auf Innungs-Krankenkassen anwendbar erklärt ist, durch die Generalversammlung der Kasse (vgl. Art. 6 Abs. 3 Ges. v. 26. Juli 1897) unter Beobachtung der Vorschriften, die das Innungsstatut etwa über die Art dieser Beschlußfassung der Generalversammlung der Kasse getroffen hat, § 83 Abs. 2 Ziffer 13 G.O. Hinsichtlich der Genehmigung der Abänderungen und der Mitwirkung des Gesellenausschusses gelten dieselben Grundsätze wie bei der Errichtung der Nebenstatuten. Darüber, daß § 85 Abs. 1 letzter Satz G.O. dem § 90 a. a. O. nicht voll entspricht, vgl. insbesondere Hoffmann, Die Organisation des Handwerks (Carl Heymanns Verlag, Berlin 1897, Anm. 5 zu § 85). Die Zuziehung eines Vertreters der Aufsichtsbehörde zu Abänderungsbeschlüssen ist nicht erforderlich (Hoffmann a. M.), weil diese Beschlüsse nicht von der Innungsversammlung, sondern von der Generalversammlung der Kasse gefaßt werden und nur bei Beschlüssen der ersteren die Zuziehung eines Vertreters der Aufsichtsbehörde vorgeschrieben ist. (§ 96 Abs. 6 G.O.)

c) Gemeinsame Innungs-Krankenkassen sind nicht zulässig, §§ 43 und 43a K.V.G. finden keine Anwendung.

d) Selbständige juristische Persönlichkeit hat die Innungs-Krankenkasse nicht, sie ist vielmehr nur eine Nebeneinrichtung der Innung, und letztere ist nach wie vor Träger der

Kasse. Daran ändert der Umstand nichts, daß den Versicherten durch das neue Gesetz ein größerer Einfluß auf die Kassenverwaltung eingeräumt, die Kasse selbständiger gestellt worden ist als früher. Der § 25 K.V.G. findet auf Innungs-Krankenkassen keine Anwendung; das Vermögen der Innungs-Krankenkasse bildet einen Theil des Innungsvermögens; gleichwohl gelten für die Vermögensverwaltung die für Orts-Krankenkassen gegebenen Vorschriften der §§ 34 flg., insbesondere, wie schon früher, der § 40 K.V.G.

e) Die Beaufsichtigung der Innungs-Krankenkassen richtet sich nach den Vorschriften der Gewerbeordnung, erfolgt also durch die die Aufsicht über die Innung führende Behörde (§ 96 G.O.: untere Verwaltungsbehörde, in dessen Bezirk die Innung ihren Sitz hat), in Preußen: in Städten über 10 000 Einwohner und in den eximirten Städten der Provinz Hannover die Gemeindebehörde, im Uebrigen der Landrath (Oberamtmann). Die §§ 44 und 45 Abs. 1 bis 4 K.V.G. finden auf Innungs-Krankenkassen keine Anwendung.

Der Inhalt des Aufsichtsrechts ergiebt sich aus §§ 94, 96 Abs. 1 bis 4 G.O. in Verbindung mit dem auf Innungs-Krankenkassen anwendbar erklärten § 45 Abs. 5 K.V.G. Die Anwendbarkeit des § 96 Abs. 5 G.O. auf Innungs-Krankenkassen halten wir für zweifelhaft, die des § 96 Abs. 6 G.O. für nicht gegeben (vgl. oben unter b; Hoffmann a. M.).

Beschwerden über die Rechtsgiltigkeit von Wahlen entscheidet die Aufsichtsbehörde endgiltig (§ 94 G.O.), wie wir mit Hoffmann (Anm. 2 zu § 94 a. a. O.) annehmen. Gegen Entscheidungen der Aufsichtsbehörde über Rechte und Pflichten der Innungsämter (wohin auch der Kassenvorstand gehört, § 96 Abs. 4 G.O.) ist Beschwerde zulässig, welche in Preußen binnen 4 Wochen durch Klage beim Bezirksausschuß zu erheben ist (§ 63 Landes-Verwaltungsgesetz); die Entscheidung des Bezirksausschusses ist endgiltig (§ 96 Abs. 6 G.O.). In allen übrigen Fällen richtet sich die Beschwerde an die vorgesetzte Behörde (in Preußen Regierungs-Präsident, für Berlin der Oberpräsident).

f) Die Kassenorgane können nach § 90 G.O. anders gebildet werden, vgl. darüber oben den Eingang dieser Anm.

g) Ueber die Auflösung von Innungs-Krankenkassen enthält das Gesetz keine Bestimmungen; § 47 Abs. 2 K.V.G. findet auf sie keine Anwendung. Die Auflösung wird also wie bisher auf demselben Wege, wie die Errichtung, erfolgen können, nämlich durch Beschluß der Innungsversammlung mit Zustimmung der höheren Verwaltungsbehörde (Hoffmann a. a. O. Anm. 2g zu § 90), welche dadurch die Auflösung konstatirt (§ 47 Abs. 3 K.V.G.); doch wird das Nebenstatut der Kasse besondere Bestimmungen über die Initiative enthalten dürfen. Nach Preuß. Ausf.Anw. Ziffer 17 soll das Nebenstatut Bestimmungen über die Voraussetzung und die Form seiner Aufhebung treffen. Ist die Auflösung erfolgt, so gelten für das weitere Verfahren die für anwendbar erklärten Abs. 4 bis 6 des § 47 K.V.G.

h) Die Schließung von Innungs-Krankenkassen erfolgt nicht auf Grund des § 47 Abs. 1 K.V.G., denn dieser gilt für solche Kassen nicht, sondern nach den Bestimmungen der Gewerbeordnung in der neuen Fassung. Bei freien Innungen wird im Allgemeinen die Schließung der Innung auch die der Innungs-Krankenkasse zur Folge haben, da letztere keine selbständige Existenz hat und die Ertheilung von Korporationsrechten nur für Unterstützungskassen, die nicht unter § 73 K.V.G. fallen, vorgesehen ist, § 98 Abs. 3 G.O. Wird aber die freie Innung um deswillen geschlossen, weil an ihrer Stelle eine Zwangsinnung tritt, so kann die Innungs-Krankenkasse der ersteren nur dann geschlossen werden, wenn die Voraussetzungen des § 100l Abs. 2 G.O. vorliegen (wenn sich also die Bezirke und Gewerbszweige nicht decken); andernfalls geht dann die Innungs-Krankenkasse nach § 100l Abs. 1 G.O. mit allen Rechten und Verbindlichkeiten auf die Zwangsinnung über. Bleibt bei Errichtung einer Zwangsinnung die bisherige freie Innung um deswillen bestehen, weil letztere nur einen Theil ihrer Mitglieder an erstere abzugeben hat, so bleibt auch die mit der freien Innung verbundene Innungs-Krankenkasse bestehen, kann aber zur antheiligen Herausgabe ihres Vermögens angehalten werden, § 100 l Abs. 5, § 100 m G.O. Die Absätze 3 bis 6 des § 47 K.V.G. finden Anwendung.

Wegen Schließung der Innungs-Krankenkassen, wenn sie ihre Statuten nicht fristgemäß den neuen Bestimmungen anpassen, vgl. Anm. 6.

i) Ueber die Zwangsmitgliedschaft gelten die besonderen Bestimmungen der Absätze 2 und 3 des § 73 K.V.G.

k) Freiwilliger Eintritt nicht versicherungspflichtiger Personen ist nicht schon durch das Gesetz selbst gestattet; § 19 Abs. 3 K.V.G. findet keine Anwendung. Das Kassenstatut wird freiwillige Mitglieder zulassen können, auch in weiterem Umfang, als den Ortskrankenkassen durch § 26 Abs. 2 Ziffer 5 K.V.G. gestattet ist.

l) Eine gesetzliche Meldepflicht der Arbeitgeber besteht nicht, da § 49 K.V.G. nicht für anwendbar erklärt ist; das Kassenstatut wird das Nähere ergeben müssen.

m) Die Beiträge der Innungsmitglieder können auf 50 % des Gesammtbetrages festgestellt werden, § 90 G.O.; vgl. oben den Eingang dieser Anm.

n) Die für Hausgewerbetreibende u. s. w. zugelassenen Ausnahmen des § 54 K.V.G. gelten nicht.

o) Im Fall der Insuffizienz erfolgt nicht die Schließung der Kasse, sondern die Innung wird zu Zuschüssen genöthigt, § 65 Abs. 2 K.V.G.

p) Streitigkeiten zwischen Meister und Versicherten (Gesellen, Gehilfen, Lehrlinge, Arbeiter) über die Berechnung und Anrechnung der Eintrittsgelder und Beiträge werden, soweit es sich um Lehrlinge handelt, obligatorisch durch die Innung (§ 81 a Ziffer 4 G.O.), soweit es sich um andere Versicherte handelt, durch das Innungsschiedsgericht (§ 81 b Ziffer 4 G.O.) entschieden. Ist ein solches nicht errichtet, so sind für diese Streitigkeiten mit Gesellen und Arbeitern die Gewerbegerichte zuständig (§ 3 Ziffer 3 des Gewerbegerichtsgesetzes vom 29. Juli 1890); falls aber auch solche nicht bestehen, findet wahlweise die Anrufung des Gemeindevorstehers vorbehaltlich des Rechtswegs (§§ 71, 72 des Gewerbegerichtsgesetzes) oder sofort der Rechtsweg statt.

Wegen der sonstigen Streitigkeiten vgl. § 58 K.V.G.

4. Die Gläubiger der Innungs-Krankenkasse haben das Recht auf abgesonderte Befriedigung, § 85 Abs. 2 letzter Satz G.O.

5. Innungsverbände dürfen Krankenkassen nur für Innungsmitglieder und deren Angehörige, aber nicht für Gesellen und Lehrlinge errichten, § 104i G.O. Die Errichtung von Innungs-Krankenkassen im Sinne des § 73 K.V.G. ist ihnen also versagt. Letzteres gilt auch für Innungsausschüsse (§ 101 G.O.).

6. Die Bestimmungen des Gesetzes vom 26. Juli 1897 über die Abänderung der Gewerbeordnung (R.G.Bl. S. 663) sind, soweit sie sich auf die Innungen beziehen, am 1. April 1898 in Kraft getreten (Kais. V. v. 14. März 1898, R.G.Bl. S. 37). Dadurch sind die bisher bestehenden Innungs-Krankenkassen genöthigt worden, ihre Statuten gemäß § 90 dieses Gesetzes abzuändern. Hierfür wird ihnen von der Aufsichtsbehörde eine Frist bestimmt; wird die Aenderung innerhalb dieser Frist nicht bewirkt, so kann die Innungs-Krankenkasse geschlossen werden. Dieser Nachtheil kann nicht etwa dadurch abgewendet werden, daß die höhere Verwaltungsbehörde ihrerseits (wie bei Innungen) die Statutenänderung vornimmt. Art. 6 Ziffer 3 Ges. v. 26. Juli 1897.

Wird in Folge der Errichtung einer Zwangsinnung eine Innung, mit der die Innungs-Krankenkasse verbunden war, geschlossen, so geht die Innungs-Krankenkasse auf die Zwangsinnung über. Es werden dann die erforderlichen Abänderungen des Kassenstatuts bis zur anderweiten Beschlußfassung der Innungsversammlung von der höheren Verwaltungsbehörde mit rechtsverbindlicher Kraft vollzogen. Bis zu dieser Abänderung haben die bisherigen Kassenorgane die Verwaltung fortzuführen. § 100l Abs. 3 Ges. v. 26. Juli 1897.

7. Ausf.Best.: Preußen Ziffer 2, 5, 7, 53 Anw. v. 10. Juli 1892, Ziffer 2, 3, 15, 16, 25, 27, 30, 34 Anw. v. 1. März 1898; Bayern §§ 3, 4 Verordn. v. 8. Juni 1892; Württemberg § 75 Verordn. v. 2. Novbr. 1892; Baden § 64 Verordn. v. 3. Septbr. 1892; Hessen Ziffer 48 Anw. v. 5. Novbr. 1892.

H. Verhältniß der Knappschaftskassen und der eingeschriebenen und anderen Hülfskassen zur Krankenversicherung.

§. 74.

Für die Mitglieder der auf Grund berggesetzlicher Vorschriften errichteten Krankenkassen (Knappschaftskassen) tritt weder die Gemeinde-Krankenversicherung noch die Verpflichtung, einer nach Maßgabe der Vorschriften dieses Gesetzes errichteten Krankenkasse anzugehören, ein. I.

Die statutenmäßigen Leistungen dieser Kassen in Krankheitsfällen müssen die für die Betriebs- (Fabrik-) Krankenkassen vorgeschriebenen Mindestleistungen erreichen. II.

Die Vorschriften des §. 26 Absatz 1 **und Absatz 2 Satz 1, §§. 56a und 57a** finden auch auf Knappschaftskassen Anwendung. III.

Im Uebrigen bleiben die landesgesetzlichen Vorschriften über die Knappschaftskassen unberührt. IV.

Zu § 74.

1. Durch die Novelle ist der § 74 insofern gekürzt worden, als diejenigen Vorschriften der alten Fassung, welche nur eine Uebergangsnatur hatten, gestrichen sind; im Uebrigen ist der Paragraph und damit die Stellung der Knappschaftskassen zur Krankenversicherung mit der Maßgabe unverändert geblieben, daß die Knappschaftskassen fortan zur Bestellung weiterer als der bisher fungirenden Kassenärzte u. s. w. verpflichtet werden können (§ 56a) und bei Wiedereintritt ehemaliger Mitglieder nach militairischen Dienstleistungen kein Eintrittsgeld beanspruchen dürfen. Auch ist den Knappschaftskassen das Recht eingeräumt, außerhalb ihres Bezirks erkrankende Mitglieder durch fremde Orts-

Krankenkassen und Gemeinde-Krankenversicherungen unterstützen zu lassen (§ 57 b).

2. Die **Knappschaftskassen** sind den Betriebs- (Fabrik-) Krankenkassen gleichgestellt. Sie unterliegen aber den Bestimmungen dieses Gesetzes nur darin:

a) daß sie ihren Mitgliedern wenigstens die Mindestleistungen der Betriebs- (Fabrik-) Krankenkassen (Krankenunterstützung, Unterstützung für Wöchnerinnen, Sterbegeld) gewähren müssen (§§ 6, 7, 8, 20, 26 a);

b) daß sie die Vorschriften des § 26 Abs. 1 über die Karenzzeit und das Eintrittsgeld sowie die in Anm. 1 erwähnten Vorschriften des § 55 a beachten müssen.

(Anträge, welche die Anwendung weiterer Bestimmungen dieses Gesetzes auf die Knappschaftskassen bezweckten, wurden mit Rücksicht auf den eigenthümlichen Charakter der letzteren und um deswillen abgelehnt, weil man bei der Verschiedenartigkeit der Verhältnisse der **Landesgesetzgebung** nicht vorgreifen wollte.) Insbesondere finden also auch die §§ 85, 86 auf die Knappschaftskassen keine Anwendung.

3. **Ausf.Best.**: **Preußen** Ziffer 5 Anw. v. 10. Juli 1892; **Württemberg** § 76 Verordn. v. 2. Novbr. 1892.

§. 75.

I. Mitglieder der auf Grund des Gesetzes **über die eingeschriebenen Hülfskassen** vom 7. April 1876 (Reichs-Gesetzbl. S. 125)*), 1. Juni 1884 (Reichs-Gesetzbl. S. 54) errichteten **Kassen sind von der Verpflichtung, der** Gemeinde-Krankenversicherung **oder** einer nach Maßgabe dieses Gesetzes errichteten Krankenkasse **anzugehören, befreit,** wenn die Hülfskasse,

---

*) Den Text des „Hülfskassengesetzes" v. 7. April 1876 in derjenigen Fassung, welche sich aus der zu demselben erlassenen Novelle v. 1. Juni 1884 ergiebt, siehe im Anhang.

welcher sie angehören, **allen** ihren **versicherungspflichtigen** Mitgliedern **oder doch derjenigen Mitgliederklasse, zu welcher der Versicherungspflichtige gehört, im Krankheitsfalle** mindestens diejenigen Leistungen gewährt, welche nach Maßgabe **der** §§. 6 **und 7** von der Gemeinde, in deren Bezirk **der Versicherungspflichtige beschäftigt ist,** zu gewähren sind. **Die durch Kassenstatut begründeten Beschränkungen der Unterstützungsansprüche schließen die Befreiung nicht aus, wenn sie sich innerhalb der Grenzen der den Gemeinden nach §. 6a gestatteten Beschränkungen halten.**

Tritt ein Mitglied einer eingeschriebenen Hülfskasse an einem Orte in Beschäftigung, an welchem das Krankengeld der Mitgliederklasse, der es bisher angehörte, hinter dem von der Gemeinde-Krankenversicherung zu gewährenden Krankengelde zurückbleibt, so gilt die Befreiung noch für die Dauer von zwei Wochen. Die Meldepflicht des Arbeitgebers (§. 49 Absatz 1) beginnt in diesen Fällen erst mit dem Ablauf dieser zwei Wochen. II.

Mitgliedern einer eingeschriebenen Hülfskasse, welche zugleich der Gemeinde-Krankenversicherung oder einer auf Grund dieses Gesetzes errichteten Krankenkasse angehören, kann an Stelle der freien ärztlichen Behandlung und Arznei eine Erhöhung des Krankengeldes um ein Viertel des Betrages des ortsüblichen III.

Tagelohnes (§. 8) ihres Beschäftigungsortes gewährt werden.

IV. **Die vorstehenden Bestimmungen finden auch auf Mitglieder solcher** auf Grund landesrechtlicher Vorschriften errichteten Hülfskassen **Anwendung, deren Statut von einer Staatsbehörde genehmigt ist und über die Bildung eines Reservefonds den §§. 32, 33 entsprechende Bestimmungen enthält.**

Zu § 75.

1. Der § 75 hat durch die Novelle, abgesehen von redaktionellen Verbesserungen, durchgreifende Aenderungen erfahren.

Hülfskassen ohne Beitrittszwang, welche ihre Mitglieder von der Theilnahme an der Gemeinde-Krankenversicherung, Orts-Krankenkasse u. s. w. befreien sollen, müssen nämlich fortan:

a) allen ihren versicherungspflichtigen Mitgliedern oder doch allen Mitgliedern derjenigen Mitgliederklasse, zu welcher der zu befreiende Versicherte gehört, freie ärztliche Behandlung und Arznei in natura gewähren, während sie früher an deren Stelle ein erhöhtes Krankengeld verabreichen durften. Letzteres genügt jetzt nur noch bei solchen Mitgliedern, welche gleichzeitig der Hülfskasse und der Gemeinde-Krankenversicherung u. s. w. angehören, freien Arzt und Arznei also schon aus der letzteren erhalten.

b) Die bezeichneten Kassen dürfen ferner das Krankengeld fortan nicht mehr nach dem ortsüblichen Tagelohn ihres Kassensitzes, sondern müssen dasselbe nach dem ortsüblichen Tagelohn derjenigen verschiedenen Orte, an denen die einzelnen zu befreienden Mitglieder beschäftigt sind, bemessen. „Durch die Bildung von Mitgliederklassen können die Kassen ihre Unterstützungen so bemessen, daß sie in der höchsten Mitgliederklasse für die Orte mit den höchsten ortsüblichen Tagelöhnen genügen, während für Orte mit niedrigeren ortsüblichen Tagelöhnen schon die Unterstützungssätze der unteren Mitgliederklasse ausreichen". (Mot. z. Nov.) Vgl. Anm. 1 zu § 8.

Wer in einer niedrigeren Mitgliederklasse versichert ist, gilt mithin nicht mehr als befreit; zur Vermeidung von Härten ist jedoch durch Abs. 2 Vorsorge getroffen, daß bei einem Wechsel des Beschäftigungsorts die bisherige Befreiung noch 2 Wochen fortdauert, damit während dieser Zeit der Eintritt in die erforderliche höhere Mitgliederklasse bewirkt und nachgewiesen und dadurch die Befreiung aufrecht erhalten werden kann.

Durch diese beiden Bestimmungen sollen die Leistungen der Hülfskassen, welche ihrem Werth nach gegen die Leistungen der Zwangs-Krankenkassen bezw. der Gemeinde-Krankenversicherung bisher zurückblieben, auf das vom Gesetz verlangte Mindestmaß der Krankenunterstützung in der Gemeinde-Krankenversicherung gebracht werden.

Eine fernere erhebliche Aenderung liegt darin, daß die auf Grund landesrechtlicher Vorschriften errichteten Hülfskassen den eingeschriebenen Hülfskassen nicht mehr, wie bisher, unbedingt, sondern nur noch dann gleichgestellt sein sollen, wenn einige Gewähr dafür besteht, daß diese Kassen die von ihnen in Aussicht gestellten Leistungen nicht nur versprechen, sondern auch wirklich gewähren können. Deshalb wird fortan behördliche Genehmigung des Statuts und die Ansammlung eines genügenden Reservefonds gefordert.

2. Will man die den eingeschriebenen Hülfskassen durch die Novelle auferlegten Verpflichtungen, durch welche im Interesse der Versicherten und der Zwangskassen der Zweck verfolgt wird, bisher bestehende, als Privilegien der Hülfskassen wirkende Bestimmungen zu beseitigen, als Erschwerungen bezeichnen, so stehen diesen Erschwerungen andererseits die erheblichen Erleichterungen gegenüber, welche durch §§ 75a, 75b und 76 den freien Hülfskassen eingeräumt worden sind. Vgl. die Anm. zu diesen Paragraphen. Auch soll die Befreiung dadurch nicht beseitigt werden, daß Hülfskassen gleiche Anordnungen treffen, wie sie in § 6a den Gemeinden eingeräumt sind, wenn auch in der-

jenigen Gemeinde, in welcher das betreffende Mitglied beschäftigt ist, kommunale Anordnungen der in § 6a aufgeführten Art nicht getroffen worden sind.

Im Uebrigen ist die Stellung der freien Hülfskassen zur Krankenversicherung im Wesentlichen unverändert geblieben. Insbesondere hat die in weiten Kreisen vertretene Ansicht, daß Kassen, welche auf freier Uebereinkunft beruhen, in ein System von Zwangskassen nicht hineingehören, daß demgemäß die Betheiligung an einer Hülfskasse von der Zugehörigkeit zur Gemeinde-Krankenversicherung oder einer Orts- u. s. w. Krankenkasse nicht entbinde, die Hülfskasse vielmehr nur noch als „Zuschußkasse“ fungiren dürfe und als solche sehr segensreich wirken werde — zu einer Veränderung ihrer Stellung im System der Krankenversicherung nicht geführt. Auch der in der Regierungsvorlage zur Krankenversicherungsnovelle eingenommene Standpunkt, wonach jeder Versicherungspflichtige zunächst kraft Gesetzes Mitglied der für seine Beschäftigung in Betracht kommenden Zwangsorganisation (Gemeinde-Krankenversicherung, Orts-Krankenkasse u. s. w.) werde, demgemäß zur Gemeinde-Krankenversicherung oder Orts-Krankenkasse angemeldet werden müsse und nur auf seinen Antrag aus jenen Zwangsorganisationen entlassen werden könne, sofern er die Zugehörigkeit zu einer den Voraussetzungen des § 75 genügenden Hülfskasse nachweist — ist in das Gesetz nicht übergegangen. Wer also einer Kasse der letzteren Art in einer Mitgliederklasse mit ausreichenden Unterstützungssätzen angehört, fällt kraft Gesetzes auch ferner nicht in die Zwangsorganisationen. Er braucht deshalb zu letzteren weder angemeldet zu werden, noch seinen Austritt aus denselben durch eigene Handlungen herbeizuführen; er genügt vielmehr seiner Versicherungspflicht durch die Zugehörigkeit zur Hülfskasse. Er ist indessen berechtigt, den Zwangsorganisationen seinerseits freiwillig beizutreten und dadurch Mitglied zweier Kassen zu sein.

Die Kontrole darüber, ob die Betheiligung an der Hülfskasse eine solche ist, daß sie die Befreiung nach sich zieht, wird durch Vermittelung der Arbeitgeber und der Organe der Hülfskasse geübt. Die Arbeitgeber haben bei eigener schwerer Verantwortlichkeit bei Beginn der Beschäftigung zu prüfen, ob eine Anmeldung des Hülfskassenmitgliedes erfolgen muß (§ 49). Hierbei wird ihnen die Vorlegung der in § 75b bezeichneten Bescheinigung der höheren Verwaltungsbehörde bezw. des Reichskanzlers gute Dienste leisten; indessen bleibt für sie immer die Schwierigkeit, daß sie auch kontroliren müssen, ob die Mitgliederklasse, welcher der Versicherte in der Hülfskasse angehört, ausreicht. Die Kontrole von Veränderungen während der Dauer der Beschäftigung wird auf Grund von Anzeigen der Hülfskassen geführt, zu welchen diese gemäß § 49b verpflichtet sind. Den Orts-Krankenkassen u. s. w. aber steht, nachdem der Reichstag den Vorschlag der Novelle, die Befreiung nur auf Antrag eintreten zu lassen, abgelehnt hat, eine Einwirkung auf die Prüfung der Zugehörigkeit nach wie vor nicht zu, obwohl diese Kassen doch in erster Reihe dabei interessirt sind, alle Personen, für welche sie im Falle der Erkrankung event. aufzukommen haben — die Zugehörigkeit zur Orts-Krankenkasse tritt ja, sofern nicht ein gesetzlicher Befreiungsgrund vorliegt, kraft Gesetzes ein — zu kennen und zu den Beiträgen heranzuziehen. Auf diese Unzuträglichkeit ist von den Vertretern der verbündeten Regierungen wiederholt, aber ohne Erfolg, hingewiesen worden.

3. Derjenige, welcher durch den Beitritt zu einer eingeschriebenen oder freien Hülfskasse ohne Beitrittszwang die Betheiligung an der Gemeinde-Krankenversicherung oder an einer Orts-, Betriebs- (Fabrik-), Bau- oder Innungs-Krankenkasse ablehnt, trennt sich dadurch nicht nur von seinen Mitarbeitern, mit welchen ihn gemeinsame Interessen und das Gefühl der Zusammengehörigkeit vereinigen sollten, sondern er verliert auch die wesentlichen Vortheile, welche die sog. Zwangskassen vor den eingeschriebenen und freien Hülfskassen bieten. Er büßt insbesondere die Beiträge des Arbeitgebers ein, cf. Anm. 1 zu § 51, ebenso die Beschränkung der Beiträge und der Eintrittsgelder auf ein gesetzliches Maximum, cf. §§ 9, 31, 64, 65, 72, 73, denn ein solches ist bei freien Hülfskassen gesetzlich nicht vorgeschrieben. Ferner zieht er keinen Gewinn aus der Verbindlichkeit der Gemeinde zu etwa nöthigen Vorschüssen zur Gemeinde-Krankenversicherung (§ 9) und aus der Verbindlichkeit der Fabrikherren, der Bauherren und der Innungen zu etwa erforderlichen Zuschüssen zu den Betriebs- (Fabrik-), den Bau- und den Innungs-Krankenkassen, §§ 65, 72, 73,

cf. auch § 64 Nr. 5. Ihm kommt ferner nicht zugut die unentgeltliche Verwaltung der Kasse, zu welcher die Gemeinden bei der Gemeinde-Krankenversicherung (§ 9) und z. Th. die Betriebs- und die Bauherren bei den Betriebs- (Fabrik-) und bei den Bau-Krankenkassen (§ 64 Nr. 4, § 72) verpflichtet sind; und dabei betragen doch die Verwaltungskosten oft einen sehr erheblichen Theil der Gesammtausgaben. Ferner besteht für eingeschriebene Hülfskassen ohne Beitrittszwang nicht die administrative Beitreibung fälliger Beiträge, so daß gegen säumige Mitglieder nur die gerichtliche Klage mit den daraus sich ergebenden Weiterungen übrig bleiben wird. Auch in Beziehung auf die Unfallversicherung und die Invaliditäts- und Altersversicherung sind den anderen Kassen wichtige Befugnisse beigelegt, welche den Hülfskassen ohne Beitrittszwang nicht haben gewährt werden können.

Alle diese erheblichen, bei der Betheiligung an den Zwangsorganisationen gebotenen Vortheile könnten nur dann etwa aufgewogen erscheinen, wenn bei den Hülfskassen die Selbstverwaltung der Kassenmitglieder wesentlich bedeutender wäre, als bei den anderen Formen der Krankenversicherung. Das ist aber im Allgemeinen nicht der Fall. Bei den Orts-, Betriebs- (Fabrik-) und Bau-Krankenkassen sowie jetzt auch bei den Innungs-Krankenkassen besteht ebenfalls eine volle Selbstverwaltung der Kassenmitglieder, und nur bei der Gemeinde-Krankenversicherung haben die Versicherten direkt keine Verwaltungsbefugnisse. Daß aber die Mitwirkung der Arbeitgeber an der Kassenverwaltung, wie sie bei den Orts- u. s. w. Krankenkassen vorgesehen ist, ein Nachtheil sei gegenüber den freien Hülfskassen, muß mit Nachdruck bestritten werden, vielmehr ist umgekehrt auf das Zusammenwirken der Arbeitgeber und der Versicherten aus sozialpolitischen Gründen ein überwiegender Werth zu legen.

4. Ausf.Best.: Preußen Ziffer 5, 56, 59 Anw. v. 10. Juli 1892; Bayern Ziffer 49 Min.Bek. v. 15. Oktbr. 1892; Württemberg §§ 52, 77 ff. Verordn. v. 2. Novbr. 1892; Baden §§ 65, 66 Verordn. v. 3. Septbr. 1892; Hessen Ziffer 57, 60 ff. Anw. v. 5. Novbr. 1892.

§. 75 a.

Den eingeschriebenen Hülfskassen, sowie den im §. 75 Absatz 4 bezeichneten, auf Grund landesrechtlicher Vorschriften errichteten Hülfskassen ist auf ihren Antrag eine amtliche Bescheinigung darüber auszustellen, daß sie, vorbehaltlich der Höhe des Krankengeldes, den Anforderungen des §. 75 genügen. I.

Die Bescheinigung wird ausgestellt: II.

1. für Kassen, deren Bezirk über die Grenzen eines Bundesstaates nicht hinausreicht, von der Zentralbehörde,
2. für Kassen, deren Bezirk über die Grenzen eines Bundesstaates hinausreicht, von dem Reichskanzler.

Wird die Bescheinigung versagt, so sind die Gründe mitzutheilen. III.

Tritt in dem Statut der Kasse eine Aenderung ein, so ist von Amtswegen zu prüfen, ob die Kasse den Anforderungen des §. 75 auch ferner entspricht. Nach dem Ausfall dieser Prüfung ist die Bescheinigung von Neuem zu ertheilen oder zu widerrufen. IV.

Die Bescheinigung und deren Widerruf sind in dem Falle zu 1 durch das für die amtlichen Bekanntmachungen der Zentralbehörde bestimmte Blatt, in dem Falle zu 2 durch den Reichs-Anzeiger bekannt zu machen. V.

Zu § 75a.

1. Durch die von der Novelle eingefügten „§§ 75a und 75b sollen für die Folge die Unzuträglichkeiten beseitigt werden, welche für alle Betheiligten bisher daraus entstanden sind, daß die Entscheidung über die Frage, ob eine Hülfskasse den Anforderungen des § 75 entspricht, in jedem einzelnen Streitfalle von der für dessen Entscheidung zuständigen Behörde selbstständig zu ermessen war" (Mot. z. Nov.); vgl. § 4 Abs. 5 des Hülfskassengesetzes in der Fassung der Novelle v. 1. Juni 1884. Es soll deshalb die Bescheinigung von der für den Kassenbezirk zuständigen Zentralstelle ausgestellt werden und dann für alle Betheiligten bindend sein.

2. Vgl. Anm. 4 zu § 75 und Anhang V.

3. Ausf.Best.: Preußen Ziffer 59 Anw. v. 10. Juli 1892; Bayern § 6 Verordn. v. 8. Juni 1892; Württemberg §§ 77 ff. Verordn. v. 2. Novbr. 1892; Baden § 67 Verordn. v. 3. Septbr. 1892; Hessen Ziffer 58, 59 Anw. v. 5. Novbr. 1892.

§. 75b.

I. **Bei Streitigkeiten über die Befreiung eines Mitgliedes einer Hülfskasse von der Verpflichtung, einer Gemeinde-Krankenversicherung oder einer auf Grund dieses Gesetzes errichteten Krankenkasse anzugehören, ist für die Entscheidung der Frage, ob die Kasse den Anforderungen des §. 75 genügt, vorbehaltlich der Frage, ob das Krankengeld die Hälfte des ortsüblichen Lohnes gewöhnlicher Tagearbeiter am Beschäftigungsorte des Mitgliedes erreicht, die auf Grund des §. 75a ausgestellte Bescheinigung maßgebend.**

Der Nachweis der Bescheinigung wird durch Vorlegung eines Exemplars des Kassenstatuts geführt, in welchem das die Bekanntmachung enthaltende Blatt nach Jahrgang, Nummer und Seitenzahl angegeben ist. II.

Zu § 75 b.

Ausf.Best.: Preußen Ziffer 59 Anw. v. 10. Juli 1892; Württemberg §§ 77 ff. Verordn. v. 2. Novbr. 1892.

§. 76.

Die Bestimmungen der §§. 57 und 58 Absatz 2 finden auf die im §. 75 bezeichneten Hülfskassen Anwendung.

Zu § 76.

1. Dieser durch die Novelle neu eingefügte Paragraph hat die Bezeichnung „§ 76" erhalten, nachdem der bisherige § 76, welcher die Behörden ermächtigte, die Hülfskassen ihres Bezirks zu Veränderungsanzeigen zu verpflichten, in Folge der Aufnahme des § 49 a, welcher solche Anzeigen allgemein anordnet, entbehrlich geworden ist.

2. „Es liegt kein Grund vor, den Gemeinden und Armenverbänden, welche versicherten Personen Unterstützungen geleistet haben, den freien Hülfskassen gegenüber nicht dasselbe Recht, wie den Zwangskassen gegenüber, zu gewähren. Ebenso entspricht es der Billigkeit, die gesetzlichen Entschädigungsansprüche der Versicherten gegen Dritte unter derselben Voraussetzung und in demselben Umfange auf die Hülfskassen übergehen zu lassen, wie sie nach § 57 Abs. 3 auf die Zwangskassen übergehen" (Mot. z. Nov.).

J. Schluß-, Straf- und Uebergangsbestimmungen.

§. 76 a.

I. Die Verwaltungen der Gemeinde-Krankenversicherung, sowie die Vorstände der Krankenkassen und der im §. 75 bezeichneten Hülfskassen sind verpflichtet, den Behörden von Gemeinden und Armenverbänden, welche auf Grund der ihnen obliegenden gesetzlichen Verpflichtung zur Unterstützung hülfsbedürftiger Personen Versicherte unterstützt haben, auf Erfordern Auskunft darüber zu ertheilen, ob und in welchem Umfange diesen Personen gegen sie Unterstützungsansprüche auf Grund dieses Gesetzes zustehen.

II. Die Verwaltungen der Gemeinde-Krankenversicherung, sowie die Vorstände der Krankenkassen und der im §. 75 bezeichneten Hülfskassen sind ferner verpflichtet, den auf Grund der Unfallversicherungsgesetze bestehenden Berufsgenossenschaften, sowie den auf Grund des Gesetzes, betreffend die Invaliditäts- und Altersversicherung, vom 22. Juni 1889 (Reichs-Gesetzbl. S. 97) bestehenden Versicherungsanstalten zu gestatten, zum Zweck der Ermittelung der von ihren Mitgliedern beziehungsweise den Arbeitgebern ihres Bezirks beschäftigten Versicherten und deren Beschäftigungszeit und

Lohnhöhe durch Beauftragte von den Büchern und Listen der Kasse in deren Geschäftsräumen während der Geschäftsstunden Einsicht zu nehmen.

Die Mitglieder der Verwaltungen der Ge- III.
meinde-Krankenversicherung und der Kassenvorstände können zur Erfüllung der ihnen durch vorstehende Bestimmungen auferlegten Verpflichtungen von der Aufsichtsbehörde durch Geldstrafen bis zu zwanzig Mark angehalten werden.

Zu § 76 a.

1. Durch diesen von der Novelle eingeschobenen Paragraphen wird den Armenverbänden einerseits sowie den Berufsgenossenschaften und Versicherungsanstalten andererseits eine Erleichterung bezw. ein Kontrolmittel gewährt. Erstere zu dem Zweck, um den Rückgriff gemäß § 57 Abs. 2 zu ermöglichen; letzteres zu dem Zweck, um die Richtigkeit der bei Umlegung der Beiträge zur Unfallversicherung gemachten Angaben der Betriebsunternehmer sowie die Richtigkeit der für die Invaliditäts- und Altersversicherung beigebrachten Marken zu prüfen.

2. Wegen der Beschwerde gegen die Strafverfügung siehe § 76 c.

3. Ausf.Best.: Bayern Art. 1, 2 Ges. v. 26. Mai 1892, §§ 2, 4, 5 Verordn. v. 8. Juni 1892.

§. 76 b.

Die Verwaltungen der Gemeinde-Kranken- I.
versicherung, sowie die Vorstände der Krankenkassen und der im §. 75 bezeichneten Hülfskassen sind verpflichtet, jeden Erkrankungsfall, welcher durch einen nach den Unfallversicherungs-

gesetzen zu entschädigenden Unfall herbeigeführt ist, sofern mit dem Ablauf der vierten Woche der Krankheit die Erwerbsfähigkeit des Erkrankten noch nicht wiederhergestellt ist, binnen einer Woche nach diesem Zeitpunkte dem Vorstande der Berufsgenossenschaft, bei welcher der Erkrankte gegen Unfall versichert ist, anzuzeigen. Ist die Berufsgenossenschaft in Sektionen getheilt, so ist die Anzeige an den Sektionsvorstand zu richten. Zur Erstattung der Anzeige ist, sofern der Vorstand der Gemeinde oder der Krankenkasse nicht eine andere Person damit beauftragt, der Rechnungsführer, für örtliche Verwaltungsstellen der eingeschriebenen Hülfskassen dasjenige Mitglied, welches die Rechnungsgeschäfte derselben führt, verpflichtet.

II. Die Unterlassung der Anzeige kann von der Aufsichtsbehörde mit Ordnungsstrafe bis zu zwanzig Mark geahndet werden.

Zu § 76 b.

1. In diesem von der Novelle eingeschobenen Paragraphen wird den Organen der Krankenversicherung die Verpflichtung auferlegt, durch Unfälle herbeigeführte Erkrankungen den zuständigen Berufsgenossenschaften anzumelden, wenn der Erkrankte nach vier Wochen noch nicht wiederhergestellt ist. Die Berufsgenossenschaft soll dadurch in den Stand gesetzt werden, zu erwägen, ob sie von der Befugniß des § 76 c Gebrauch machen will.

2. Wegen der Beschwerde gegen die Strafverfügung siehe § 76 e.

§. 76c.

In Erkrankungsfällen, welche durch Unfall herbeigeführt werden, ist die Berufsgenossenschaft berechtigt, das Heilverfahren auf ihre Kosten zu übernehmen. Vom Tage der Uebernahme an bis zur Beendigung des Heilverfahrens oder bis zum Ablauf der dreizehnten Woche nach Beginn des Krankengeldbezuges geht der Anspruch des Erkrankten auf Krankengeld auf die Berufsgenossenschaft über. Auf diese gehen dagegen für denselben Zeitraum alle Verpflichtungen über, welche der Krankenkasse dem Erkrankten gegenüber obliegen. I.

Streitigkeiten aus diesem Verhältniß werden, soweit sie zwischen dem Erkrankten und der Berufsgenossenschaft entstehen, nach Vorschrift des §. 58 Absatz 1, soweit sie zwischen der Berufsgenossenschaft und der Gemeinde-Krankenversicherung oder Krankenkasse entstehen, nach Vorschrift des §. 58 Absatz 2 entschieden. II.

Zu § 76 c.

1. Durch diesen von der Novelle eingefügten Paragraphen soll den Berufsgenossenschaften die Befugniß gewährt werden, die Krankenfürsorge, sofern dieselbe durch einen entschädigungspflichtigen Unfall veranlaßt ist, selbst zu übernehmen, um das Heilverfahren möglichst intensiv zu gestalten. Viele Krankenkassen, insbesondere die kleineren, können nicht immer die bei Unfällen z. Th. erforderlichen kostspieligen Mittel aufwenden; andererseits hat sowohl der Verletzte, wie auch die Berufsgenossenschaft ein erhebliches Interesse an schneller und intensiver Durchführung des Heilverfahrens, weil davon das Maß und die

Dauer der Erwerbsunfähigkeit und demgemäß die Unterstützungspflicht der Berufsgenossenschaft abhängt. Die Berufsgenossenschaften haben von dieser Befugniß mehrfach mit sehr gutem Erfolg Gebrauch gemacht; das Reichs-Versicherungsamt hat einen umfassenden Gebrauch von der Befugniß mehrfach dringend empfohlen.

Aehnliche Befugnisse stehen den Versicherungsanstalten für Invaliditäts- und Altersversicherung gemäß § 12 Inv.Ges. zu, außerdem auch den landwirthschaftlichen Berufsgenossenschaften gegenüber den Gemeinden, welchen die Fürsorge für die ersten 13 Wochen bei dem nicht gegen Krankheit versicherten Verletzten obliegt, § 10 landw. Unf.Vers.Ges. v. 5. Mai 1886.

2. Unabhängig hiervon ist die weitere Befugniß der Berufsgenossenschaften, den Krankenkassen die Fortführung des Heilverfahrens auch über die 13. Woche hinaus gegen Kostenerstattung zu übertragen (§ 5 Abs. 8 U.V.G., § 10 Abs. 4 landw. U.V.G.), und die Befugniß der Versicherungsanstalten für Invaliditäts- und Altersversicherung, den Krankenkassen gegen Kostenerstattung eine Fürsorge (nach Art und Dauer) in demjenigem Umfange zur Pflicht zu machen, welchen die Versicherungsanstalt für erforderlich erachtet (§ 12 Abs. 2 Inv.Ges.).

§. 76d.

Den Berufsgenossenschaften stehen in Beziehung auf die Anwendung der §§. 76a, 76b, 76c das Reich, die Staaten und diejenigen Verbände gleich, welche nach den Bestimmungen der Unfallversicherungsgesetze an die Stelle der Berufsgenossenschaften treten.

§. 76e.

I. **Gegen die Strafverfügungen, welche auf Grund der im §. 6a Absatz 2 und §. 26a Absatz 2 Ziffer 2a zugelassenen Bestimmungen getroffen worden sind, ist binnen zwei Wochen**

nach deren Eröffnung Beschwerde an die Aufsichtsbehörde zulässig. Die Entscheidung der letzteren ist endgültig.

Gegen die auf Grund der §§. 76a und II. **76b getroffenen Strafverfügungen ist binnen zwei Wochen nach deren Eröffnung Beschwerde an die nächst vorgesetzte Behörde zulässig. Die Entscheidung der letzteren ist endgültig.**

§. 77.

Die auf Grund dieses Gesetzes gewährten Leistungen, sowie die Unterstützungen, welche nach Maßgabe des §. 57 Absatz 2 und 3 ersetzt sind, gelten nicht als öffentliche Armenunterstützungen.

Zu § 77.

1. Der Charakter der öffentlichen Armenunterstützung wäre unvereinbar mit dem in diesem Gesetz durchgeführten Versicherungsprinzip; einer der wesentlichsten Zwecke des Gesetzes ist gerade der, daß die Armenunterstützung mit ihren Mängeln, ihren niederdrückenden Formen und ihren Folgen von den Arbeitnehmern ferngehalten und durch eine Krankenunterstützung, welche der Betroffene selbst mit verdient, ersetzt werden soll. Dem Versicherten, welcher auf Grund dieses Gesetzes Krankenunterstützung erhält, bleiben also insbesondere seine Wahlrechte (zum Reichs- und Landtage, zur Kommunalvertretung, zu kirchlichen Verwaltungsbehörden u. s. w.) erhalten.

2. Ausf.Best.: Bayern Art. 1, 2 Ges. v. 26. Mai 1892.

§. 78.

Die auf Grund dieses Gesetzes **versicherten** Personen sind in Streitigkeiten über Unterstützungsansprüche vom Kostenvorschuß befreit. I.

II. Amtliche Bescheinigungen, welche zur Legitimation von Kassen- und Verbandsvorständen oder zur Führung der den **Versicherten** nach Vorschriften dieses Gesetzes obliegenden Nachweise erforderlich werden, sind gebühren- und stempelfrei.

Zu § 78.

Ausf.Best.: Württemberg § 80 Verordn. v. 2. Novbr. 1892.

§. 78a.

I. **Bei der Berechnung einer in diesem Gesetze vorgesehenen Frist, welche nach Tagen bestimmt ist, wird der Tag nicht mitgerechnet, auf welchen der Zeitpunkt oder das Ereigniß fällt, nach welchem der Anfang der Frist sich richten soll.**

II. **Eine nach Wochen oder Monaten bestimmte Frist endigt mit Ablauf desjenigen Tages der letzten Woche oder des letzten Monats, welcher durch seine Benennung oder Zahl dem Tage entspricht, an welchem die Frist begonnen hat. Fehlt dieser Tag in dem letzten Monat, so endigt die Frist mit Ablauf des letzten Tages dieses Monats.**

III. **Fällt das Ende einer Frist auf einen Sonntag oder allgemeinen Feiertag, so endigt die Frist mit Ablauf des nächstfolgenden Werktages. Auf die Berechnung der Dauer der Krankenunterstützung findet diese Vorschrift keine Anwendung.**

Zu § 78a.

Die Vorschriften entsprechen den §§ 199, 200 der Civilprozeßordnung; „der neu eingefügte § 78a füllt eine bisher bestehende Lücke aus, welche sich in der Praxis mehrfach fühlbar gemacht hat" (Mot. z. Nov.).

§. 79.

Die Fristen und Formulare für die in den §§. 9, 41 vorgeschriebenen Uebersichten und Rechnungsabschlüsse werden vom Bundesrath festgestellt. Mindestens von fünf zu fünf Jahren findet eine einheitliche Zusammenstellung und Verarbeitung für das Reich statt.

Zu § 79.

Vgl. Bekanntmachung des Reichskanzlers v. 16. November 1892 (Centr.Bl. S. 671) sowie § 41.

§. 80.

Den Arbeitgebern ist untersagt, die Anwendung der Bestimmungen dieses Gesetzes zum Nachtheile der Versicherten durch Verträge (mittelst Reglements oder besonderer Uebereinkunft) auszuschließen oder zu beschränken. Vertragsbestimmungen, welche diesem Verbote zuwiderlaufen, haben keine rechtliche Wirkung.

Zu § 80.

Dergleichen Abreden sind nicht nur rechtlich unwirksam, sondern auch strafällig, § 82. cf. auch Anm. 3 zu § 59.

§. 81.

Wer der ihm nach §. 49 oder nach den auf Grund des §. 2 Absatz 2 erlassenen Bestimmungen obliegenden

Verpflichtung zur An- oder Abmeldung oder der ihm nach **§. 49a** obliegenden Anzeigepflicht nicht nachkommt, wird mit Geldstrafe bis zu zwanzig Mark bestraft.

Zu § 81.

1. Vgl. § 82c.

2. Ausf.Best.: Preußen Ziffer 58 Anw. v. 10. Juli 1892; Württemberg Art. 16 Ges. v. 16. Dezbr. 1888.

§. 82.

Arbeitgeber, welche den von ihnen beschäftigten, dem Krankenversicherungszwange unterliegenden Personen bei der Lohnzahlung vorsätzlich höhere als die nach §§. 53, 65 zulässigen Beträge in Anrechnung bringen, **oder der Bestimmung des §. 53 Absatz 3,** oder dem Verbote des §. 80 entgegenhandeln, werden, sofern nicht nach anderen gesetzlichen Bestimmungen eine härtere Strafe eintritt, mit Geldstrafe bis zu dreihundert Mark oder mit Haft bestraft.

Zu § 82.

Vgl. § 82c.

§. 82a.

I. **Die Arbeitgeber sind befugt, die Erfüllung der ihnen durch dieses Gesetz auferlegten Verpflichtungen solchen Personen zu übertragen, welche sie zur Leitung ihres Betriebes oder eines Theiles desselben oder zur Beaufsichtigung bestellt haben.**

Sind die in diesem Gesetze gegebenen Vorschriften von solchen Personen übertreten worden, so trifft die Strafe die letzteren. Der Arbeitgeber ist neben denselben strafbar, wenn die Zuwiderhandlung mit seinem Vorwissen begangen ist, oder wenn er bei der nach den Verhältnissen möglichen eigenen Beaufsichtigung des Betriebes, oder bei der Auswahl oder der Beaufsichtigung der Betriebsleiter oder Aufsichtspersonen es an der erforderlichen Sorgfalt hat fehlen lassen. II.

Für den Erstattungsanspruch aus §. 50 haftet neben dem zur Anmeldung etwa verpflichteten Betriebsleiter oder Aufseher in allen Fällen auch der Arbeitgeber. Mehrere Verpflichtete haften dabei als Gesammtschuldner. III.

Zu § 82a.

1. Diese durch die Novelle eingefügten Vorschriften sind dem § 151 der Gewerbeordnung in der Fassung des Ges. v. 1. Juni 1891 nachgebildet. Vgl. auch § 144 Inv.Ges.

2. Vgl. § 82 c.

§. 82 b.

Arbeitgeber, welche den von ihnen beschäftigten Personen auf Grund des §. 53 Lohnbeträge in Abzug bringen, diese Beträge aber in der Absicht, sich oder einem Dritten einen rechtswidrigen Vermögensvortheil zu verschaffen, oder die berechtigte Gemeinde-Kran-

kenversicherung oder Krankenkasse zu schädigen, den letzteren vorenthalten, werden mit Gefängniß bestraft, neben welchem auf Geldstrafe bis zu dreitausend Mark, sowie auf Verlust der bürgerlichen Ehrenrechte erkannt werden kann. Sind mildernde Umstände vorhanden, so kann ausschließlich auf Geldstrafe erkannt werden.

§ 82c.

Die auf Grund der §§. 81, 82, 82a verhängten Geldstrafen fließen derjenigen Orts-, Betriebs- (Fabrik-), Bau- oder Innungs-Krankenkasse zu, welcher die betheiligte versicherungspflichtige Person angehört, in Ermangelung einer solchen Kasse der Gemeinde-Krankenversicherung.

Zu § 82c.

Ausf.Best.: Baden § 68 Verordn. v. 3. Septbr. 1892; Hessen Ziffer 63 Anw. v. 5. Novbr. 1892.

§. 83.

Die in diesem Gesetze für Gemeinden getroffenen Bestimmungen gelten auch für die einem Gemeindeverbande nicht einverleibten selbständigen Gutsbezirke und Gemarkungen **(ausmärkische Bezirke)** mit Ausnahme des §. 5 Absatz 2 und des §. 13. Soweit aus denselben der Gemeinde Rechte und Pflichten erwachsen, tritt an ihre Stelle der Gutsherr oder der Gemarkungsberechtigte.

Zu § 83.

1. Durch die Ausnahmebestimmungen ist einmal die **Verpflichtung** der Gutsherren und Gemarkungsberechtigten, für ihre versicherungspflichtigen Arbeiter Beiträge zur Gemeinde-Krankenversicherung zu erheben, beseitigt und dadurch für diese Kategorien dasjenige wiederhergestellt worden, was die Regierungsvorlage für alle Gemeinden einschl. der Gutsbezirke und für die kommunalen Verbände in Aussicht genommen hatte; außerdem aber ist es der Staatsbehörde, aber nur dieser, verwehrt worden, selbständige Gutsbezirke und Gemarkungen zwangsweise mit Gemeinden zu gemeinsamer Gemeinde-Krankenversicherung zu vereinigen. cf. Komm. d. Verf. Anm. 2 zu § 83, sowie oben Anm. 3 zu § 13.

2. Die von der **Novelle** hinzugefügten Worte „ausmärkische Bezirke" beziehen sich auf bayerische Verhältnisse.

Ausf.Best.: **Bayern** Verordn. v. 3. Novbr. 1892.

§. 84.

Die Bestimmung darüber, welche Behörden in jedem Bundesstaate unter Gemeindebehörde, höhere Verwaltungsbehörde, und welche Verbände als weitere Kommunalverbände im Sinne dieses Gesetzes zu verstehen sind, bleibt den Landesregierungen mit der Maßgabe überlassen, daß mit den von den höheren Verwaltungsbehörden wahrzunehmenden Geschäften diejenigen höheren Verwaltungsbehörden zu betrauen sind, welche nach Landesrecht die Aufsicht oder Oberaufsicht in Gemeindeangelegenheiten wahrzunehmen haben. I.

Die auf Grund dieser Vorschrift erlassenen Bestimmungen sind bekannt zu machen. II.

Bei Betriebs- (Fabrik-) und Bau-Krankenkassen, welche ausschließlich für Betriebe des Reichs oder des III.

Staates errichtet werden, können die Befugnisse und Obliegenheiten der Aufsichtsbehörde und der höheren Verwaltungsbehörde den den Verwaltungen dieser Betriebe vorgesetzten Dienstbehörden übertragen werden.

Zu § 84.

Ausf. Best.: Preußen Ziffer 1 bis 4 Anw. v. 10. Juli 1892; Bayern §§ 1 bis 4 Verordn. v. 8. Juni 1892, Verordn. v. 3. Novbr. 1892; Sachsen Verordn. v. 28. Septbr. 1883; Württemberg §§ 1 bis 4, 65 Verordn. v. 2. Novbr. 1892; Baden §§ 1 bis 9 Verordn. v. 3. Septbr. 1892; Hessen §§ 1 ff. Verordn. v. 5. Novbr. 1892.

§. 85.

I. Bestehende Krankenkassen, in Ansehung deren nach den bisher geltenden Vorschriften für Personen, welche unter die Vorschrift des §. 1 fallen, eine Beitrittspflicht begründet war, unterliegen den Vorschriften dieses Gesetzes.

II. Bisherige Leistungen dieser Kassen, welche nach den Vorschriften dieses Gesetzes von den Krankenkassen nicht übernommen werden dürfen, können, soweit sie nicht in Invaliden-, Wittwen- und Waisenpensionen bestehen, beibehalten werden, sofern die bisherigen statutenmäßigen Kassenbeiträge mit Hülfe der Einkünfte des etwa vorhandenen Vermögens nach dem Urtheil der höheren Verwaltungsbehörde zur dauernden Deckung der Kassenleistungen ausreichend sind, oder auf dem für die Abänderung des Statuts vorgeschriebenen Wege und unter Berücksichtigung der Vorschrift des §. 31 Absatz 2 erhöht werden.

Im Uebrigen finden auf die Abänderung des Statuts III. die Vorschriften der §§. 24, 30 Anwendung.

Zu § 85.

1. Durch die Novelle sind die bisherigen Abs. 2 und 3 dieses Paragraphen gestrichen worden, weil sie lediglich Uebergangsbestimmungen für das Gesetz von 1883 enthalten und deshalb jetzt nicht mehr in Frage kommen.

2. Die §§ 85 und 86 behandeln ältere Zwangskassen. Der § 85 enthält die allgemeinen Vorschriften für diese älteren Zwangskassen, der § 86 trifft Bestimmungen darüber, wie es nach dem Inkrafttreten des Gesetzes mit den mit solchen Kassen hin und wieder verbundenen (Invaliden-, Wittwen- und Waisen-) Pensionsversicherungen, die mit der Krankenkasse selbst fortan nicht mehr verbunden sein dürfen (§ 21 Abs. 2), gehalten werden sollte. Die Loslösung dieser letzteren Versicherungen von den Krankenkassen beruhte insbesondere auf der Erwägung, daß ein Zwang, derartige Versicherung zu übernehmen, bei den der Regel nach kleinen und daher für die Uebernahme eines großen Risikos nicht leistungsfähigen Krankenkassen nicht zulässig erscheint, daß aber eine mit Beitrittszwang versehene Krankenkasse auch freiwillig derartige umfangreiche und hohe Beiträge erfordernde Risiken nicht übernehmen darf, weil eben nicht alle ähnlichen Krankenkassen solche Unterstützungen gewähren. Denn sonst würden die Kassenmitglieder ihre in Erwartung derartiger Unterstützungen gezahlten hohen Beiträge ohne Ersatz verlieren, sobald sie, was bei dem häufigen Orts- und Berufswechsel unserer Arbeiter oft vorkommt, aus der die Invaliden- u. s. w. Unterstützungen in Aussicht stellenden Krankenkasse auszuscheiden und in eine andere Krankenkasse einzutreten haben, welche solche Unterstützungen nicht gewährt. Vgl. den Komm. d. Verf. Anm. 9 zu § 21, Anm. 1 zu § 85.

3. Alle Kassen, für welche in irgend einer Form ein Beitrittszwang besteht, bleiben zwar fortbestehen, fallen aber unter § 85 und damit unter dieses Gesetz, auch wenn sie in der Form der eingeschriebenen Hülfskassen errichtet sein sollten; cf. Anm. 1 zu § 60, sowie § 87. — Eine Umwandlung solcher älterer Kassen mit Beitritts-

zwang, auch wenn sie als eingeschriebene Hülfskassen errichtet sein sollten, in Hülfskassen ohne Beitrittszwang (§ 75) ist unzulässig; ebenso wenig kann das Vermögen derartiger Kassen durch Beschluß der Kassenmitglieder auf andere Kassen (etwa auf eingeschriebene Hülfskassen) transferirt werden. cf. Preuß. Min.Reskr. v. 11. Febr. 1884 und v. 7. März 1884, z. Th. abgedruckt in der „Arbeiterversorgung" 1884 Nr. 7. — Wenn solche ältere Zwangskassen den Anforderungen dieses Gesetzes nicht genügen können, so müssen sie geschlossen werden.

4. Gelegentliche Wittwen- u. s. w. Unterstützungen können von diesen fortbestehenden Kassen auf Grund des Abs. 4 dieses Paragraphen beibehalten werden, sobald sie nicht den Charakter von Pensionen, also von statutarisch begründeten Ansprüchen auf fortlaufende Bezüge haben. Anders nach §§ 21, 29, 64, 72, 73 bei neu begründeten Kassen.

5. Zuständig ist in Preußen der Bezirksausschuß.

6. Ausf. Best.: Bayern §§ 3, 5 Verordn. v. 8. Juni 1892, Ziffer 50 Min.Bek. v. 15. Oktbr. 1892; Sachsen § 1 Verordn. v. 28. Septbr. 1883.

§. 86.

I. Für Kassen der im §. 85 bezeichneten Art, welche neben den nach den Vorschriften dieses Gesetzes zulässigen Leistungen Invaliden-, Wittwen- oder Waisenpensionen gewähren, treten folgende Bestimmungen in Kraft:

1. Die bisherige Kasse bleibt als Krankenkasse bestehen. Auf dieselbe finden die Vorschriften des §. 85 Anwendung.
2. Der statutenmäßigen Vertretung der bisherigen Kasse, bei Betriebs- (Fabrik-) Krankenkassen (§. 59) jedoch nur unter Zustimmung des Betriebsunternehmers, ist gestattet, eine besondere Pensionskasse mit Beitrittszwang für diejenigen

Klassen von Personen, welche der bisherigen Kasse beizutreten verpflichtet waren, zu errichten.

3. Für die neue Pensionskasse ist durch Beschluß der Vertretung der bisherigen Kasse, bei Betriebs- (Fabrik-) Krankenkassen durch den Betriebsunternehmer, nach Anhörung der Vertreter der bisherigen Kasse ein Kassenstatut zu errichten.

4. Findet die Errichtung einer besonderen Pensionskasse statt, so erfolgt die Verwendung des Vermögens der bisherigen Kasse nach Anordnung der höheren Verwaltungsbehörde in der Weise, daß zunächst derjenige Betrag, welcher zur Deckung der bereits entstandenen Pensionsansprüche erforderlich ist, ausgeschieden und der Pensionskasse mit der Verpflichtung, diese Ansprüche zu befriedigen, überwiesen wird. Der Rest des Vermögens wird zwischen der Krankenkasse und der Pensionskasse mit der Maßgabe vertheilt, daß der Krankenkasse höchstens der zweijährige Betrag der nach Vorschrift des neuen Kassenstatuts für die derzeitigen Kassenmitglieder zu erhebenden Beiträge überwiesen wird.

5. Wird eine besondere Pensionskasse nicht errichtet, so ist nach Anordnung der höheren Verwaltungsbehörde aus dem Vermögen der bisherigen Kasse derjenige Betrag auszuscheiden, welcher erforderlich ist, um die bereits entstandenen Pensionsansprüche zu decken.

II. Für den ausgeschiedenen Vermögenstheil ist von der höheren Verwaltungsbehörde eine besondere Verwaltung zu bestellen, auf welche die Verpflichtung zur Befriedigung der Pensionsansprüche übergeht.

III. Reicht das Vermögen der bisherigen Kasse nicht aus, um die bereits entstandenen Pensionsansprüche zu decken, so werden die letzteren um den nicht gedeckten Betrag pro rata ermäßigt.

IV. Der nach der Ausscheidung verbleibende Rest des Vermögens der bisherigen Kasse und der nach Befriedigung sämmtlicher auf den ausgeschiedenen Vermögenstheil angewiesenen Ansprüche von diesem verbleibende Rest fallen der Krankenkasse zu.

Zu § 86.

1. Zuständig ist in Preußen der Regierungs-Präsident, für Berlin der Ober-Präsident.

Ausf. Best.: Bayern §§ 3, 5 Verordn. v. 8. Juni 1892; Ziffer 50 Min.Bek. v. 15. Oktbr. 1892; Sachsen § 1 Verordn. v. 28. Septbr. 1883.

§. 87.

I. Das Gesetz, betreffend die Abänderung des Titels VIII der Gewerbeordnung, vom 8. April 1876 (Reichs-Gesetzbl. S. 134) wird aufgehoben. Die auf Grund des Artikels 1 §§. 141 a, 141 c, 141 e desselben getroffenen statutarischen Bestimmungen treten, soweit sie den Vorschriften dieses Gesetzes zuwiderlaufen, außer Kraft.

II. Das Gesetz über eingeschriebene Hülfskassen vom 7. April 1876 (Reichs-Gesetzbl. S. 125) findet in Zukunft auf die unter die Vorschriften der Abschnitte C bis G dieses Gesetzes fallenden Kassen keine Anwendung mehr. Auf bestehende Kassen dieser Art, welche als eingeschriebene Hülfskassen zugelassen sind, finden die Vorschriften des §. 85 Absatz 1 **und 3** Anwendung.

Zu § 87.

1. Das im Abs. 1 erwähnte Gesetz ermächtigte die Gemeinden und weiteren Kommunalverbände, den Beitrittszwang für solche Krankenkassen auszusprechen, welche auf ihre Anordnung in den Formen des Hülfskassengesetzes errichtet wurden. Die Bestimmungen desselben werden durch das Krankenversicherungsgesetz vollständig ersetzt.

2. Wegen des Hülfskassengesetzes vgl. Anm. zu § 75.

§. 88.

Die Bestimmungen dieses Gesetzes treten, soweit sie die Beschlußfassung über die statutarische Einführung des Versicherungszwanges, sowie die Herstellung der zur Durchführung des Versicherungszwanges dienenden Einrichtungen betreffen, mit dem 1. Dezember 1883, die übrigen mit dem 1. Dezember 1884 in Kraft.

Urkundlich unter Unserer Höchsteigenhändigen Unterschrift und beigedrucktem Kaiserlichen Insiegel.

Gegeben Berlin, den 15. Juni 1883.

(L. S.) **Wilhelm.**

Fürst v. Bismarck.

Artikel 32 der Novelle.

Dieses Gesetz tritt, soweit es sich um die zu seiner Durchführung erforderlichen Maßnahmen I.

handelt, sofort, im Uebrigen mit dem 1. Januar 1893 in Kraft.

II. **Mit dem gleichen Tage treten außer Wirksamkeit die Bestimmungen des §. 4 Absatz 5 des Gesetzes über die eingeschriebenen Hülfskassen vom 7. April 1876 (Reichs-Gesetzbl. S. 125) in der Fassung des Gesetzes vom 1. Juni 1884 (Reichs-Gesetzbl. S. 54), der §§. 15, 16, 17 Absatz 2 des Gesetzes über die Ausdehnung der Unfall- und Krankenversicherung vom 28. Mai 1885 (Reichs-Gesetzbl. S. 159) und der §§. 134 Absatz 1, 135, 139, 140 des Gesetzes, betreffend die Unfall- und Krankenversicherung der in land- und forstwirthschaftlichen Betrieben beschäftigten Personen, vom 5. Mai 1886 (Reichs-Gesetzbl. S. 132).**

III. **Der Reichskanzler wird ermächtigt, den Text des Gesetzes vom 15. Juni 1883, wie er sich aus den Aenderungen durch gegenwärtiges Gesetz ergiebt, durch das Reichs-Gesetzblatt mit der Ueberschrift „Krankenversicherungsgesetz“ bekannt zu machen.**

Urkundlich unter Unserer Höchsteigenhändigen Unterschrift und beigedrucktem Kaiserlichen Insiegel.

Gegeben Berlin, den 10. April 1892.

(L. S.) **Wilhelm.**

von Boetticher.

Zum Schlußartikel der Novelle.

1. „Durch den zweiten Absatz des Artikels 25 (jetzt 32) sollen diejenigen Bestimmungen anderer Gesetze außer Kraft gesetzt werden, welche in Folge der in dem Gesetzentwurfe vorgesehenen Abänderungen des Krankenversicherungsgesetzes durch Bestimmungen des letzteren ersetzt werden.

Es werden gedeckt werden der § 4 Abs. 5 des Gesetzes über die eingeschriebenen Hülfskassen durch die §§ 75a, 75b, der zweite Absatz des § 15 des Gesetzes, betreffend die Ausdehnung der Unfall- und Krankenversicherung, vom 28. Mai 1885 durch die neue Fassung des § 8, der dritte Absatz des § 15 a. a. O., sowie der § 134 des Gesetzes, betreffend die Unfallversicherung der in der Land- und Forstwirthschaft beschäftigten Personen, durch den § 5a, der § 135 daselbst durch die jetzige Fassung des § 20 in Abs. 1 Ziffer 2 und Abs. 3, der § 139 daselbst durch die neue Fassung der §§ 2 und 54, der § 140 daselbst durch die neue Fassung des § 1 Abs. 3 (jetzt 5).

Die große Zahl der vorgenommenen Abänderungen läßt eine amtliche Bekanntmachung des vollständigen künftigen Wortlautes des Gesetzes dringend wünschenswerth erscheinen" (Mot. z. Nov.).

Die übrigen auf die Krankenversicherung sich beziehenden Bestimmungen des Ausdehnungsgesetzes sind durch weitere Vorschriften des neuen Gesetzes gleichfalls ersetzt worden.

2. Die durch Abs. 3 zugelassene Veröffentlichung des vollständigen Textes des „Krankenversicherungsgesetzes", wie es sich nach der Novelle gestaltet hat, ist erfolgt durch die Bek. des Reichskanzlers v. 10. April 1892, Reichs-Gesetzbl. S. 417.

Anhang.

I. Ausdehnungsgesetz.

Gesetz über die Ausdehnung der Unfall- und Krankenversicherung.

Vom 28. Mai 1885 (Reichs-Gesetzbl. S. 159).

(Das „Ausdehnungsgesetz" ist, **soweit es die Krankenversicherung zum Gegenstande hat**, durch die Novelle zum Krankenversicherungsgesetz in letzteres hineingearbeitet und demzufolge insoweit durch den Schlußartikel der Novelle **aufgehoben** worden.)

II. Krankenversicherung in land- und forstwirthschaftlichen Betrieben.

Gesetz, betreffend die Unfall- und Krankenversicherung der in land- und forstwirthschaftlichen Betrieben beschäftigten Personen.

Vom 5. Mai 1886 (Reichs-Gesetzbl. S. 132).

(Aus Abschnitt A [§§ 1 bis 132], welcher die Unfallversicherung behandelt, interessiren hier nur allenfalls die §§ 10 und 12 hinsichtlich der Fürsorge in den ersten 13 Wochen bei Unfällen solcher gegen Unfall versicherter, in der Land- und Forstwirthschaft beschäftigter Arbeiter, welche nicht gegen Krankheit versichert sind. Von einem Abdruck jener Paragraphen kann indessen hier abgesehen werden. Vgl. v. Woedtke, landwirthschaftliche Unfall- und Krankenversicherung in Preußen, Textausgabe mit Anmerkungen, Berlin, G. Reimer. Solchen Personen hat die Gemeinde des Beschäftigungsorts freie Kur [§ 6 Abs. 1 Ziffer 1 K.V.G.] zu gewähren, soweit diese Leistung nicht anderen Verpflichteten, z. B. den Dienstherren, obliegt. Kommen letztere ihren Verpflichtungen nicht nach, so hat die Gemeinde einstweilen vorschußweise einzutreten. Ferner darf die Berufsgenossenschaft die Fürsorge für Verunglückte den Krankenkassen auch über die 13. Woche hinaus gegen Kostenerstattung übertragen, analog § 5 Abs. 8 K.V.G., vgl. Anhang III.)

B. Krankenversicherung.

§. 133.

Werden durch die Landesgesetzgebung in der Land- oder Forstwirthschaft gegen Gehalt oder Lohn beschäftigte Personen der Krankenversicherungspflicht nach Maßgabe des Krankenversicherungsgesetzes vom 15. Juni 1883 (Reichs-Gesetzbl. S. 73) unterworfen, so findet letzteres Gesetz mit den aus den §§. 134 bis 142 dieses Gesetzes sich ergebenden Aenderungen Anwendung. Dasselbe gilt, wenn durch statutarische Bestimmungen auf Grund des §. 2 des Krankenversicherungsgesetzes die Anwendung der Vorschriften des §. 1 des letzteren auf solche Personen erstreckt wird.

Zu § 133.

1. Es ist grundsätzlich bei der Vorschrift des Krankenversicherungsgesetzes (vgl. § 1, § 2 Abs. 1 Ziffer 5) verblieben, wonach die allgemeine Krankenversicherungspflicht für land- oder forstwirthschaftliche Arbeiter kraft Gesetzes nicht besteht.

Dagegen kann eine Versicherungspflicht für land- und forstwirthschaftliche Arbeiter begründet werden

1. durch die Landesgesetzgebung, und zwar entweder nach besonderen Grundsätzen, oder nach den reichsgesetzlichen Bestimmungen des Krankenversicherungsgesetzes; soweit Letzteres geschieht, soll das Krankenversicherungsgesetz nur mit den aus den nachstehenden Vorschriften sich ergebenden Modifikationen gelten;
2. durch statutarische Bestimmung von Kommunalverbänden, § 2 K.V.G. In diesem Fall darf die Krankenversicherung nur nach den Vorschriften des Krankenversicherungsgesetzes, aber ebenfalls nur mit den aus den nachstehenden Vorschriften sich ergebenden Modifikationen, erfolgen.

Für land- und forstwirthschaftliche Dienstboten kann nach jetziger Lage der Gesetzgebung eine Krankenversicherungspflicht auch statutarisch nicht begründet werden, vgl. §§ 2, 4 K.V.G.; sie haben aber das gesetzliche Recht, in die Gemeinde-Krankenversicherung freiwillig einzutreten (§ 4 K.V.G.), und dürfen auch zu Orts-Krankenkassen zugelassen werden (§ 26a Ziffer 5). Es steht nichts im Wege, daß der Dienstherr seine Dienstboten veranlaßt, von dieser Befugniß Gebrauch zu machen; dabei kann er die Versicherungsbeiträge, ebenso wie bei Versicherungspflichtigen, ganz oder zum Theil auf eigene Rechnung übernehmen. Im Fall einer Krankheit erhält dann der Dienstbote aus der Krankenkasse die vollen Leistungen, also ärztliche Behandlung und Krankengeld, außerdem aber die Leistungen aus dem Dienstvertrage, soweit diese letzteren Leistungen nicht etwa mit Rücksicht auf die Ansprüche aus der Krankenversicherung durch den Dienstvertrag modifizirt werden. Die vertragsmäßige Abtretung des Krankengeldes an den Dienstherrn ist gemäß §§ 80, 82 K.V.G. unzulässig und unwirksam. Vgl. Anm.*) zu § 1 K.V.G. (S. 45 und 47), Anm. 2 zu § 56 K.V.G.

2. Die in den §§ 134 bis 142 aufgeführten Modifikationen haben den Zweck, den eigenthümlichen Verhältnissen der Land- und Forstwirthschaft Rechnung zu tragen, insbesondere die Naturalwirthschaft aufrecht zu erhalten und dadurch indirekt zu einer weitgehenden statutarischen Unterstellung der Land- und Forstwirthschaft unter die Krankenversicherung zu veranlassen.

3. Erfolgt die (landesgesetzliche oder statutarische) Erstreckung der Krankenversicherungspflicht auf die Land- und Forstwirthschaft nicht, so haben die landwirthschaftlichen Arbeiter und Betriebsbeamten

die Befugniß zur freiwilligen Betheiligung an der Gemeinde-Krankenversicherung, vgl. Anm. 5 zu § 4 K.V.G.

§. 134.

. . . .

Gemeinden oder weitere Kommunalverbände können bei dem Erlasse statutarischer Bestimmungen über die Krankenversicherung land- und forstwirthschaftlicher Arbeiter beschließen, daß diese Bestimmungen auch auf außerhalb des Kommunalbezirks liegende Theile solcher Betriebe sich erstrecken sollen, deren Sitz innerhalb des Bezirks der Gemeinde oder des weiteren Kommunalverbandes belegen ist.

Zu § 134.

Der bisherige erste Absatz dieses Paragraphen ist durch Art. 32 der Novelle zum Krankenversicherungsgesetz aufgehoben. Er enthielt Bestimmungen darüber, welcher Ort als Beschäftigungsort land- und forstwirthschaftlicher Arbeiter gelten soll, und ist ersetzt durch § 5a Abs. 3 K.V.G. in der Fassung der Novelle.

§. 135.

(Aufgehoben durch Artikel 32 der Novelle zum Krankenversicherungsgesetz.)

§. 136.

Personen, welche erweislich mindestens für dreizehn Wochen nach der Erkrankung dem Arbeitgeber gegenüber einen Rechtsanspruch auf eine den Bestimmungen des §. 6 des Krankenversicherungsgesetzes entsprechende oder gleichwerthige Unterstützung haben, sind auf den Antrag des Arbeitgebers von der Versicherungspflicht zu befreien, sofern die Leistungsfähigkeit desselben genügend gesichert ist. I.

II. Ueber den Antrag entscheidet die Verwaltung der Gemeindekrankenversicherung oder der Vorstand der Krankenkasse, welcher die zu befreiende Person angehören würde. Wird die Leistungsfähigkeit des Arbeitgebers beanstandet, so ist der Antrag an die Aufsichtsbehörde zur Entscheidung abzugeben.

III. Die Entscheidung über den Befreiungsantrag ist den Betheiligten zu eröffnen und vorläufig vollstreckbar. Gegen dieselbe steht jedem Betheiligten binnen zwei Wochen die Beschwerde an die vorgesetzte Aufsichtsbehörde zu.

IV. Die Befreiung gilt für die Dauer des Arbeitsvertrages. Sie hört vor Beendigung desselben auf:

1. wenn dies von der im Absatz 2 bezeichneten Aufsichtsbehörde wegen nicht genügender Leistungsfähigkeit des Arbeitgebers — sei es von Amtswegen, sei es auf Vorschlag der Verwaltung der Gemeindekrankenversicherung oder des Vorstandes der Krankenkasse — angeordnet wird,
2. wenn der Arbeitgeber die befreite Person zur Krankenversicherung anmeldet. Die Anmeldung ist im Falle einer zur Zeit derselben bereits eingetretenen Erkrankung ohne rechtliche Wirkung.

V. Insoweit einer nach Absatz 1 befreiten Person im Falle der Erkrankung von dem Arbeitgeber eine den Bestimmungen des §. 6 des Krankenversicherungsgesetzes entsprechende oder gleichwerthige Unterstützung nicht gewährt wird, ist dieselbe auf Antrag von der betreffenden Gemeindekrankenversicherung oder Krankenkasse zu gewähren. Die hiernach gemachten Aufwendungen sind von dem Arbeitgeber zu ersetzen.

Streitigkeiten über Unterstützungsansprüche, welche gegen die Gemeindekrankenversicherung oder Krankenkasse auf Grund des vorstehenden Absatzes entstehen, werden nach Maßgabe des §. 12 Absatz 1, Streitigkeiten über Ersatzansprüche zwischen der Gemeindekrankenversicherung oder Krankenkasse einerseits und dem Arbeitgeber andererseits nach Maßgabe des §. 12 Absatz 2 dieses Gesetzes entschieden. VI.

Zu § 136.

1. Der § 136 gestattet für den Fall, daß die Versicherungspflicht land- und forstwirthschaftlicher Arbeiter überhaupt eingeführt ist (Anm. 1 zu § 133), die **Befreiung** solcher land- und forstwirthschaftlicher Arbeiter von der Versicherungspflicht, welche im Falle der Erkrankung gegen ihren Arbeitgeber **mindestens für 13 Wochen nach dem Beginn der Krankheit**, also auch über die Dauer des Arbeitsvertrages hinaus (vgl. Anm. 3 zu § 137), Anspruch auf gleichwerthige Unterstützung haben (§ 6 K.V.G.). Der § 137 gestattet dagegen eine **Ermäßigung der Beiträge gegen Wegfall des Krankengeldes** für solche Versicherte, welche innerhalb der Geltungsdauer des Arbeitsvertrages für den Krankentag mindestens so viel an Lohn erhalten, als sie an Krankengeld beziehen würden (vgl. Anm. zu § 137). Der § 138 endlich gestattet eine **antheilige Ermäßigung der Beiträge und des Krankengeldes** für solche Versicherte, welche an Lohn zwar nicht das volle Aequivalent des Krankengeldes, aber doch einen Theil desselben beziehen.

2. Voraussetzung der **Befreiung** (§ 136) ist, daß die Leistungsfähigkeit des Arbeitgebers, seiner kontraktlichen Verpflichtung zu genügen, feststeht. Die Befreiung erfolgt auf den Antrag des Arbeitgebers und dauert höchstens so lange wie der Arbeitsvertrag. Entzieht sich der Arbeitgeber seiner Verpflichtung, für den befreiten Arbeiter im Falle der Erkrankung hinreichend (§ 6 K.V.G.) zu sorgen, so hat die Gemeinde-Krankenversicherung oder Krankenkasse vorschußweise einzutreten.

3. Der § 12 des landw. Unfall- und Krankenversicherungsgesetzes bezieht sich auf Streitigkeiten, welche über die Unterstützung eines durch Unfall verletzten, nicht gegen Krankheit versicherten land- oder forstwirthschaftlichen Arbeiters während der 13wöchigen Karenzzeit entstehen. Der § 12 cit. lautet:

Abs. 1. Streitigkeiten über Unterstützungsansprüche .... werden von der Aufsichtsbehörde entschieden. Die Entscheidung ist vorläufig vollstreckbar. Dieselbe kann im Verwaltungsstreitverfahren, wo ein solches nicht besteht, im Wege des Rekurses nach Maßgabe der Vorschriften der §§ 20, 21 der Gewerbeordnung angefochten werden.

Abs. 2. Streitigkeiten über Ersatzansprüche ..... werden im Verwaltungsstreitverfahren, wo ein solches nicht besteht, von der Aufsichtsbehörde der in Anspruch genommenen Gemeinde, Gemeinde-Krankenversicherung oder Krankenkasse entschieden. Gegen die Entscheidung der letzteren findet der Rekurs nach Maßgabe der Vorschriften der §§ 20, 21 der Gewerbeordnung statt.

Abs. 3. Der Landes-Zentralbehörde bleibt überlassen, vorzuschreiben, daß anstatt des Rekursverfahrens innerhalb der Rekursfrist die Berufung auf den Rechtsweg mittelst Erhebung der Klage stattfinde.

§. 137.

I. Für versicherungspflichtige Personen, welche erweislich auf Grund eines mindestens für die Dauer eines Jahres abgeschlossenen Arbeitsvertrages

1. jährliche Naturalleistungen mindestens im dreihundertfachen Werthe des von der Gemeindekrankenversicherung beziehungsweise Krankenkasse für einen Krankentag zu zahlenden Krankengeldes beziehen, oder für den Krankentag einen Arbeitslohn an Geld oder Naturalleistungen erhalten, welcher dem von der Gemeindekrankenversicherung beziehungsweise Krankenkasse zu zahlenden täglichen Krankengelde mindestens gleichkommt, und

2. auf Fortgewährung dieser Leistungen, innerhalb der Geltungsdauer des Arbeitsvertrages, für mindestens dreizehn Wochen nach der Erkrankung einen Rechtsanspruch haben,

tritt auf Antrag des Arbeitgebers während der Geltungsdauer des Arbeitsvertrages eine Ermäßigung der Versicherungsbeiträge ein, wogegen das Krankengeld in Wegfall kommt.

Die Ermäßigung der Beiträge erfolgt in dem- II.
selben Verhältnisse, in welchem die Höhe des Krankengeldes zu dem Werthe der sonstigen Kassenleistungen steht. Dies Verhältniß ist durch statutarische Bestimmung festzustellen, welche für die Gemeindekrankenversicherung von der Gemeinde, für die gemeinsame Gemeindekrankenversicherung (§. 12 des Krankenversicherungsgesetzes) durch den weiteren Kommunalverband, für Orts- und Betriebskrankenkassen durch das Kassenstatut zu treffen ist. Die statutarischen Bestimmungen der Gemeinden und weiteren Kommunalverbände bedürfen der Genehmigung der höheren Verwaltungsbehörde; auf die Festsetzung durch das Kassenstatut findet §. 24 des Krankenversicherungsgesetzes Anwendung. Wo weitere Kommunalverbände nicht bestehen, erfolgt die Festsetzung für die gemeinsame Gemeindekrankenversicherung durch die höhere Verwaltungsbehörde. Solange eine endgültige Festsetzung dieses Beitragsverhältnisses nicht erfolgt ist, wird für die nach Absatz 1 versicherten Personen der dritte Theil der für andere Kassenmitglieder geltenden Beiträge entrichtet.

III. Soweit die im Absatz 1 Ziffer 1 bezeichneten Leistungen im Falle der Erkrankung von dem Arbeitgeber nicht in Gemäßheit des Arbeitsvertrages, auf Grund dessen die Ermäßigung der Beiträge erfolgt ist, gewährt werden, ist dem Erkrankten auf Antrag das Krankengeld von der Gemeindekrankenversicherung oder Krankenkasse zu zahlen und derselben von dem Arbeitgeber zu ersetzen. Streitigkeiten über solche Ersatzansprüche werden nach Maßgabe des §. 12 Absatz 2 dieses Gesetzes entschieden.

Zu § 137.

1. Vgl. Anm. 1 zu § 136.

2. Der Wegfall des Krankengeldes und die Ermäßigung der Beiträge setzt voraus:

1. entweder für das Jahr: Naturalleistungen (Wohnung, Ackerbestellung, Viehweide u. s. w.), deren Jahreswerth mindestens den 300fachen Betrag des Krankengeldes erreicht (derartige Naturalleistungen erstrecken ihre Wirksamkeit auf jeden Tag des Jahres), oder für den Krankentag: Fortzahlung des Lohns an Geld und Naturalien in solcher Höhe, daß diese Leistung der Höhe des Krankengeldes mindestens entspricht;
2. Fortdauer dieses Anspruchs innerhalb der Geltungsdauer des Arbeitsvertrages für mindestens 13 Wochen;
3. Antrag des Arbeitgebers.

Genügt der Arbeitgeber seiner Verpflichtung zur Fortgewährung des Lohnes in Krankheitsfällen nicht, so hat der Versicherte Anspruch auf Krankengeld; dieses hat die Krankenkasse zu zahlen, und sie erhält dafür einen entsprechenden Regreß gegen den Arbeitgeber.

3. Diejenigen Personen, auf welche dieser Paragraph Anwendung findet, bleiben gegen Krankheit versichert; sie erhalten aber im Krankheitsfalle aus der Krankenkasse nur freie ärztliche Behandlung und Arznei (bei Orts-Krankenkassen auch Sterbegeld!), dagegen kein Krankengeld, und entrichten entsprechend ermäßigte Beiträge.

Die Beiträge sollen so weit herabgesetzt werden, daß sie nur denjenigen Theil der Kassenleistungen decken, welche den betr. Personen im Krankheitsfall gewährt werden müssen, also die freie ärztliche Behandlung und Arznei. Das Verhältniß, in welchem die gewöhnlichen Kassenbeiträge hiernach zu ermäßigen sind, darf besonders festgesetzt werden; solange solche besondere Festsetzung nicht erfolgt, betragen die Beiträge auf Grund des Gesetzes $^{1}/_{3}$ des normalen Beitrags. Diese ermäßigten Beiträge werden in dem Verhältniß des § 51 K.V.G., also von dem Arbeitgeber mit $^{1}/_{3}$, von dem Versicherten mit $^{2}/_{3}$ getragen.

4. Ueber die Dauer des Arbeitsvertrages hinaus bestehen zwischen dem Arbeitgeber und dem Versicherten auf Grund dieses Paragraphen keine Verpflichtungen. Erlischt der Arbeitsvertrag während der Dauer einer Krankheit, so hat für den Rest der Krankheit die Krankenkasse oder Gemeinde-Krankenversicherung in vollem Umfange zu sorgen, also das volle Krankengeld neben der ärztlichen Behandlung zu gewähren.

Anders liegt die Sache in den Fällen des § 136, für welche eine volle Befreiung des Arbeiters von der Versicherungs- und Beitragspflicht angeordnet ist. Diese volle Befreiung soll aber nur dann eintreten, wenn der Arbeitgeber auch über die Dauer des Arbeitsvertrages hinaus die Krankenfürsorge für solche Personen zu tragen hat, die während der Dauer des Arbeitsverhältnisses erkranken.

5. Den Wortlaut des § 12 des landw. Unfall- und Krankenversicherungsgesetzes vgl. bei Anm. 3 zu § 136.

§. 138.

Durch statutarische Bestimmung (§. 137 Absatz 2) kann eine entsprechende Kürzung des Krankengeldes und der Beiträge auch für solche Versicherten angeordnet werden, welche in Krankheitsfällen auf Grund ihres Arbeitsvertrages weniger als die im §. 137 Absatz 1 festgesetzten Geld- oder Naturalleistungen beziehen. Die Kürzung muß dem Verhältnisse entsprechen, in welchem der Werth dieser Leistungen zu der Höhe des Krankengeldes steht. Im Uebrigen finden die Bestimmungen des §. 137 auch auf Fälle dieser Art Anwendung.

Zu § 138.

1. Vgl. Anm. 1 zu § 136. Der § 138 giebt die Möglichkeit einer dem § 137 gleichartigen Regelung „für solche Fälle, in denen die bei einer Krankheit fortgewährten Theile des Lohnes weniger als das volle Krankengeld betragen" (Mot. S. 72), und überläßt die Anordnung einer solchen Regelung der statutarischen Bestimmung.

2. Statt des Zitats „§ 137 Abs. 2" muß es heißen: „§ 134" Vgl. v. Woedtke, Kommentar z. K.V.G., Anm. 2 zu diesem Paragraphen.

§. 139.

(Aufgehoben durch Art. 32 der Novelle zum Krankenversicherungsgesetz.)

§. 140.

(Aufgehoben durch Art. 32 der Novelle zum Krankenversicherungsgesetz.)

§. 141.

I. Die auf Grund der §§. 2, 49 bis 52 Absatz 1, 53, 54 des Krankenversicherungsgesetzes erlassenen statutarischen Bestimmungen sind, soweit sie den vorstehenden Vorschriften zuwiderlaufen, bis zum 1. Januar 1887 mit denselben in Uebereinstimmung zu bringen. Soweit dies nicht geschieht, kann die Landes-Zentralbehörde nach Ablauf dieser Frist solche statutarischen Bestimmungen ganz oder theilweise außer Kraft setzen.

II. Der §. 3 Absatz 2 des Krankenversicherungsgesetzes findet auf die unter §. 1 des gegenwärtigen Gesetzes fallenden Personen keine Anwendung.

§. 142.

I. Durch statutarische Bestimmung einer Gemeinde für ihren Bezirk oder eines weiteren Kommunalverbandes für seinen Bezirk oder Theile desselben können Personen, welche innerhalb des betreffenden Bezirks wohnen und, ohne zu einem bestimmten Arbeitgeber in einem dauernden Arbeitsverhältnisse zu stehen, vorwiegend in land- oder forstwirthschaftlichen Betrieben dieses Bezirks gegen Lohn beschäftigt sind, auch für diejenige Zeit, in welcher eine Beschäftigung gegen Lohn nicht stattfindet, der Krankenversicherungspflicht unterworfen und, solange sie nicht zu einer die Versicherungspflicht begründenden Beschäftigung in einem anderen Erwerbszweige übergehen oder Mitglieder einer Betriebskrankenkasse werden, in diesem Bezirke zur Versicherung herangezogen werden.

Die nach solcher statutarischen Bestimmung ver- II.
sicherungspflichtigen Personen sind der Gemeindekrankenversicherung oder Ortskrankenkasse, welcher die sonstigen versicherungspflichtigen land- und forstwirthschaftlichen Arbeiter angehören, durch die Gemeindebehörde zu überweisen. Ihre Versicherung beginnt mit dem Tage ihrer Ueberweisung.

Die Ueberweisung ist zurückzunehmen, wenn die III.
Voraussetzungen ihrer Zulässigkeit aufhören.

Die Ueberweisung, sowie der die Zurücknahme IV.
derselben ablehnende Bescheid kann nach Maßgabe des §. 12 Absatz 2 dieses Gesetzes angefochten werden.

Ob und inwieweit die Vorschriften der §§. 49 bis V.
53 des Krankenversicherungsgesetzes auf die Arbeitgeber dieser Personen Anwendung finden, ist durch statutarische Bestimmung zu regeln.

VI. Solange solche Personen nach Maßgabe des Absatzes 1 in dem Bezirke ihres Wohnortes gegen Krankheit versichert sind, fällt ihre Verpflichtung zum Beitritt zu einer anderen Kasseneinrichtung für land- oder forstwirthschaftliche Arbeiter fort.

VII. Die nach Absatz 1 und 5 zulässigen statutarischen Vorschriften bedürfen der Genehmigung der höheren Verwaltungsbehörde.

Zu § 142.

1. Mot. S. 73: „Während durch die Vorschriften der §§ 127 bis 132 (jetzt 136 bis 141) Vorsorge getroffen werden soll, daß bei der Anwendung der Bestimmungen des Krankenversicherungsgesetzes auf die in der Land- und Forstwirthschaft beschäftigten Arbeiter mehr, als bisher möglich, die Besonderheiten ständiger Arbeiterverhältnisse berücksichtigt werden können, ist von verschiedenen Seiten auf das Bedürfniß hingewiesen worden, auch den Besonderheiten unständiger land- und forstwirthschaftlicher Arbeiter Rechnung zu tragen, um einen umfassenderen Gebrauch von der Erstreckung der Versicherungspflicht auf land- und forstwirthschaftliche Arbeiter herbeizuführen. Bei diesen unständigen Arbeitern handelt es sich insbesondere um solche Personen, welche, meist mit kleinem Grundbesitz angesessen, von ihrem Wohnort aus regelmäßig land- und forstwirthschaftliche Arbeiten verrichten, hierbei aber je nach Bedürfniß und Gelegenheit bald in diesem, bald in jenem Betriebe, heut an ihrem Wohnorte, morgen in der Nachbarschaft, beschäftigt werden. Die Beschäftigung solcher Personen dauert in den einzelnen Betrieben häufig nur kurze Zeit, vielleicht nur einen Tag, und wird hin und wieder von Zeiten unterbrochen, in welchen eine Arbeitsthätigkeit in fremden Betrieben überhaupt nicht stattfindet."

Um dem hierdurch bedingten beständigen Wechsel der Krankenkasse und der zeitweisen Unterbrechung des Versicherungsverhältnisses dergestalt wirksam vorzubeugen, daß die Krankenversicherung „für solche Tagearbeiter, welche in der Regel den ärmsten Klassen der arbeitenden Bevölkerung angehören, für die also eine Fürsorge in Krankheitsfällen ganz besonders dringlich ist", zweckmäßig durchgeführt werden kann, ist zugelassen worden, daß diese unständigen landwirthschaftlichen Arbeiter auch für die Dauer der Nichtbeschäftigung versicherungspflichtig gemacht werden und ihrer Versicherungspflicht dauernd an ihrem Wohnort genügen können, ohne zu einem Wechsel der Krankenkasse je nach dem Orte der Beschäftigung genöthigt zu sein.

2. Den Wortlaut des § 12 dieses Gesetzes siehe in Anm. 3 zu § 136.

C. Gesetzeskraft.

§. 143.

Die Bestimmungen der Abschnitte A II, III, IV, V, I.
VIII und X, die auf diese Abschnitte bezüglichen Strafbestimmungen, sowie diejenigen Vorschriften, welche zur Durchführung der in diesen Abschnitten getroffenen Anordnungen dienen, treten mit dem Tage der Verkündung dieses Gesetzes in Kraft. Dasselbe gilt von den Bestimmungen des Abschnittes B.

Im Uebrigen wird der Zeitpunkt, mit welchem das II.
Gesetz ganz oder theilweise für den Umfang des Reichs oder Theile desselben in Kraft tritt, mit Zustimmung des Bundesraths durch Kaiserliche Verordnung bestimmt.

Urkundlich unter Unserer Höchsteigenhändigen Unterschrift und beigedrucktem Kaiserlichen Insiegel.

Gegeben Berlin, den 5. Mai 1886.

(L. S.) **Wilhelm.**

Fürst von Bismarck.

Zu § 143.

Die Bestimmungen dieses Gesetzes über die Krankenversicherung (§§ 133 bis 142) sind also bereits im Mai 1886 in Kraft getreten.

III. Auszug aus dem Unfallversicherungsgesetz.

Vom 6. Juli 1884 (Reichs-Gesetzbl. S. 69 ff.).

---

§ 5 Absatz 8 bis 11.

VIII. Die Berufsgenossenschaften (§. 9) sind befugt, der Krankenkasse, welcher der Verletzte angehört, gegen Erstattung der ihr dadurch erwachsenden Kosten die Fürsorge für den Verletzten über den Beginn der vierzehnten Woche hinaus bis zur Beendigung des Heilverfahrens zu übertragen. In diesem Falle gilt als Ersatz der im §. 6 Absatz 1 Ziffer 1 des Krankenversicherungsgesetzes bezeichneten Leistungen die Hälfte des in jenem Gesetze bestimmten Mindestbetrages des Krankengeldes, sofern nicht höhere Aufwendungen nachgewiesen werden. Streitigkeiten, welche aus Anlaß dieser Bestimmung zwischen den Berufsgenossenschaften und den Krankenkassen entstehen, werden nach Maßgabe des §. 58 Absatz 2 des Krankenversicherungsgesetzes entschieden.

IX. Von Beginn der fünften Woche nach Eintritt des Unfalls bis zum Ablauf der dreizehnten Woche ist das

Krankengeld, welches den durch einen Betriebsunfall verletzten Personen auf Grund des Krankenversicherungsgesetzes gewährt wird, auf mindestens zwei Drittel des bei der Berechnung desselben zu Grunde gelegten Arbeitslohnes zu bemessen. Die Differenz zwischen diesen zwei Dritteln und dem gesetzlich oder statutengemäß zu gewährenden niedrigeren Krankengelde ist der betheiligten Krankenkasse (Gemeinde-Krankenversicherung) von dem Unternehmer desjenigen Betriebes zu erstatten, in welchem der Unfall sich ereignet hat. Die zur Ausführung dieser Bestimmung erforderlichen Vorschriften erläßt das Reichs-Versicherungsamt.

Den nach §. 1 versicherten Personen, welche nicht X.
nach den Bestimmungen des Krankenversicherungsgesetzes versichert sind, hat der Betriebsunternehmer die in den §§. 6 und 7 des Krankenversicherungsgesetzes vorgesehenen Unterstützungen einschließlich des aus dem vorhergehenden Absatze sich ergebenden Mehrbetrages für die ersten dreizehn Wochen aus eigenen Mitteln zu leisten.

Streitigkeiten, welche aus Anlaß der in deu beiden XI.
vorhergehenden Absätzen enthaltenen Bestimmungen unter den Betheiligten entstehen, werden nach Maßgabe des §. 58 Absatz 1 des Krankenversicherungsgesetzes entschieden, und zwar in den Fällen des letztvorhergehenden Absatzes von der für Ortskrankenkassen des Beschäftigungsortes zuständigen Aufsichtsbehörde.

IV. Auszug aus dem Gesetz, betreffend die Invaliditäts- und Altersversicherung.

Vom 22. Juni 1889 (Reichs-Gesetzbl. S. 97).

---

§. 12.

I. Die Versicherungsanstalt ist befugt, für einen erkrankten, der reichsgesetzlichen Krankenfürsorge nicht unterliegenden Versicherten das Heilverfahren in dem im §. 6 Absatz 1 Ziffer 1 des Krankenversicherungsgesetzes bezeichneten Umfange zu übernehmen, sofern als Folge der Krankheit Erwerbsunfähigkeit zu besorgen ist, welche einen Anspruch auf reichsgesetzliche Invalidenrente begründet.

II. Die Versicherungsanstalt ist ferner befugt, zu verlangen, daß die Krankenkasse, welcher der Versicherte angehört oder zuletzt angehört hat, die Fürsorge für denselben in demjenigen Umfange übernimmt, welchen die Versicherungsanstalt für geboten erachtet. Die Kosten dieser von ihr beanspruchten Fürsorge hat die Versicherungsanstalt zu ersetzen. Als Ersatz dieser Kosten ist die Hälfte des nach dem Krankenversicherungsgesetze zu gewährenden Mindestbetrages des Krankengeldes zu leisten, sofern nicht höhere Aufwendungen nachgewiesen werden.

Streitigkeiten zwischen den Versicherungsanstalten III.
und den betheiligten Krankenkassen werden, sofern es sich um die Geltendmachung dieser Befugnisse handelt, von der Aufsichtsbehörde der betheiligten Krankenkassen endgültig, sofern es sich um Ersatzansprüche handelt, im Verwaltungsstreitverfahren, oder, wo ein solches nicht besteht, durch die ordentlichen Gerichte entschieden.

Wird in Folge der Krankheit der Versicherte er- IV.
werbsunfähig, so verliert er, falls er sich den im Absatz 1 und 2 bezeichneten Maßnahmen entzogen hat, den Anspruch auf Invalidenrente, sofern anzunehmen ist, daß die Erwerbsunfähigkeit durch dieses Verhalten veranlaßt ist.

V. Hülfskassengesetz.

Gesetz über die eingeschriebenen Hülfskassen vom 7. April 1876 (Reichs-Gesetzbl. S. 125)

in der aus dem Reichsgesetz vom 1. Juni 1884 (R.G.Bl. S. 54), betreffend die Abänderung des Gesetzes über die eingeschriebenen Hülfskassen vom 7. April 1876, sich ergebenden Fassung.*)

*) Die auf der Novelle beruhenden Abänderungen des Gesetzestextes sind durch fetten Druck hervorgehoben, die durch dieselbe herbeigeführten Auslassungen durch Punkte markirt. Die Randbemerkungen bezeichnen die Artikel der Novelle, welche die Abänderungen anordnen.

Wir **Wilhelm**, von Gottes Gnaden Deutscher Kaiser, König von Preußen rc.

verordnen im Namen des Deutschen Reichs, nach erfolgter Zustimmung des Bundesraths und des Reichstags, was folgt:

§. 1.

Kassen, welche die gegenseitige Unterstützung ihrer
(Art. 1.) Mitglieder für den Fall der Krankheit bezwecken **und**

auf freier Uebereinkunft beruhen, *) erhalten die Rechte einer eingeschriebenen Hülfskasse unter den nachstehend angegebenen Bedingungen.

§. 2.

Die Kasse hat einen Namen anzunehmen, welcher von dem aller anderen, an demselben Orte oder in derselben Gemeinde befindlichen Hülfskassen verschieden ist und die zusätzliche Bezeichnung: „eingeschriebene Hülfskasse" enthält.

§. 3.

Das Statut der Kasse muß Bestimmung treffen: I.
1. über Namen, Sitz und Zweck der Kasse;
2. über den Beitritt und Austritt der Mitglieder;
3. über die Höhe der Beiträge . . .; (Art. 2.)
4. über die Voraussetzungen, die Art und den Umfang der Unterstützungen;
5. über die Bildung des Vorstandes, . . . über die Legitimation seiner Mitglieder und den Umfang seiner Befugnisse; (Art. 2.)
6. über die Zusammensetzung und Berufung der Generalversammlung und über die Art ihrer Beschlußfassung . . .; (Art. 2.)

---

*) Wenn ein Verein, welcher auf freier Uebereinkunft seiner Mitglieder beruht, den Beitritt zu einer freien Hülfskasse für obligatorisch erklärt, so wird dadurch der Charakter der freien Hülfskasse nicht aufgehoben (Erklärung des Regierungskommissars im Komm. Ber. zur Novelle, R.T.Dr.S. 1884 Bd. 3 S. 547). Vgl. § 6 Abs. 2.

(Art. 2.) 6a. **über die Bildung und die Befugnisse der örtlichen Verwaltungsstellen, falls solche errichtet werden sollen;**

7. über die Abänderung des Statuts;
8. über die Verwendung des Kassenvermögens im Falle der Auflösung oder Schließung der Kasse;
9. über die Aufstellung und Prüfung der Jahresrechnung.

II. Das Statut darf keine Bestimmung enthalten, welche mit dem Zwecke der Kasse nicht in Verbindung steht oder den Vorschriften dieses Gesetzes zuwiderläuft.

§. 4.

I. Das Statut ist in zwei Exemplaren dem Vorstande der Gemeinde, in deren Bezirk die Kasse ihren Sitz nimmt, von den mit der Geschäftsleitung vorläufig betrauten Personen oder von dem Vorstande der Kasse in Person einzureichen. Der Gemeindevorstand hat das Statut der höheren Verwaltungsbehörde ungesäumt zu übersenden; diese entscheidet über die Zulassung der Kasse. Der Bescheid ist innerhalb sechs Wochen zu ertheilen.

II. Die Zulassung darf nur versagt werden, wenn das Statut den Anforderungen dieses Gesetzes nicht genügt. Wird die Zulassung versagt, so sind die Gründe mitzutheilen. Gegen die Versagung steht der Rekurs*)

*) Landesrechtlich kann statt desselben auch das Verwaltungsstreitverfahren Platz greifen, so in Preußen nach § 141, § 161 Abs. 2 des Zuständigkeitsgesetzes v. 1. Aug. 1883.

zu; wegen des Verfahrens und der Behörden gelten die Vorschriften der §§. 20 und 21 der Gewerbeordnung. In Elsaß-Lothringen finden statt derselben die dort geltenden Bestimmungen über das Verfahren in streitigen Verwaltungssachen entsprechende Anwendung. Wird die Zulassung ausgesprochen, so ist eine Ausfertigung des Statuts, versehen mit dem Vermerke der erfolgten Zulassung, zurückzugeben.

Abänderungen des Statuts unterliegen den gleichen Vorschriften. Ueber die Zulassung einer Abänderung, durch welche der Sitz der Kasse verlegt werden soll, hat die Behörde des alten Sitzes zu entscheiden. III. (Art. 8.)

Die Zulassung einer Kasse, welche örtliche Verwaltungsstellen einrichtet, ist bei derjenigen Verwaltungsbehörde zu erwirken, in deren Bezirk die Hauptkasse ihren Sitz nimmt. IV. (Art. 8.)

. . . . *)

Die höhere Verwaltungsbehörde hat die Namen der zugelassenen Hülfskassen in ein Register einzutragen. V.

§. 5.

Die Kasse kann unter ihrem Namen Rechte erwerben und Verbindlichkeiten eingehen, Eigenthum und andere dingliche Rechte an Grundstücken erwerben, vor Gericht klagen und verklagt werden. I.

---

*) § 4 Abs. 5 ist aufgehoben durch Art. 32 der Novelle z. Krankenvers.Ges.

II. Für alle Verbindlichkeiten der Kasse haftet den Kassengläubigern nur das Vermögen der Kasse.

III. Der ordentliche Gerichtsstand der Kasse ist bei dem Gerichte, in dessen Bezirk sie ihren Sitz hat.

§. 6.

I. Zum Beitritt der Mitglieder ist eine schriftliche Erklärung oder die Unterzeichnung des Statuts erforderlich. Handzeichen Schreibensunkundiger bedürfen der Beglaubigung durch ein Mitglied des Vorstandes **oder einer örtlichen Verwaltungsstelle; vergleiche**
(Art. 4.) **§§. 19 a ff.**

II. Der Beitritt darf von der Betheiligung an anderen Gesellschaften oder Vereinen nur dann abhängig gemacht werden, wenn eine solche Betheiligung für sämmtliche Mitglieder bei Errichtung der Kasse durch das Statut vorgesehen ist. Im Uebrigen darf den Mitgliedern die Verpflichtung zu Handlungen oder Unterlassungen, welche mit dem Kassenzweck in keiner Verbindung stehen, nicht auferlegt werden.

§. 7.

I. Das Recht auf Unterstützung aus der Kasse beginnt für sämmtliche Mitglieder spätestens mit dem Ablauf der dreizehnten auf den Beitritt folgenden Woche.*)

*) Soll die eingeschriebene Hülfskasse nach § 75 des Krankenversicherungsgesetzes ihre Mitglieder von der Betheiligung an der Gemeinde-Krankenversicherung oder an Orts-Krankenkassen 2c. befreien, so darf sie eine solche Karenzzeit (neu eintretender Mitglieder) nicht vorschreiben, und zwar für keines ihrer versicherungspflichtigen Mit-

Hat ein Mitglied bereits das Recht auf Unterstützung erworben, so verbleibt ihm dasselbe auch nach dem Austritte oder Ausschlusse für die nach Absatz 1 festgesetzte Frist. Ist der Ausschluß wegen Zahlungssäumniß erfolgt, so läuft diese Frist von dem Tage, bis zu welchem die Beiträge bezahlt sind. II.

Für die erste Woche nach dem Beginn der Krankheit kann die Gewährung einer Unterstützung ausgeschlossen werden.*) III.

---

glieder, denn in der Gemeinde-Krankenversicherung giebt es für versicherungspflichtige Personen eine solche Karenzzeit nicht, § 6 a. a. O.

Darüber, ob die Kassen den Voraussetzungen des § 75 des Krankenversicherungsgesetzes genügen, erhalten sie auf Antrag eine amtliche Bescheinigung, § 75a a. a. O.

*) Soll die eingeschriebene Hülfskasse nach § 75 des Krankenversicherungsgesetzes ihre Mitglieder von der Betheiligung an der Gemeinde-Krankenversicherung und den organisirten Krankenkassen befreien, so muß sie an Krankenunterstützung sämmtlichen versicherungspflichtigen Mitgliedern mindestens gewähren:

a) freie ärztliche Behandlung, Arznei, sowie Brillen, Bruchbänder und ähnliche Heilmittel, §§ 6, 75 a. a. O. — vom Beginn der Krankheit ab (vgl. aber auch § 75 Abs. 3 a. a. O.);

b) im Fall der Erwerbsunfähigkeit außerdem für jeden Arbeitstag ein Krankengeld in Höhe von 50 Prozent des am Beschäftigungsort des erkrankten Mitgliedes ortsüblichen Tagelohns gewöhnlicher Tagearbeiter (§ 8 a. a. O.) — spätestens vom dritten Tage nach dem Tage der Erkrankung ab für 13 Wochen.

Die Gewährung einer Unterstützung darf dann also für die erste Woche nach dem Beginn der Krankheit nicht ausgeschlossen werden, § 6 des Krankenversicherungsgesetzes. An Stelle dieser Unterstützung kann nach § 7 a. a. O. mit der dort vorgesehenen Modifikation Unterbringung in ein Krankenhaus treten.

Die in § 6a a. a. O. gestatteten Beschränkungen sind auch hier zulässig.

IV. (Art. 5.) **Der völlige oder theilweise Ausschluß der Unterstützung ist nur in Fällen solcher Krankheiten zulässig, welche sich die Mitglieder vorsätzlich oder durch schuldhafte Betheiligung an Schlägereien oder Raufhändeln, durch Trunkfälligkeit oder geschlechtliche Ausschweifungen zugezogen haben. Soweit die Unterstützung in Gewährung freier ärztlicher Behandlung oder Arznei besteht, kann sie auch in diesen Fällen nicht ausgeschlossen werden.**

§. 8.

I. Die Mitglieder sind der Kasse gegenüber lediglich zu den auf Grund dieses Gesetzes und des Statuts festgestellten Beiträgen verpflichtet.

II. (Art. 6.) **Nach Maßgabe des Geschlechts, des Gesundheitszustandes, des Lebensalters, der Beschäftigung oder des Beschäftigungsortes der Mitglieder darf die Höhe der Beiträge verschieden bemessen werden.**

III. Die Einrichtung von Mitgliederklassen mit verschiedenen Beitrags- und Unterstützungssätzen ist zulässig.

IV. Im Uebrigen müssen die Beiträge und Unterstützungen für alle Mitglieder nach gleichen Grundsätzen abgemessen sein.*)

(Art. 7.) §. 9 **(ist aufgehoben).**

*) Zulässig sind die Beschränkungen des § 6a K.B.G. (§ 75 a. a. O.)

§. 10.

Der Anspruch auf Unterstützung kann mit rechtlicher Wirkung weder verpfändet, noch übertragen, noch gepfändet und darf nur auf geschuldete Beiträge aufgerechnet werden. (Art. 8.)

§. 11 (ist aufgehoben).*) (Art. 9.)

§. 12.

Als Krankenunterstützung können) den Mitgliedern Krankengeld, ärztliche Behandlung, Arznei und andere Heilmittel, Verpflegung in einem Krankenhause, sowie die geeigneten Mittel zur Erleichterung der ihnen nach der Genesung verbliebenen körperlichen Mängel gewährt werden.** I. (Statt der 3 ersten Absätze der früheren Fassung, Art. 9.)

Auch kann die Krankenunterstützung an Wöchnerinnen gewährt und die Gewährung ärztlicher Behandlung auf die Familienangehörigen der Mitglieder ausgedehnt werden.*)** II.

Den Hinterbliebenen verstorbener Mitglieder kann ferner eine Beihülfe gewährt werden, welche das Zehn- III.

---

*) Für die Unterstützung sind Mindestleistungen nicht mehr vorgeschrieben; nur diejenigen Kassen, welche die Berechtigung des § 75 des Krankenversicherungsgesetzes erlangen wollen, sind an die dort vorgesehenen Minimalleistungen gebunden.

**) Vgl. Anm. 2 zu § 7.

***) Obergrenzen der Unterstützung sind durch die Novelle beseitigt; nur darf keine andere Art der Unterstützung, als hier vorgesehen, geleistet werden.

fache der wöchentlichen Unterstützung, auf welche das verstorbene Mitglied Anspruch hatte, nicht überschreitet.

§. 13.

(Art. 9.) Zu anderen Zwecken, als den im §. . . . . 12 bezeichneten Unterstützungen und der Deckung der Verwaltungskosten, dürfen weder Beiträge von den Mitgliedern erhoben werden, noch Verwendungen aus dem Vermögen der Kasse erfolgen.

(Art. 7.) §. 14 **(ist aufgehoben).**

§. 15.

I. Der Ausschluß von Mitgliedern aus der Kasse kann nur unter den durch das Statut bestimmten Formen und aus den darin bezeichneten Gründen erfolgen. Er ist nur zuläßig bei dem Wegfall einer die Aufnahme bedingenden Voraussetzung, für den Fall einer Zahlungssäumniß oder einer solchen strafbaren Handlung, welche eine Verletzung der Bestimmungen des Statuts in sich
(Art. 10.) schließt. **Wegen Ueberschreitung der Altersgrenze, über welche hinaus nach Bestimmung des Statuts Mitglieder nicht aufgenommen werden, und wegen Veränderung des Gesundheitszustandes, von welchem nach Bestimmung des Statuts die Aufnahme abhängig ist, darf der Ausschluß nicht erfolgen.** Wegen des Austrittes oder Ausschlusses aus einer Gesellschaft oder einem Vereine können Mitglieder nicht ausgeschlossen

werden, wenn sie der Kasse bereits zwei Jahre angehört haben. Erfolgt ihre Ausschließung vor Ablauf dieser Zeit, so haben sie Anspruch auf Ersatz des von ihnen bezahlten Eintrittsgeldes.

§. 16.

Die Kasse muß einen von der Generalversammlung gewählten Vorstand haben, durch welchen sie gerichtlich und außergerichtlich vertreten wird. I.

Die Mitglieder des Vorstandes, welche die Kasse gerichtlich und außergerichtlich vertreten, haben in der Generalversammlung nur eine berathende Stimme. II. (Art. 7.)

§. 17.

Die Zusammensetzung des Vorstandes, sowie jede in der Zusammensetzung des Vorstandes eingetretene Aenderung ist dem Vorstande der Gemeinde, in deren Bezirk die Kasse ihren Sitz hat, anzumelden. Die Anmeldung hat durch die Vorstandsmitglieder in Person oder durch eine beglaubigte schriftliche Erklärung zu erfolgen. Ist die Anmeldung nicht geschehen, so kann eine in der Zusammensetzung eingetretene Aenderung dritten Personen nur dann entgegengesetzt werden, wenn bewiesen wird, daß sie letzteren bekannt war. I.

Zur Legitimation des Vorstandes bei allen Geschäften, auch den das Hypotheken- und Grundschuldwesen betreffenden, genügt das Zeugniß des Vorstandes der Gemeinde, daß die darin bezeichneten Personen zur Zeit als Mitglieder des Vorstandes angemeldet sind. II.

§. 18.

I. Die Befugniß des Vorstandes, die Kasse nach Außen zu vertreten, wird durch die im Statut enthaltene Vollmacht bestimmt.

II. Durch die innerhalb der Grenzen dieser Vollmacht im Namen der Kasse vom Vorstande abgeschlossenen Geschäfte wird die Kasse verpflichtet und berechtigt.

§. 19.

Dem Vorstande kann zur Ueberwachung der Geschäftsleitung ein Ausschuß zur Seite gesetzt werden, welcher durch die Generalversammlung zu wählen ist.

§. 19 a.

(Art. 11.) **Die Kasse kann für bestimmte Bezirke örtliche Verwaltungsstellen errichten und denselben folgende Befugnisse ertheilen:**

1. Beitrittserklärungen und Austrittserklärungen entgegen zu nehmen, sowie Handzeichen Schreibensunkundiger in Gemäßheit des §. 6 Absatz 1 zu beglaubigen;

2. die Kassenbeiträge zu erheben, über Stundungsgesuche zu entscheiden, die Unterstützungen auszuzahlen, sowie die eingehenden Gelder, vorbehaltlich anderweiter Verfügung des Vorstandes über dieselben, bis zum Belaufe einer durchschnittlichen halben Jahresausgabe zum Zweck des Betriebes zu verwahren und anzulegen;

3. Einrichtungen zur Wahrnehmung der Krankenkontrole zu treffen.

§. 19b.

Der Versammlung der Kassenmitglieder, für welche die örtliche Verwaltungsstelle errichtet ist, kann die Befugniß beigelegt werden: (Art.11.)

1. die Mitglieder der örtlichen Verwaltung und den Kassenarzt für den Bezirk derselben zu wählen. Die Wahlen bedürfen der Bestätigung des Vorstandes (§. 16). Der Letztere ist befugt, die Gewählten, welche bei der Wahrnehmung ihrer Obliegenheiten den gesetzlichen oder statutarischen Anforderungen nicht genügen, zu beseitigen und durch andere zu ersetzen;

2. Kassenrevisoren für die Kasse der örtlichen Verwaltungsstelle und Krankenbesucher für den Bezirk derselben zu wählen;

3. einen oder mehrere Abgeordnete zur Generalversammlung zu wählen, sofern diese statutenmäßig aus Abgeordneten besteht;

4. Anträge und Beschwerden in Angelegenheiten der Kasse an die Generalversammlung zu richten.

§. 19c.

Weitere, als die in den §§. 19a, 19b bezeichneten Befugnisse*) dürfen den örtlichen (Art.11.)

*) Besondere gesetzliche Verpflichtungen der örtlichen Verwaltungsstellen siehe in §§ 49a, 75b K.B.G.

Verwaltungsstellen und der Gesammtheit der Mitglieder ihres Bezirks nicht beigelegt werden.

§. 19d.

I. (Art. 11.) **Die Kasse hat der Aufsichtsbehörde, in deren Bezirk sie ihren Sitz hat, von der Errichtung jeder örtlichen Verwaltungsstelle binnen zwei Wochen, unter Angabe des Sitzes und Bezirks derselben und unter Bezeichnung der Personen, welche zur Zeit die örtliche Verwaltung führen, Anzeige zu erstatten.**

II. **Die Aufsichtsbehörde hat die Anzeige, sofern die örtliche Verwaltungsstelle ihren Sitz in dem Bezirke einer anderen Aufsichtsbehörde hat, dieser mitzutheilen.**

III. **Von jeder Aenderung des Bezirks der örtlichen Verwaltungsstelle und der Zusammensetzung ihrer Verwaltung hat diese der Aufsichtsbehörde ihres Sitzes Anzeige zu erstatten.***)

§. 20.

I. Soweit die Angelegenheiten der Kasse nicht durch den Vorstand oder Ausschuß wahrgenommen werden, steht die Beschlußnahme darüber der Generalversammlung zu.

II. Die Generalversammlung kann dritten Personen ihre Befugnisse nicht übertragen.

*) cf. Art. 20 (S. 288).

Abänderungen des Statuts bedürfen . . . ihrer Zustimmung. III. (Art. 12.)

§. 21.

I. In der Generalversammlung hat jedes anwesende Mitglied, welches großjährig und im Besitz der bürgerlichen Ehrenrechte ist, eine Stimme. Mitglieder, welche mit den Beiträgen im Rückstande sind, können von der Theilnahme an der Abstimmung ausgeschlossen werden.

II. Die Generalversammlung kann auch aus Abgeordneten gebildet werden, welche aus der Mitte der stimmfähigen Mitglieder zu wählen sind; **die Zahl der zu wählenden Abgeordneten muß jedoch mindestens zwanzig betragen und doppelt so groß sein, als die Zahl der Vorstandsmitglieder.** (Art. 13.)

. . . . (Art. 7.)

IV. **Soll die Wahl der Abgeordneten von den Mitgliedern nach Abtheilungen vorgenommen werden, so muß die Bildung der Wahlabtheilungen und die Vertheilung der Abgeordneten auf dieselben durch das Statut erfolgen.** (Art. 13.)

§. 22.

I. Generalversammlungen können nur innerhalb des Deutschen Reichs an einem Orte abgehalten werden, an welchem die Kasse eine **örtliche Verwaltungs**stelle besitzt. Bei der Berufung ist der Gegenstand der Berathung anzugeben. (Art. 14.)

II. Wird von dem Ausschuß oder von dem zehnten Theile der stimmfähigen Mitglieder die Berufung der

Generalversammlung beantragt, so muß der Vorstand die letztere berufen.

(Art. 7.) **§. 23 (ist aufgehoben).**

§. 24.

I. Die Einnahmen und Ausgaben der Kasse sind von allen den Zwecken der Kasse fremden Vereinnahmungen und Verausgabungen getrennt festzustellen und zu verrechnen; ebenso sind Bestände gesondert zu verwahren.

II. Verfügbare Gelder dürfen, außer in öffentlichen Sparkassen, nur ebenso wie die Gelder Bevormundeter angelegt werden.

§. 25.

I. (Art. 15.) **Die Kasse hat einen Reservefonds im Mindestbetrage der durchschnittlichen Jahresausgabe der letzten fünf Rechnungsjahre anzusammeln und erforderlichenfalls bis zu dieser Höhe zu ergänzen.**

II. **So lange der Reservefonds diesen Betrag nicht erreicht, ist demselben mindestens ein Zehntel des Jahresbetrages der Kassenbeiträge zuzuführen.**

§. 26.

I. (Art. 15.) **Ergiebt sich aus den Jahresabschlüssen der Kasse, daß die Einnahmen derselben zur Deckung ihrer Ausgaben einschließlich der Rücklagen zur Ansammlung und Ergänzung des Reservefonds nicht ausreichen, so ist entweder eine Erhöhung** der Beiträge oder eine Minderung der Kassenleistungen herbeizuführen.

Unterläßt die Kasse, eine dem Bedürfnisse entsprechende Abänderung herbeizuführen, so hat ihr die höhere Verwaltungsbehörde auf Grund eines sachverständigen Gutachtens zu eröffnen, in welcher Art und in welchem Maße dieselbe für erforderlich zu erachten und binnen welcher Frist dieselbe herbeizuführen ist. Die Frist muß auf mindestens sechs Wochen bestimmt werden. II.

§. 27.

Die Kasse ist verpflichtet, in den vorgeschriebenen Fristen und nach den vorgeschriebenen Formularen*) Uebersichten über die Mitglieder, über die Krankheits- und Sterbefälle, über die vereinnahmten Beiträge und die geleisteten Unterstützungen, sowie einen Rechnungsabschluß der Aufsichtsbehörde einzusenden. I. (Art. 15.)

Sie hat das Ausscheiden der Mitglieder**) auf Erfordern den Aufsichtsbehörden, in deren Bezirk dieselben sich aufhalten, anzuzeigen. Für Mitglieder, welche sich im Bezirke einer ört- II.

*) Vgl. Bek. d. Reichskanzlers v. 16. November 1892 (Centr.-Bl. S. 671), sowie die abändernde Bek. v. 26. November 1897 (Centr.-Bl. S. 329).

**) Für versicherungspflichtige Mitglieder ist diese Anzeigepflicht — vom 1. Juli 1893 ab auch hinsichtlich des Uebertritts in eine niedrigere Mitgliederkasse — fortan eine allgemein gesetzliche. § 49 b K.V.G.

lichen Verwaltungsstelle aufhalten, liegt diese Verpflichtung der letzteren ob.

§. 28.

(Art. 7.) **Die Kasse . . . kann** durch Beschluß der Generalversammlung unter Zustimmung von mindestens vier Fünftheilen sämmtlicher vertretenen Stimmen aufgelöst werden.

§. 29.

I. Die Schließung einer Kasse **kann** durch die höhere Verwaltungsbehörde erfolgen:

1. wenn mehr als ein Viertheil der Mitglieder mit der Einzahlung der Beiträge im Rückstande ist und trotz ergangener Aufforderung der Aufsichtsbehörde weder die Beitreibung der fälligen Beiträge, noch der Ausschluß der säumigen Mitglieder erfolgt;
2. wenn die Kasse trotz ergangener Aufforderung der Aufsichtsbehörde vier Wochen mit Zahlung fälliger nicht streitiger Unterstützungen im Rückstande ist;
3. (Art. 16.) **wenn die Generalversammlung einen mit den Vorschriften dieses Gesetzes oder des Kassenstatuts im Widerspruch stehenden Beschluß gefaßt hat und der Auflage der Aufsichtsbehörde, denselben zurückzunehmen, innerhalb der gesetzten, auf mindestens sechs Wochen zu bemessenden Frist nicht nachgekommen ist;**

4. wenn dem §. 6 dieses Gesetzes zuwider Mitglieder zu Handlungen oder Unterlassungen verpflichtet, oder wenn der Vorschrift des §. 13 entgegen Beiträge von den Mitgliedern erhoben oder Verwendungen aus dem Vermögen der Kasse bewirkt werden;

5. **wenn im Falle des §. 26 Absatz 2 innerhalb der bestimmten Frist die Erhöhung der Beiträge oder die Minderung der Unterstützungssätze in dem festgesetzten Maße nicht erfolgt;** (Art. 16.)

5a. **wenn sich ergiebt, daß nach §§. 3, 4 die Zulassung der Kasse hätte versagt werden müssen, und die erforderliche Abänderung des Statuts innerhalb einer von der höheren Verwaltungsbehörde zu bestimmenden, mindestens sechswöchentlichen Frist nicht bewirkt worden ist;**

6. wenn Mitglieder aus einem nach diesem Gesetze unzulässigen Grunde aus der Kasse ausgeschlossen werden.

II. Gegen die Maßregeln der Verwaltungsbehörde ist der Rekurs*) zulässig; wegen des Verfahrens und der Behörden gelten die Vorschriften der §§. 20 und 21 der Gewerbeordnung.**) In Elsaß-Lothringen finden

*) Landesgesetzlich kann statt dessen das Verwaltungsstreitverfahren stattfinden, so in Preußen nach § 142 des Zuständigkeitsgesetzes v. 1. August 1883 (Klage der Aufsichtsbehörde bei dem Bezirksausschuß).

**) Siehe dieselben in Anm. 4 zu § 24 K.V.G.

statt derselben die dort geltenden Bestimmungen über das Verfahren in streitigen Verwaltungssachen entsprechende Anwendung.

III. Die Eröffnung des Konkursverfahrens über eine Kasse hat die Schließung kraft Gesetzes zur Folge.

§. 30.

Bei der Auflösung einer Kasse wird die Abwickelung der Geschäfte, sofern die Generalversammlung darüber nicht anderweitig beschließt, durch den Vorstand vollzogen. Genügt dieser seiner Verpflichtung nicht, oder wird die Kasse geschlossen, so hat die Aufsichtsbehörde die Abwickelung der Geschäfte geeigneten Personen zu übertragen und deren Namen bekannt zu machen.

§. 31.

I. Von dem Zeitpunkte der Auflösung oder Schließung einer Kasse ab bleiben die Mitglieder noch für diejenigen Zahlungen verhaftet, zu welchen sie das Statut für den Fall ihres Austrittes aus der Kasse verpflichtete.

II. Das Vermögen der Kasse ist nach der Auflösung oder Schließung zunächst zur Deckung der vor dem Zeitpunkte der Auflösung oder Schließung bereits eingetretenen Unterstützungsverpflichtungen zu verwenden.

§. 32.

Bis zum Ablaufe eines Jahres nach Auflösung oder Schließung einer Kasse kann einer für die gleichen Zwecke und für denselben Mitgliederkreis oder für einen

Theil desselben neu errichteten Kasse die Zulassung versagt werden.

§. 33.

Die Kassen und ihre örtlichen Verwaltungsstellen unterliegen in Bezug auf die Befolgung dieses Gesetzes der Beaufsichtigung durch die von den Landesregierungen zu bestimmenden Behörden, mit der Maßgabe, daß mit den von den höheren Verwaltungsbehörden wahrzunehmenden Geschäften diejenigen höheren Verwaltungsbehörden zu betrauen sind, welche nach Landesrecht die Aufsicht oder Oberaufsicht in Gemeindeangelegenheiten wahrzunehmen haben.*) I. (Art. 17.)

Die Kassen sind verpflichtet, der Aufsichtsbehörde auf Verlangen jederzeit ihre Bücher, Verhandlungen und Rechnungen im Geschäftslokale der Kasse) zur Einsicht vorzulegen und die Revision ihrer Kassenbestände zu gestatten.** II.

Die Aufsichtsbehörde beruft die Generalversammlung, falls der Vorstand der durch §. 22 begründeten Verpflichtung nicht genügt. III.

---

*) In Preußen ist erste Instanz in Städten von mehr als 10 000 Einwohnern die Ortspolizeibehörde (in Hannover z. Th. der Magistrat), im Uebrigen der Landrath; höhere Instanz der Reg.Präs., für Berlin der Ober-Präsident (Nr. 1 der Anw. v. 14. Juli 1884).

**) Event. kann im Wege der strafrechtlichen Untersuchung eine Beschlagnahme der Bücher herbeigeführt werden (Komm. Ber. zur Novelle. R.T.D.S. 1884 Bd. 3 S. 548). Freiwillig können die Kassenvorstände die Dislozirung der Bücher gestatten, was zuweilen in ihrem Interesse liegen wird (a. a. O.).

IV. Sie kann die Mitglieder des Vorstandes und der örtlichen Verwaltungsstellen, sowie die im Falle der Auflösung oder Schliessung einer Kasse mit der Abwickelung der Geschäfte betrauten Personen zur Erfüllung der durch dieses Gesetz begründeten Pflichten durch Androhung, Festsetzung und Vollstreckung von Geldstrafen bis zu einhundert Mark, sowie durch die sonstigen nach den Landesgesetzen ihr zustehenden Zwangsmittel anhalten. Gegen die Androhung und Festsetzung von Geldstrafen beziehungsweise Anwendung von Zwangsmitteln seitens der Aufsichtsbehörden steht den Kassenvorständen der Rekurs zu;*) wegen des Verfahrens und der Behörden gelten die Vorschriften der §§. 20 und 21 der Reichs-Gewerbeordnung.**)

§. 34.

(Art. 17.) Mitglieder des Vorstandes, des Ausschusses oder einer örtlichen Verwaltungsstelle, welche den Bestimmungen dieses Gesetzes zuwiderhandeln, werden mit Geldstrafe bis zu dreihundert Mark bestraft. Haben sie absichtlich zum Nachtheil der Kasse gehandelt, so unter-

*) Landesgesetzlich kann das Verwaltungsstreitverfahren eintreten. In Preußen finden die §§ 127 bis 129 des Landesverwaltungsgesetzes v. 30. Juli 1883 Anwendung (Nr. 13 der Anw. v. 14. Juli 1884).

**) Siehe dieselben in Anm. 4 zu § 24 K.V.G.

liegen sie der Strafbestimmung des §. 266 des Strafgesetzbuchs.

§. 35.

Eine Vereinigung mehrerer Kassen zu einem Verbande behufs gegenseitiger Aushülfe kann unter Zustimmung der Generalversammlungen der einzelnen Kassen und auf Grund eines schriftlichen Statuts erfolgen. I.

Der Verband ist durch einen aus der Wahl der Vorstände oder Ausschüsse der betheiligten Kassen hervorgegangenen Vorstand zu verwalten. Seine Pflichten und Befugnisse bestimmt das Statut. Sein Sitz darf nur an einem Orte sein, wo eine der betheiligten Kassen ihren Sitz hat. II.

Der Verband unterliegt nach Maßgabe des §. 33 der Aufsicht der höheren Verwaltungsbehörde desjenigen Bezirks, in welchem der Vorstand seinen Sitz hat. III.

Auf die Mitglieder des Vorstandes und die sonstigen Organe des Verbandes finden die Bestimmungen des §. 34 Anwendung. IV.

§. 35 a.

Die Eintragungen in das Hülfskassenregister und die gemäß §. 17 zu ertheilenden Zeugnisse sind gebühren- und stempelfrei. (Art. 18.)

§. 36.

Die Verfassung und die Rechte der auf Grund landesrechtlicher Vorschriften errichteten Hülfskassen I.

werden durch dieses Gesetz nicht berührt; die Kassen können jedoch durch die Landesregierungen zur Einsendung der im §. 27 bezeichneten Uebersichten verpflichtet werden.

II. In Ansehung der Kassen der Knappschaftsvereine verbleibt es bei den dafür maßgebenden besonderen Bestimmungen.

III. Urkundlich unter Unserer Höchsteigenhändigen Unterschrift und beigedrucktem Kaiserlichen Insiegel.

Gegeben Berlin, den 7. April 1876.

(L. S.) **Wilhelm.**

Fürst v. Bismarck.

[Die Novelle zum Hülfskassengesetz (R.G. vom 1. Juni 1884) enthält in den ersten 18 Artikeln lediglich die vorstehend in den Text des Hülfskassengesetzes eingefügten Abänderungen desselben, in den Schlußartikeln (19 und 20) aber noch folgende auf die Hülfskassen bezügliche Bestimmungen:]

Artikel 19.

I. **Die Statuten bestehender eingeschriebener Hülfskassen, welche den Vorschriften dieses Gesetzes nicht genügen, sind der erforderlichen Abänderung zu unterziehen.**

II. **Kassen, welche dieser Verpflichtung nicht bis zum 1. Januar 1885 genügen, sind von der höheren Verwaltungsbehörde unter Bestimmung**

einer mindestens sechswöchentlichen Frist dazu aufzufordern und können nach unbenutztem Ablauf dieser Frist geschlossen werden. Die Schliessung erfolgt nach Massgabe des §. 29.

Artikel 20.

Von bestehenden eingeschriebenen Hülfskassen, welche örtliche Verwaltungsstellen errichtet haben, ist die im §. 19 d vorgeschriebene Anzeige binnen drei Monaten nach Inkrafttreten dieses Gesetzes zu erstatten.

Urkundlich unter Unserer Höchsteigenhändigen Unterschrift und beigedrucktem Kaiserlichen Insiegel.

Gegeben Berlin, den 1. Juni 1884.

(L. S.) **Wilhelm.**

Fürst von Bismarck.

VI. Auszug aus dem Gesetz, betr. die Abänderung der Gewerbeordnung.

Vom 26. Juli 1897.

(R.G.Bl. S. 633.)

Artikel 1.

An die Stelle des Titels VI der Gewerbeordnung treten nachfolgende Bestimmungen:

Titel VI.

Innungen, Innungsausschüsse, Handwerkskammern, Innungsverbände.

§. 81a.

Aufgabe der Innungen ist:

. . . .

4. die Entscheidung von Streitigkeiten der im §. 3 des Gewerbegerichtsgesetzes vom 29. Juli 1890 (Reichs-Gesetzbl. S. 141) und im §. 53a des Krankenversicherungsgesetzes (Reichs-Gesetzbl. 1892 S. 379) bezeichneten Art zwischen den Innungsmitgliedern und ihren Lehrlingen.

§. 81b.

Die Innungen sind befugt, ihre Wirksamkeit auf andere, den Innungsmitgliedern gemeinsame gewerbliche Interessen als die im §. 81a bezeichneten auszudehnen. Insbesondere steht ihnen zu:

. . . .

3. zur Unterstützung ihrer Mitglieder und deren Angehörigen, ihrer Gesellen (Gehülfen), Lehrlinge und Arbeiter in Fällen der Krankheit, des Todes, der Arbeitsunfähigkeit oder sonstiger Bedürftigkeit Kassen zu errichten;

4. Schiedsgerichte zu errichten, welche berufen sind, Streitigkeiten der im §. 3 des Gewerbegerichtsgesetzes und im §. 53a des Krankenversicherungsgesetzes bezeichneten Art zwischen den Innungsmitgliedern und ihren Gesellen (Gehülfen) und Arbeitern an Stelle der sonst zuständigen Behörden zu entscheiden.

. . . .

§. 83.

Die Aufgaben der Innung, die Einrichtung ihrer Verwaltung und die Rechtsverhältnisse ihrer Mitglieder sind, soweit das Gesetz nicht darüber bestimmt, durch das Statut zu regeln. I.

Dasselbe muß Bestimmung treffen über: II.

. . . .

4. die Rechte und Pflichten der Mitglieder, insbesondere den Maßstab, nach welchem die Mitgliederbeiträge erhoben werden;

. . . .

13. die Voraussetzungen und die Form einer Abänderung des Statuts und den Erlaß und die Abänderung der Nebenstatuten.

. . . .

IV. Bestimmungen über Einrichtungen zur Erfüllung der im §. 81b Ziffer 3, 4 und 5 bezeichneten Aufgaben dürfen nicht in das Innungsstatut aufgenommen werden.

§. 85.

I. Soll in der Innung eine Einrichtung der im §. 81b Ziffer 3, 4 und 5 vorgesehenen Art getroffen werden, so sind die dafür erforderlichen Bestimmungen in Nebenstatuten zusammenzufassen. Dieselben bedürfen der Genehmigung der höheren Verwaltungsbehörde. Vor der Genehmigung ist die Gemeindebehörde des Ortes, an welchem die Innung ihren Sitz hat, sowie die Aufsichtsbehörde zu hören. Die Genehmigung kann nach Ermessen unter Angabe der Gründe versagt werden. Gegen die Verfügung der höheren Verwaltungsbehörde steht den Betheiligten binnen vier Wochen die Beschwerde an die Landes-Zentralbehörde zu. Abänderungen der Nebenstatuten unterliegen den gleichen Vorschriften.

II. Ueber die Einnahmen und Ausgaben der im §. 81b Ziffer 3 und 5 bezeichneten Einrichtungen ist getrennt Rechnung zu führen und das hierfür bestimmte Vermögen gesondert von dem übrigen Innungsvermögen zu verwalten. Verwendungen für andere Zwecke dürfen aus demselben nicht gemacht werden. Die

Gläubiger haben das Recht auf gesonderte Befriedigung aus dem getrennt verwalteten Vermögen.

§. 90.

Auf Innungs-Krankenkassen finden außer den Vorschriften des §. 73 des Krankenversicherungsgesetzes auch die §§. 34 bis 38, 45 Absatz 5, 47 Absatz 3 bis 6 des letzteren entsprechende Anwendung. Jedoch kann die Kassenverwaltung ausschließlich den Gesellen (Gehülfen) und Arbeitern übertragen, und unter der Voraussetzung, daß die Innungsmitglieder die Hälfte der Kassenbeiträge aus eigenen Mitteln bestreiten, beschlossen werden, daß der Vorsitzende sowie die Hälfte der Mitglieder des Vorstandes und der Generalversammlung von der Innung zu bestellen sind.

§. 91 b.

I. Die Entscheidungen der Innung (§. 81 a Ziffer 4) und der Innungsschiedsgerichte (§. 81 b Ziffer 4) sind schriftlich abzufassen; sie gehen in Rechtskraft über, wenn nicht binnen einer Nothfrist von einem Monat eine Partei Klage bei dem ordentlichen Gericht erhebt. Die Frist beginnt gegen eine bei der Verkündigung nicht anwesende Partei mit der Behändigung der Entscheidung.

II. Aus Vergleichen, welche nach Erhebung der Klage vor der Innung oder dem Innungsschiedsgerichte geschlossen sind, findet die Zwangsvollstreckung statt.

. . . .

V. Die Vollstreckung erfolgt, sofern die Partei dies beantragt, auf Ersuchen der Innung oder des Innungsschiedsgerichts durch die Polizeibehörde nach Maßgabe der Vorschriften über das Verwaltungszwangsverfahren; wo ein solches Verfahren nicht besteht, finden die Bestimmungen über die Zwangsvollstreckung in bürgerlichen Rechtsstreitigkeiten Anwendung. Ein unmittelbarer Zwang zur Vornahme einer Handlung ist nur im Falle des §. 127d zulässig.

VI. Ist rechtzeitig Klage erhoben, so findet der §. 647 der Civilprozeßordnung entsprechende Anwendung.

§. 93.

I. Die Innungsversammlung beschließt über alle Angelegenheiten der Innung, deren Wahrnehmung nicht nach Vorschrift des Gesetzes oder des Statuts dem Vorstand obliegt.

II. Der Innungsversammlung muß vorbehalten bleiben:

. . . .

9. die Beschlußfassung über Abänderung des Statuts sowie über Errichtung und Abänderung von Nebenstatuten.

. . . .

§. 94.

Beschwerden gegen die Rechtsgültigkeit der Wahlen sind nur binnen vier Wochen nach der Wahl zulässig. Sie werden durch die Aufsichtsbehörde endgültig entschieden. Dieselbe hat auf erhobene Beschwerde Wahlen, welche gegen das Gesetz oder auf Grund des

Gesetzes erlassene Wahlvorschriften verstoßen, für ungültig zu erklären.

§. 95.

Die bei den Innungsmitgliedern beschäftigten Gesellen (Gehülfen) nehmen an der Erfüllung der Aufgaben der Innung und an ihrer Verwaltung Theil, soweit dies durch Gesetz oder Statut bestimmt ist. Sie wählen zu diesem Zwecke den Gesellenausschuß. I.

Der Gesellenausschuß ist bei der Regelung des Lehrlingswesens und bei der Gesellenprüfung, sowie bei der Begründnug und Verwaltung aller Einrichtungen zu betheiligen, für welche die Gesellen (Gehülfen) Beiträge entrichten oder eine besondere Mühewaltung übernehmen, oder welche zu ihrer Unterstützung bestimmt sind. II.

Die nähere Regelung dieser Betheiligung hat durch das Statut mit der Maßgabe zu erfolgen, daß III.

1. bei der Berathung und Beschlußfassung des Innungsvorstandes mindestens ein Mitglied des Gesellenausschusses mit vollem Stimmrechte zuzulassen ist;
2. bei der Berathung und Beschlußfassung der Innungsversammlung seine sämmtlichen Mitglieder mit vollem Stimmrechte zuzulassen sind;
3. bei der Verwaltung von Einrichtungen, für welche die Gesellen (Gehülfen) Aufwendungen zu machen haben, abgesehen von der Person des Vorsitzenden, Gesellen, welche vom Gesellen-

ausschusse gewählt werden, in gleicher Zahl zu betheiligen sind wie die Innungsmitglieder.

IV. Die Ausführung von Beschlüssen der Innungsversammlung in den im Absatze 2 bezeichneten Angelegenheiten darf nur mit Zustimmung des Gesellenausschusses erfolgen. Wird die Zustimmung versagt, so kann sie durch die Aufsichtsbehörde ergänzt werden.

§. 96.

I. Die Innungen unterliegen der Aufsicht der unteren Verwaltungsbehörde, in deren Bezirke sie ihren Sitz haben.

II. Die Aufsichtsbehörde überwacht insbesondere die Befolgung der gesetzlichen und statutarischen Vorschriften und kann sie durch Androhung, Festsetzung und Vollstreckung von Ordnungsstrafen gegen die Inhaber der Innungsämter, gegen die Innungsmitglieder und gegen deren Gesellen, soweit diese an den Geschäften der Innung Theil nehmen, erzwingen. Die Geldstrafen fließen in die Innungskasse.

III. Die Aufsichtsbehörde ist befugt, der Innung, wenn sie es unterläßt, ihr zustehende Ansprüche geltend zu machen, einen Vertreter zur gerichtlichen Verfolgung der Angelegenheit zu bestellen.

IV. Sie entscheidet Streitigkeiten über die Aufnahme und Ausschließung der Mitglieder, über die Wahlen zu den Innungsämtern, sowie unbeschadet der Rechte Dritter über die Rechte und Pflichten der Inhaber dieser Aemter.

Sie hat das Recht, einen Vertreter zu den Prüfungen zu entsenden. Sie beruft und leitet die Innungsversammlung, wenn der Innungsvorstand dieselbe zu berufen sich weigert. V.

Ueber Abänderungen des Innungsstatuts oder der Nebenstatuten und über die Auflösung der Innung kann von der Innungsversammlung nur im Beisein eines Vertreters der Aufsichtsbehörde beschlossen werden. VI.

Gegen die Anordnungen und Entscheidungen der Aufsichtsbehörde ist binnen vier Wochen die Beschwerde zulässig. Die Entscheidung über die Beschwerde ist endgültig. VII.

§. 99.

Die Statuten und Nebenstatuten der Innungen, die Bescheinigung über die Legitimation der Vorstände, sowie die Ausfertigung der Vollmachten der Beauftragten sind kosten- und stempelfrei.

§. 100.

Zur Wahrung der gemeinsamen gewerblichen Interessen der Handwerke gleicher oder verwandter Art ist durch die höhere Verwaltungsbehörde auf Antrag Betheiligter (§. 100f Absatz 1) anzuordnen, daß innerhalb eines bestimmten Bezirkes sämmtliche Gewerbetreibende, welche das gleiche Handwerk oder verwandte Handwerke ausüben, einer neu zu errichtenden Innung (Zwangsinnung) als Mitglieder anzugehören haben, wenn I.

1. die Mehrheit der betheiligten Gewerbetreibenden der Einführung des Beitrittszwanges zustimmt,

2. der Bezirk der Innung so abgegrenzt ist, daß kein Mitglied durch die Entfernung seines Wohnorts vom Sitze der Innung behindert wird, am Genossenschaftsleben Theil zu nehmen und die Innungseinrichtungen zu benutzen, und
3. die Zahl der im Bezirke vorhandenen betheiligten Handwerker zur Bildung einer leistungsfähigen Innung ausreicht.

. . . .

§. 100b.

I. Die Verfügung, durch welche die im §. 100 Absatz 1 bezeichnete Anordnung getroffen wird, muß den Zeitpunkt des Eintritts ihrer Wirksamkeit bezeichnen und den Namen und den Sitz der Innung, die Abgrenzung ihres Bezirks und die Bezeichnung derjenigen Gewerbe enthalten, für welche sie errichtet wird.

II. Die höhere Verwaltungsbehörde hat die Verfügung durch das zu ihren amtlichen Bekanntmachungen bestimmte Blatt zu veröffentlichen.

III. Gegen den Erlaß der Anordnung oder deren Versagung steht den betheiligten Gewerbetreibenden binnen vier Wochen die Beschwerde an die Landes-Zentralbehörde zu, welche endgültig entscheidet. Die Frist läuft im Falle des Erlasses der Anordnung vom Tage der Veröffentlichung, im Falle der Versagung vom Tage der Eröffnung des Bescheids ab.

IV. Nach Erlaß der Anordnung sind die für die gleichen Gewerbszweige bestehenden Innungen, deren

Sitz sich im Bezirke der Zwangsinnung befindet, zu schließen.

Innungen, welche außer diesen noch andere Gewerbszweige umfassen, bleiben bestehen. Diejenigen Mitglieder, welche der Zwangsinnung anzugehören haben, scheiden kraft Gesetzes aus der bisherigen Innung aus. V.

§. 100l.

Wird in Folge der Errichtung einer Zwangsinnung eine Innung geschlossen (§. 100b Absatz 4), mit welcher eine Innungs-Krankenkasse (§. 73 des Krankenversicherungsgesetzes) verbunden ist, so geht die letztere mit ihren Rechten und Verbindlichkeiten auf die Zwangsinnung über. I.

Die Innungs-Krankenkasse kann jedoch von der höheren Verwaltungsbehörde geschlossen werden, wenn die Zwangsinnung einen anderen Bezirk oder andere Gewerbszweige umfaßt als diejenige Innung, für welche die Innungs-Krankenkasse errichtet war, oder in Folge der Errichtung der Zwangsinnung mehrere Innungen geschlossen werden, mit welchen Innungs-Krankenkassen verbunden sind. Gegen die Verfügung, durch welche die Kasse geschlossen wird, ist binnen vier Wochen die Beschwerde an die Landes-Zentralbehörde zulässig; diese entscheidet endgültig. II.

Wenn die Innungs-Krankenkasse auf die Zwangsinnung übergegangen ist, so werden die erforderlichen Abänderungen des Kassenstatuts bis zur anderweiten Beschlußfassung der Innungsversammlung von der III.

höheren Verwaltungsbehörde mit rechtsverbindlicher Kraft vollzogen. Solange diese Abänderungen nicht vollzogen sind, haben die bisherigen Kassenorgane die Verwaltung fortzuführen.

. . . .

§. 100m.

Scheidet in Folge der Errichtung einer Zwangsinnung aus einer bestehenden Innung, mit welcher eine Innungs-Krankenkasse (§. 73 des Krankenversicherungsgesetzes) verbunden ist, ein Theil der Mitglieder aus (§. 100b Absatz 5), so kann, wenn eine anderweite Einigung unter den Betheiligten nicht zu Stande kommt, derjenigen Krankenkasse oder Gemeinde-Krankenversicherung, welcher die bei den Ausscheidenden beschäftigten Personen künftig anzugehören haben, ein entsprechender Theil des Vermögens durch die höhere Verwaltungsbehörde überwiesen werden; dabei ist das Verhältniß der Zahl der Ausscheidenden zu der Zahl der in der Innung verbleibenden Mitglieder zu berücksichtigen. Gegen die Entscheidung steht den Betheiligten binnen vier Wochen die Beschwerde an die Landes-Zentralbehörde zu; diese entscheidet endgültig. Sonstigen Unterstützungskassen können die aus der Innung ausscheidenden Mitglieder auch ferner angehören.

Artikel 6.

3. Die Innungs-Krankenkassen haben ihre Statuten gemäß den Vorschriften des §. 9) dieses Gesetzes zu

ändern. Falls dies binnen einer von der Aufsichtsbehörde zu bestimmenden Frist nicht geschieht, so können sie, soweit nicht die Bestimmungen des §. 100 l Anwendung finden, geschlossen werden.

. . . .

Artikel 9.

Dieses Gesetz tritt, soweit es sich um die zu seiner Durchführung erforderlichen Maßnahmen handelt, sofort in Kraft. I.

Der Zeitpunkt, mit welchem das Gesetz im Uebrigen ganz oder theilweise in Kraft tritt, wird durch Kaiserliche Verordnung mit Zustimmung des Bundesraths bestimmt. II.

Urkundlich unter Unserer Höchsteigenhändigen Unterschrift und beigedrucktem Kaiserlichen Insiegel.

Gegeben Molde an Bord M. Y. „Hohenzollern", den 26. Juli 1897.

(gez.) **Wilhelm.**

(gez.) Graf von Posadowsky.

VII. Preußische Anweisung zur Ausführung des Krankenversicherungsgesetzes.

Vom 10. Juli 1892.

Zur Ausführung des Krankenversicherungsgesetzes in der Fassung des Gesetzes vom 10. April 1892 wird unter Hinweis auf die für Knappschaftskassen erlassene besondere Verfügung und vorbehaltlich weiterer Anordnung, sowie unter Aufhebung aller entgegenstehenden älteren Vorschriften Folgendes bestimmt:

I. Verbände und Behörden. (§§. 44 und 84.)

1. Unter der Bezeichnung: „weiterer Kommunalverband" sind sämmtliche Provinzial- und Kreisverbände zu verstehen, in der Provinz Westfalen auch die Aemter, in der Rheinprovinz auch die Bürgermeistereien, in der Provinz Schleswig-Holstein auch der Lauenburgische Kreiskommunalverband, in der Provinz Hessen-Nassau auch die kommunalständischen Verbände der Regierungsbezirke Cassel und Wiesbaden und

in den Hohenzollernschen Landen der Landeskommunalverband und die Ober-Amtsbezirke.

2. Unter der Bezeichnung: „höhere Verwaltungsbehörde“ sind zu verstehen:

a) die Bezirksausschüsse

in Bezug auf die Genehmigung der statutarischen Bestimmungen (§§. 2, 4, 51, 54) von Gemeinden und weiteren Kommunalverbänden mit Ausnahme der Provinzialverbände,

in Bezug auf die Genehmigung von Kassenstatuten (§§. 23, 24) der Orts-Krankenkassen (§§. 16, 17, 18 und 43) der Betriebs- (Fabrik-) Krankenkassen (§§. 59, 60, 61 und 67 b und c) und der Bau-Krankenkassen (§§. 69 ff.), soweit es sich nicht um die Feststellung der der Berechnung der Unterstützungen und Beiträge zu Grunde zu legenden Durchschnittslohnsätze und um die Festsetzung verschiedener Beiträge für einzelne Gewerbszweige und Betriebsarten handelt;

in Bezug auf die Genehmigung der Abänderungen von Statuten dieser Kassenarten (auch in den Fällen der §§. 48 a Absatz 1 und 64) mit der gleichen Maßgabe;

in Bezug auf die Schließung und Auflösung von Orts-Krankenkassen (§§. 47 und 48), soweit es sich nicht um die Ueberweisung der Kassenmitglieder und die Verwendung des Kassenvermögens handelt, sowie in Bezug auf die Ausscheidung aus gemeinsamen Orts-Krankenkassen (§. 48) mit derselben Maßgabe;

b) die Ober-Präsidenten
in Bezug auf die Genehmigung von statutarischen Bestimmungen (§§. 2, 4, 51 und 54) und Beschlüsse (§§. 12, 14, 43 und 43a) der Provinzialverbände, sowie
in Bezug auf die Gemeinde-Krankenversicherung (§§. 9, 10 und 13), wenn der Provinzialverband an die Stelle der demselben angehörenden einzelnen Gemeinden gesetzt ist;

c) die Regierungs-Präsidenten
für alle übrigen Fälle.

Im Stadtkreise Berlin tritt an die Stelle des Bezirksausschusses in denjenigen Fällen, in welchen es sich um die Genehmigung von statutarischen Bestimmungen (§§. 2, 4, 51, 54) handelt, und an die Stelle des Regierungs-Präsidenten der Ober-Präsident.

In der Provinz Hessen-Nassau erstreckt sich die Zuständigkeit des Ober-Präsidenten in den unter b bezeichneten Fällen auf die Angelegenheiten der kommunalständischen Verbände.

In den Hohenzollernschen Landen tritt an die Stelle des Ober-Präsidenten der Regierungs-Präsident.

Für Einrichtungen, welche über den Bezirk einer höheren Verwaltungsbehörde hinaus sich erstrecken, ist, soweit nicht nach den vorstehenden Bestimmungen eine andere Verwaltungsbehörde eintritt und vorbehaltlich besonderer Bestimmungen für einzelne Fälle diejenige höhere Verwaltungsbehörde zuständig, in deren Bezirk die betheiligte Anstalt ihren Sitz hat oder erhalten soll. Dies gilt auch für die Fälle des §. 5a Absatz 2.

Bei Betriebs- (Fabrik-) und Bau-Krankenkassen, welche ausschließlich für Betriebe des Reichs oder des Staates errichtet werden, hat die höhere Verwaltungsbehörde ihre Anordnungen und Entscheidungen, abgesehen von den Fällen unter a, nach Benehmen mit der den Verwaltungen dieser Betriebe vorgesetzten Dienstbehörde zu treffen. Wird eine Uebereinstimmung nicht erzielt, so ist die Entscheidung auszusetzen und an die höheren Instanzen zu berichten.

Bei Betriebs- (Fabrik-) und Bau-Krankenkassen für Betriebe der Heeres- und der Marineverwaltung, der Reichspost- und der Staatseisenbahn- und Bau-Verwaltung werden die Obliegenheiten der höheren Verwaltungsbehörde von den den Verwaltungen dieser Betriebe vorgesetzten Dienststellen nach Maßgabe der hierüber erlassenen besonderen Bestimmungen wahrgenommen.

Die Entscheidung über die Genehmigung von Abänderungen der Kassenstatuten steht jedoch, falls die genannten Behörden die Genehmigung zu ertheilen Bedenken tragen, auch bei diesen Kassen dem Bezirksausschusse zu.

3. Als „untere Verwaltungsbehörde" (§. 1 Absatz 5) sind anzusehen:

a) in Städten von mehr als 10 000 Einwohnern, sowie in denjenigen Städten der Provinz Hannover, für welche die revidirte Städteordnung vom 24. Juni 1858 gilt, mit Ausnahme der im §. 27 Absatz 2 der Kreisordnung vom 6. Mai 1884 bezeichneten Städte — die Gemeindevorstände;

b) im Uebrigen die Landräthe, in den Hohenzollernschen Landen die Oberamtmänner.

4. Als „Gemeindebehörde" gilt in selbstständigen Gutsbezirken und Gemarkungen der Gutsherr oder der Gemarkungsberechtigte.

Im Uebrigen ist unter „Gemeindebehörden" der Vorstand der Gemeinde zu verstehen. Bildet dieser ein Kollegium, so hat er zur Wahrnehmung der Aufsicht (Nr. 5) einen Kommissar zu bestellen.

5. Die Aufsicht über die Gemeinde-Krankenversicherung (§. 4) führt die Kommunalaufsichtsbehörde der Gemeinde.

Die Aufsicht über die gemeinsame Gemeinde-Krankenversicherung mehrerer Gemeinden (§§. 12, 13) steht, vorbehaltlich besonderer Bestimmung für einzelne Fälle, der Aufsichtsbehörde derjenigen Gemeinde zu, in deren Bezirk die Verwaltung dieser Versicherung ihren Sitz hat; sofern aber ein weiterer Kommunalverband hinsichtlich der Gemeinde-Krankenversicherung an die Stelle der demselben angehörenden einzelnen Gemeinden getreten ist, führt die Aufsichtsbehörde über den weiteren Kommunalverband die Aufsicht über die gemeinsame Gemeinde-Krankenversicherung desselben.

Die Aufsicht über die Orts-Krankenkassen für den Bezirk einer Gemeinde (§§. 16 bis 18) und die Aufsicht über Betriebs- (Fabrik-) und Bau-Krankenkassen (§§. 59 ff., §§. 69 ff.), deren Bezirk über den Bezirk einer Gemeinde nicht hinausgeht, führen in Gemeinden von mehr als 10 000 Einwohnern die Gemeindebehörden, im Uebrigen vorbehaltlich besonderer Anordnungen in Einzelfällen die Kommunalaufsichtsbehörden. Den letzteren bleibt jedoch überlassen, die ihnen hiernach zustehende Aufsicht in Städten von nicht mehr als 10 000 Einwohnern der unteren Verwaltungsbehörde (Landrath, Oberamtmann) oder der Gemeindebehörde, in der Rheinprovinz und in Westfalen für Gemeinden mit weniger als 10 000 Einwohnern in geeigneten Fällen auch dem Bürgermeister bezw. dem Amtmann zu übertragen. Die hierüber erlassenen Anordnungen sind zu veröffentlichen.

Für gemeinsame Orts-Krankenkassen mehrerer Gemeinden (§. 43) und für Betriebs- (Fabrik-) und Bau-Krankenkassen (§§. 59 ff., 69 ff.), deren Bezirk sich über den Bezirk einer Gemeinde hinaus erstreckt, wird die Aufsichtsbehörde von der höheren Verwaltungsbehörde und, wenn der Kassenbezirk sich über den Bezirk mehrerer höherer Verwaltungsbehörden erstreckt, vom Minister für Handel und Gewerbe bestimmt.

Die Aufsicht über Betriebs- (Fabrik-) und Bau-Krankenkassen, welche ausschließlich für Betriebe der Heeres- und der Marineverwaltung, der Reichspost- und der Staatseisenbahn- und Bau-Verwaltung errichtet sind, steht nach den hierüber erlassenen besonderen Vorschriften den diesen Betrieben vorgesetzten Dienstbehörden zu.

Die Aufsicht über Innungs-Krankenkassen (§. 73) führt die Aufsichtsbehörde der Innung.

Die Vorschriften bezüglich der Aufsicht über die Knappschaftskassen (§. 74) und die Vorschriften bezüglich der Aufsicht über diejenigen eingeschriebenen oder auf Grund landesrechtlicher Vorschriften errichteten Hülfskassen, für welche ein Zwang zum Beitritt nicht besteht (§. 75), bleiben unberührt.

II. Feststellung des Maßstabs für die Krankenversicherung und die Beiträge.

6. Die Festsetzung des ortsüblichen Tagelohns gewöhnlicher Tagearbeiter (§. 8) erfolgt durch den Regierungs-Präsidenten nach Maßgabe der hierfür erlassenen besonderen Vorschriften. Die Festsetzung ist von Zeit zu Zeit, namentlich bei Eintritt erheblicher Veränderungen der Lohnsätze, jedenfalls aber von zehn zu zehn Jahren zu revidiren. Ergeben sich hierbei Veränderungen, so ist bei deren Veröffentlichung darauf hinzuweisen, von welchem Zeitpunkt ab die so veränderten Sätze zu Grunde zu legen sind. Werden Gemeinden oder Theile einer Gemeinde mit einer anderen Gemeinde vereinigt und besteht in den betheiligten Gemeinden eine verschiedene Festsetzung des ortsüblichen Tagelohns gewöhnlicher Tagearbeiter, so hat der Regierungs-Präsident nach erfolgter Vereinigung die

Höhe des ortsüblichen Tagelohns für den ganzen Umfang des neuen Gemeindebezirks neu festzusetzen.

7. Der durchschnittliche Tagelohn (§§. 20, 64, 72, 73) derjenigen Klassen von Personen, welche in Orts-, Betriebs-(Fabrik-), Bau- oder Innungs-Krankenkassen versichert sind oder versichert werden sollen, ist bei Einreichung und Prüfung der Statuten dieser Kassen jedesmal besonders anzugeben und vom Regierungs-Präsidenten festzusetzen; eine Revision findet wie bei dem ortsüblichen Tagelohn gewöhnlicher Tagearbeiter statt.

III. Statutarische Bestimmungen.

8. Statutarische Bestimmungen über die Ausdehnung der Beitrittsberechtigung zur Gemeinde-Krankenversicherung (§. 4 Abs. 2), über die Erstreckung der Versicherungspflicht (§§. 2, 54) oder über die Befreiung der Arbeitgeber von der Beitragspflicht (§. 51) sind mit den für die Prüfung der ordnungsmäßigen Beschlußfassung erforderlichen Unterlagen durch Vermittelung der Aufsichtsbehörde dem Bezirksausschusse (oder dem Ober-Präsidenten, vergl. Nr. 2 Abs. 1 lit. b, Abs. 2 und 3) einzureichen.

Diese Bestimmungen müssen eine genaue Bezeichnung derjenigen Klassen von Personen, auf welche sie Anwendung finden sollen, und des örtlichen Umfangs ihrer Geltung enthalten.

Handelt es sich um die Erstreckung der Versicherungspflicht auf unständige Arbeiter (§. 2

Abs. 1 Ziffer 1) oder auf Hausgewerbetreibende (§. 2 Abs. 1 Ziffer 4), so müssen die statutarischen Bestimmungen ferner enthalten:

a) die Bestimmung darüber, wem die Anmeldung und Abmeldung der durch die statutarische Bestimmung der Versicherungspflicht unterstellten Personen, soweit dieselben zur Gemeinde-Krankenversicherung oder zu einer Orts-Krankenkasse gehören (§. 49), obliegt und die näheren Bestimmungen über die Anmeldung und Abmeldung;

b) die Bestimmung darüber, wer zur Einzahlung der statutenmäßigen Kassenbeiträge verpflichtet ist (§. 2 Abs. 2 und §. 54);

c) die Bestimmung darüber, ob die Arbeitgeber verpflichtet sind, die Kassenbeiträge der der Versicherungspflicht unterstellten Personen zu einem Drittel (oder zu wieviel weniger) aus eigenen Mitteln zu leisten (§. 51 Abs. 1).

9. Vor Ertheilung der Genehmigung wird zu erwägen sein, ob nach dem pflichtmäßigen Ermessen der Behörde die in der statutarischen Bestimmung vorgesehenen Maßnahmen eine zuverlässige Kontrole über das Eintreten in die Versicherung und über das Verbleiben in derselben ermöglichen, oder ob die Erstreckung der Versicherungspflicht auf sämmtliche oder einzelne der in der statutarischen Bestimmung genannten Klassen von Personen gerechtfertigt erscheint.

Ist dies nicht der Fall, so kann die Genehmigung versagt werden. Dagegen würde es der Absicht des

Gesetzgebers nicht entsprechen, die Genehmigung der statutarischen Bestimmung deshalb zu versagen, weil nach Ansicht der Behörde noch auf andere in der statutarischen Bestimmung nicht aufgeführte Klassen von Personen die Versicherungspflicht zu erstrecken sein würde.

Falls die statutarische Bestimmung Arbeitgeber von der Beitragspflicht befreit (§. 51), wird zu prüfen sein, ob und inwieweit nach pflichtmäßigem Ermessen der Behörde die Befreiung der Arbeitgeber nicht gerechtfertigt erscheint.

10. Innerhalb zwei Wochen nach der Zustellung findet gegen den Bescheid des Bezirksausschusses die Beschwerde an den Provinzialrath und gegen den Bescheid des Ober-Präsidenten (vergl. Nr. 2 Abs. 1 lit. b Abs. 2 und 3) die Beschwerde an die Minister des Innern und für Handel und Gewerbe statt.

IV. Gemeinde-Krankenversicherung.

11. Gemeindebeschlüsse, welche eine Abänderung der gesetzlichen Bestimmungen über die Höhe der Beiträge oder über das Maß der Unterstützungen bezwecken (§§. 9, 10), sowie die nach §. 10 Abs. 3 erlassenen Verfügungen des Regierungs-Präsidenten sind auf die für die Bekanntmachungen der Gemeindebehörde vorgeschriebene oder ortsübliche Weise zu veröffentlichen. In gleicher Weise bedürfen der Veröffentlichung die Gemeindebeschlüsse auf Grund des §. 6a über die Einführung des Mahnverfahrens, Festsetzung und Abän-

derung der Mahngebühren (§. 55 Abs. 3), sowie die Festsetzungen der Gemeinde-Krankenversicherung über die Höhe und die Erhebung der Zusatzbeiträge (§. 9 Abs. 1).

Gemeindebeschlüsse, welche Vorschriften über die Krankenmeldung, über das Verhalten der Kranken und über die Krankenaufsicht enthalten (§. 6a Abs. 2) oder die daselbst zugelassenen Ordnungsstrafen androhen, sind mit den erforderlichen Nachweisen über das ordnungsmäßige Zustandekommen dieser Beschlüsse der Aufsichtsbehörde zur Genehmigung einzureichen.

Der Inhalt der Beschlüsse darf nicht über das Maß des Nothwendigen hinausgehen. Die Genehmigung kann nach Ermessen versagt werden.

Soll nach Gemeindebeschluß der Einleitung des Beitreibungsverfahrens für Rückstände ein Mahnverfahren vorangehen und in letzterem die Erhebung einer Mahngebühr zugelassen werden, so ist der Betrag der Mahngebühr durch Gemeindebeschluß festzusetzen. Diese Festsetzung bedarf der Genehmigung der Aufsichtsbehörde (§. 55). Die Genehmigung ist insbesondere dann zu versagen, wenn und soweit die Mahngebühren über diejenigen Beträge hinausgehen, welche in dem der Verordnung, betreffend das Verwaltungszwangsverfahren wegen Beitreibung von Geldbeiträgen vom 7. September 1879 (Gesetz-Samml. S. 591), angehängten Gebührentarif unter 1 festgesetzt worden sind.

Die vorstehenden Bestimmungen finden entsprechende Anwendung, sofern ein weiterer Kommunalverband hinsichtlich der Gemeinde-Krankenversicherung an die Stelle der denselben angehörenden einzelnen Gemeinden gesetzt worden ist (vergl. Ziffer 12 Abs. 2 und Ziffer 13).

12. Uebereinstimmende Beschlüsse mehrerer Gemeinden über Einführung gemeinsamer Gemeinde-Krankenversicherung (§. 12) sind dem Regierungs-Präsidenten mit den zur Prüfung über die Ordnungsmäßigkeit der Beschlußfassung erforderlichen Unterlagen einzureichen.

Solche Beschlüsse sind in der Regel zu genehmigen, wenn dieselben rechtsgültig gefaßt sind, ausreichende Bestimmungen über die Verwaltung der gemeinsamen Gemeinde-Krankenversicherung enthalten und einen Eingriff in andere derartige Einrichtungen nicht besorgen lassen. Dasselbe gilt für Beschlüsse weiterer Kommunalverbände, durch welche diese an die Stelle ihnen angehöriger Gemeinden gesetzt werden, oder durch welche für Gemeinden eine gemeinsame Gemeinde-Krankenversicherung eingeführt wird. Im letzteren Falle sind vor der Entscheidung die betheiligten Gemeinden zu hören.

Sofern Vorschriften gemäß §. 6a Abs. 2 aufgenommen werden oder die Höhe der Mahngebühren in den Verwaltungsbestimmungen festgesetzt wird, hat die Aufsichtsbehörde bei Ueberreichung der Beschlüsse anzugeben, ob gegen den Inhalt der nach Maßgabe des

§. 6a Abs. 2 getroffenen Vorschriften bezw. gegen die Höhe der Mahngebühren Bedenken zu erheben sind (vergl. Ziffer 11 Abs. 2 bis 4).

Dem Antrage einer Gemeinde auf Vereinigung mit benachbarten Gemeinden zu gemeinsamer Gemeinde-Krankenversicherung hat der Regierungs-Präsident in der Regel stattzugeben, sobald die Voraussetzungen des §. 13 erfüllt sind und ein Eingriff in andere derartige Einrichtungen nicht zu besorgen ist. Vor Erlaß der Anordnung sind diejenigen Gemeinden, mit welchen die beantragende Gemeinde vereinigt werden soll, über die Vereinigung, und alle betheiligten Gemeinden unter Vorlegung eines bezüglichen Entwurfs über die für die Verwaltung der gemeinsamen Gemeinde-Krankenversicherung zu erlassenden Bestimmungen zu hören. Erachtet der Regierungs-Präsident für zweckmäßig, daß ein weiterer Kommunalverband für die Gemeinde-Krankenversicherung der ihm angehörenden Gemeinden an die Stelle der letzteren trete (§. 13 Abs. 2), so sind nicht die Gemeinden, sondern der weitere Kommunalverband zu hören.

Die von dem Regierungs-Präsidenten nach Absatz 1 und 3 erlassenen Verfügungen und Anordnungen sind den betheiligten Gemeinden und Verbänden zuzustellen. Innerhalb vier Wochen nach der Zustellung ist Beschwerde an die Minister des Innern und für Handel und Gewerbe zulässig. Endgültige Anordnungen über die gemeinsame Gemeinde-Krankenversicherung sind auf die für die betheiligten Gemeinden und weiteren Kommunalverbände vorgeschriebene oder übliche Weise zu veröffentlichen.

Die Auflösung bestehender Vereinigungen zu gemeinsamer Gemeinde-Krankenversicherung (§. 14) ist nur dann zu genehmigen, wenn veränderte Umstände oder die durch Erfahrung gewonnene richtigere Beurtheilung der Verhältnisse die Ueberzeugung begründen, daß durch die Auflösung eine zweckmäßigere Ausführung des Gesetzes ermöglicht wird. Für das Verfahren und die Veröffentlichung gelten die bei Errichtung der gemeinsamen Gemeinde-Krankenversicherung maßgebenden Bestimmungen.

In welchen Fällen an die Stelle des Regierungs-Präsidenten der Ober-Präsident tritt, ergiebt sich aus Nr. 2 Abs. 1 lit. b, Abs. 2 und 3.

13. Ein weiterer Kommunalverband ist nur dann als Träger der gemeinsamen Gemeinde-Krankenversicherung anzusehen, wenn er für die Gemeinde-Krankenversicherung an die Stelle aller ihm angehörenden Stadt- und Landgemeinden — einschließlich der selbstständigen Gutsbezirke — tritt. Sofern nur ein Theil der dem weiteren Kommunalverband angehörenden Gemeinden (z. B. nur die ländlichen Gemeinden und Gutsbezirke) zu gemeinsamer Krankenversicherung vereinigt werden, so kann zwar die nach §. 12 Abs. 4 einzurichtende besondere Verwaltung der gemeinsamen Gemeinde-Krankenversicherung den Organen des weiteren Kommunalverbandes übertragen werden, falls die Vertretung des letzteren dies beschließt; die Verwal-

tungskosten, sowie die im Bedürfnißfalle zu leistenden Vorschüsse (§. 9 Abs. 4) sind dann aber auf die betheiligten Gemeinden allein zu vertheilen und nicht etwa als Lasten des weiteren Kommunalverbandes unter Mitheranziehung der an der gemeinsamen Gemeinde-Krankenversicherung nicht betheiligten Gemeinden aufzubringen. Hierbei ist es unerheblich, ob die Gemeinde-Krankenversicherung in einzelnen oder allen zu vereinigenden Gemeinden ausschließlich oder nur neben anderweiten Kasseneinrichtungen Platz greifen soll.

14. Der Jahresabschluß und die Uebersichten (§. 9 Abs. 3) sind durch Vermittlung der Aufsichtsbehörde in der vorgeschriebenen Frist dem Regierungs-Präsidenten oder Ober-Präsidenten (vergl. Nr. 2 Abs. 1 lit. b., Abs. 2, 3) einzureichen. Dabei sind die Bestimmungen des Bundesraths maßgebend.

Die Aufsichtsbehörde hat für die Beachtung der Fristen Sorge zu tragen.

Für die Befugnisse und Obliegenheiten der Aufsichtsbehörde gelten die allgemeinen gesetzlichen Bestimmungen über die Stellung der staatlichen Aufsichtsbehörde gegenüber den Kommunalverbänden.

V. Orts-Krankenkassen.

a. Beschlüsse und Anordnungen über die Errichtung.

15. Gemeindebehörden, welche innerhalb des Gemeindebezirks Orts-Krankenkassen für einzelne oder mehrere Gewerbszweige oder Betriebsarten errichten

wollen (§. 16 Abs. 1 bis 3), haben hierbei nach Nr. 20 ff. zu verfahren. Falls jedoch eine gemeinsame Orts-Krankenkasse für solche Gewerbszweige oder Betriebsarten in Aussicht genommen wird, in deren einem hundert oder mehrere versicherungspflichtige Personen beschäftigt sind (§. 16 Abs. 4), so hat die Gemeindebehörde zunächst den letzteren von dieser Absicht durch einmalige ortsübliche Bekanntmachung mit dem Bemerken Kenntniß zu geben, daß von ihnen gegen die Errichtung der gemeinsamen Orts-Krankenkasse binnen einer zu bestimmenden Frist Widerspruch erhoben werden könne. Wird rechtzeitig Widerspruch erhoben, so hat die Gemeindebehörde die Entscheidung des Regierungs-Präsidenten einzuholen.

16. Den Gemeinden bleibt überlassen, wegen Errichtung gemeinsamer Orts-Krankenkassen für mehrere Gemeinden (§. 43 Abs. 1) mit anderen Gemeinden sich in Verbindung zu setzen oder einen entsprechenden Antrag an den weiteren Kommunalverband zu richten.

Wollen mehrere Gemeinden für ihre Bezirke gemeinsame Orts-Krankenkassen errichten, so haben sie die hierüber gefaßten übereinstimmenden Beschlüsse mit denjenigen Unterlagen, welche die Prüfung der ordnungsmäßigen Beschlußfassung ermöglichen, durch Vermittlung der Aufsichtsbehörde dem Regierungs-Präsidenten einzureichen.

In gleicher Weise sind die Beschlüsse weiterer Kommunalverbände, durch welche die Errichtung gemeinsamer Orts-Krankenkassen für ihre Bezirke oder für Theile derselben angeordnet wird (§. 43 Abs. 2), dem Regierungs-Präsidenten (oder dem Ober-Präsidenten, vergl. Nr. 2 Abs. 1 lit. b., Abs. 3) zur Genehmigung einzureichen. Diesen bleibt überlassen, zunächst den betheiligten Gemeinden zu einer Aeußerung über die beabsichtigte Errichtung Gelegenheit zu geben.

Die Genehmigung ist zu versagen:

a) wenn die Beschlüsse nicht ordnungsmäßig zu Stande gekommen sind,
b) wenn der Inhalt derselben den Bestimmungen des §. 43 Abs. 4 nicht genügt,
c) wenn der Bezirk der gemeinsamen Orts-Krankenkasse auf Orte ausgedehnt ist, worin für die zugehörigen Gewerbszweige oder Betriebsarten Orts-Krankenkassen vorhanden sind und nicht gleichzeitig deren Auflösung herbeigeführt werden kann.

Die Wahrnehmung der Obliegenheiten der Gemeindebehörden (§. 43 Abs. 4) kann auch an andere Behörden als Gemeindebehörden übertragen werden.

17. Der Bescheid ist, falls Widerspruch erhoben ist oder die Genehmigung versagt wird, mit Gründen zu versehen und den Antragstellern, sowie denjenigen Gemeinden, welche Widerspruch erhoben haben, gegen Zustellungsurkunde mitzutheilen. Die Beschwerde ist innerhalb 4 Wochen nach der Zustellung an den Minister für Handel und Gewerbe zu richten.

18. Wird von Betheiligten die Errichtung einer Orts-Krankenkasse beantragt (§. 17 Abs. 1, 2), so hat

der Regierungs-Präsident, sofern der Antrag nicht von vornherein ungerechtfertigt erscheint, die Einleitung von Verhandlungen über die Errichtung der Kasse anzuordnen. Die Anordnung hat diejenigen Gewerbszweige oder Betriebsarten zu bezeichnen, auf welche bei den Verhandlungen zunächst Rücksicht zu nehmen ist, und zu bestimmen, in welcher Weise den Betheiligten Gelegenheit zur Aeußerung zu geben ist und wie die Verhandlungen zu führen sind.

Ueber die Erledigung dieses Auftrages hat die Gemeindebehörde zu berichten und dabei anzuzeigen, wieviel versicherungspflichtige Personen und Arbeitgeber in den einzelnen betheiligten Gewerbszweigen vorhanden und wie viele von denselben mit Einschluß der Antragsteller dem Antrage beigetreten sind.

Der Regierungs-Präsident prüft, ob nach den Erklärungen der Gemeindebehörde und der Betheiligten die Errichtung der Kasse für alle oder für einzelne der bezeichneten Gewerbszweige oder Betriebsarten zweckmäßig und zulässig ist, veranlaßt in letzterem Falle, sofern dies erforderlich ist, weitere Verhandlungen über die Errichtung einer gemeinsamen Orts-Krankenkasse für diejenigen Gewerbszweige und Betriebsarten, bei welchen die gesetzlichen Voraussetzungen hierfür vorhanden sind, und trifft demnächst darüber Anordnung, für welche Gewerbszweige oder Betriebsarten eine Orts-Krankenkasse zu errichten ist.

19. Der die Errichtung einer Orts-Krankenkasse anordnende Bescheid muß unter Hinweis auf §. 17

Abs. 4 eine Frist für die Einreichung des Statuts bestimmen. Die Frist beginnt, sobald die Anordnung rechtskräftig geworden ist. Der Bescheid ist unter Benachrichtigung der Antragsteller und der Aufsichtsbehörde gegen Zustellungsurkunde der Gemeindebehörde mitzutheilen. Die Beschwerde findet binnen 4 Wochen nach der Zustellung an den Minister für Handel und Gewerbe statt. Wird binnen der gesetzten Frist ein nach Anhörung der Betheiligten erlassenes, den gesetzlichen Bestimmungen entsprechendes Statut für die Orts-Krankenkasse dem Regierungs-Präsidenten nicht eingereicht, so eröffnet der Letztere der Gemeindebehörde und den Antragstellern unter gleichzeitiger Benachrichtigung der Aufsichtsbehörde, daß bis zur Erfüllung jener Verpflichtung von denjenigen Personen, für welche die Errichtung der Orts-Krankenkasse angeordnet worden ist, Beiträge zur Gemeinde-Krankenversicherung nicht zu erheben sind.

Wird die Errichtung einer Orts-Krankenkasse von dem Regierungs-Präsidenten oder auf erhobene Beschwerde abgelehnt, so werden die Antragsteller und die Gemeindebehörde hiervon in Kenntniß gesetzt.

b. Verfahren bei der Errichtung.

20. Wenn von einer Gemeinde, von mehreren Gemeinden oder für einen weiteren Kommunalverband eine Orts-Krankenkasse errichtet werden soll, so hat die Gemeindebehörde oder diejenige Behörde, welcher für gemeinsame Orts-Krankenkassen mehrerer Gemeinden

die Obliegenheiten der Gemeindebehörde übertragen sind, durch einen Kommissar ein Kassenstatut entwerfen zu lassen. Zur Erklärung über den Entwurf haben in der Regel die bei der Kasse betheiligten versicherungspflichtigen Personen und deren Arbeitgeber, welche zu diesem Zweck auf ortsübliche Weise zu laden sind, unter Leitung des Kommissars die von demselben zu bestimmende Zahl von Vertretern zu wählen. Werden Vertreter gewählt, so sind die Verhandlungen mit diesen unter Ausschluß der übrigen Betheiligten zu führen; ist die angeordnete Wahl von Vertretern nicht erfolgt, oder ist von den Betheiligten eine sachgemäße Aeußerung nicht zu erlangen, so ist von weiteren Verhandlungen Abstand zu nehmen.

Die Gemeindebehörde übersendet die aufgenommenen Verhandlungen, eine Uebersicht über die Anzahl der in den einzelnen Gewerbszweigen oder Betriebsarten, für welche die Kasse errichtet werden soll, im Kassenbezirk beschäftigten (§. 5a) versicherungspflichtigen Personen, ein Verzeichniß der in dem Gemeindebezirk bestehenden Orts-Krankenkassen, sowie den Statutenentwurf, und zwar letzteren in zwei Exemplaren, mittelst Berichts an die Kommunalaufsichtsbehörde, welche, soweit sie nicht selbst als höhere Verwaltungsbehörde zu fungiren berufen ist, die Sache an den Regierungs-Präsidenten weitergiebt.

Der Bericht muß

a) die gegen den Entwurf erhobenen Widersprüche erläutern und angeben, inwiefern dieselben berücksichtigungswerth erscheinen;

b) sofern nicht die Beiträge und Unterstützungen nach dem wirklichen Arbeitsverdienst der einzelnen Versicherten festgesetzt sind (§. 26 a Abs. 2 Ziffer 6), unter Beachtung der für die Festsetzung des ortsüblichen Tagelohns gewöhnlicher Tagearbeiter getroffenen Bestimmungen eine Nachweisung über den durchschnittlichen Tagelohn der in den betheiligten Gewerbszweigen oder Betriebsarten beschäftigten Personen oder, falls nach dem Statuten-Entwurf die Beiträge und Unterstützungen nach Klassen abgestuft werden sollen, eine Nachweisung über den durchschnittlichen Tagelohn dieser Klassen enthalten;

c) falls im Statut Zusatzbeiträge für Familienunterstützung festgesetzt sind (§. 22 Abs. 2), über deren Angemessenheit, sofern aber bei gemeinsamen Orts-Krankenkassen die Höhe der Beiträge für die einzelnen Gewerbszweige oder Betriebsarten verschieden bemessen ist (§. 22 Abs. 3), zugleich auch über die Zulässigkeit und Zweckmäßigkeit dieser Festsetzungen sich äußern;

d) anzeigen, ob der Kasse außer den Beiträgen sonstige Einnahmen zur Verfügung stehen;

e) vorschlagen, mit welchem Zeitpunkt die Kasse mit Rücksicht auf den Haushalt der bereits bestehenden Kassen, bei denen die betreffenden Personen bisher versichert waren, in Kraft treten soll.

Sofern Vorschriften über Krankenmeldung u. s. w. (§. 26a Ziffer 2a) in das Statut aufgenommen sind, oder die Höhe der Mahngebühren im Statute festgesetzt ist (§. 55 Abs. 3), hat die Aufsichtsbehörde gleichzeitig anzugeben, ob gegen den Inhalt der Vorschriften oder die Höhe der Mahngebühren Bedenken zu erheben sind (vergl. Nr. 11 Abs. 2—4).

21. Dem Regierungs-Präsidenten bleibt überlassen, zunächst weitere Ermittelungen anzustellen. Derselbe setzt sodann den durchschnittlichen Tagelohn der Kassenmitglieder, falls nach demselben die Beiträge und Unterstützungen bemessen werden sollen, unter Berücksichtigung der etwa aufgestellten Klassen fest und befindet über die Genehmigung einer etwaigen verschiedenen Bemessung der Höhe der Beiträge für einzelne Gewerbszweige oder Betriebsarten (§. 22 Abs. 3), sowie darüber, ob im Falle des §. 18 die Errichtung der Kasse zu gestatten ist, sofern hierüber nicht schon vorher eine Entschließung ergangen sein sollte. Bestehen über die Zulässigkeit und Zweckmäßigkeit einer verschiedenen Bemessung der Kassenbeiträge (§. 22 Abs. 3), sowie über das Verhältniß der Beiträge der einzelnen Gewerbszweige und Betriebsarten zu einander Zweifel, so ist eine sachverständige Prüfung anzuordnen. Erscheint nach dem Ergebniß dieser Erwägungen die Errichtung der Kasse unzulässig (§. 18) oder sind die Bestimmungen des Statuts über die verschiedene Bemessung der Beiträge (§. 22 Abs. 3) zu beanstanden, so hat der Regierungs-Präsident den Statuten-Entwurf zurückzugeben; andern-

falls hat er die Verhandlungen mit einer entsprechenden Erklärung zur Genehmigung des Kassenstatuts an den Bezirksausschuß abzugeben.

22. Der Bezirksausschuß prüft zunächst, ob die in dem Statuten-Entwurf vorgesehene Bemessung der Beiträge der Anforderung des §. 22 Abs. 1 entspricht. Entstehen Zweifel hierüber, so ist eine sachverständige Prüfung anzuordnen.

Je nach dem Ergebniß der sachverständigen Prüfung hat der Bezirksausschuß nach Maßgabe des §. 30 über die Genehmigung des Kassenstatuts zu beschließen.

Bei der Beschlußfassung wird auch zu prüfen sein, ob der Gemeindebeschluß über die Errichtung der Orts-Krankenkasse gültig zu Stande gekommen ist, z. B. ob bei Orts-Krankenkassen in Städten die Stadtverordnetenversammlung bei der Beschlußfassung über die Errichtung der Kasse mitgewirkt hat.

Gegen den Beschluß, durch welchen die Genehmigung versagt oder nur unter Bedingungen ertheilt wird, findet innerhalb zwei Wochen das Verwaltungsstreitverfahren statt. Die Zuständigkeit und der Instanzenzug werden durch Königliche Verordnung geregelt.

23. Endgültige Beschlüsse des Regierungs-Präsidenten bezw. der Gemeinde sind für den Bezirksausschuß insoweit bindend, als es sich um die Festsetzung des durchschnittlichen Tagelohns, seine Abstufungen (§. 20), die Genehmigung einer verschiedenen Bemessung der Beiträge für die verschiedenen Gewerbs-

zweige oder Betriebsarten (§. 22 Abs. 3) und um die Zuweisung weiterer Gewerbszweige und Betriebsarten (§§. 18 a, 43 a, 47 Abs. 6) handelt.

Das Verfahren ist möglichst zu beschleunigen. Binnen sechs Wochen nach Eingang des Antrags ist der Gemeindebehörde wenigstens ein vorläufiger Bescheid zu ertheilen, falls die endgültige Erledigung noch nicht angängig war. Wird die Genehmigung ertheilt, so ist das Kassenstatut auszufertigen, mit dem Genehmigungsvermerke zu versehen und dem Regierungs-Präsidenten zur weiteren Veranlassung zu übersenden.

c. Verfahren nach Genehmigung des Kassenstatuts.

24. Nach Genehmigung des Kassenstatuts hat der Regierungs-Präsident den Zeitpunkt, mit welchem die Kasse ins Leben tritt, festzusetzen und das Kassenstatut der Aufsichtsbehörde mit dem Auftrage zuzustellen, wegen der Vorbereitungen für das Inslebentreten der Kasse das Weitere zu veranlassen.

Die Aufsichtsbehörde ernennt hierzu einen Kommissar. Derselbe hat, wenn die Generalversammlung der Kasse nach den Bestimmungen des Statuts aus Vertretern besteht, deren Wahl herbeizuführen und dazu die Wahlberechtigten zu laden. Die Wahl ist geheim und findet für Arbeitgeber und Versicherte, sowie dann, wenn nach dem Statut die Vertreter von verschiedenen Abtheilungen zu wählen sind, in getrennten Wahlverhandlungen statt; sie ist nach Maßgabe der statutarischen

Bestimmungen von dem Kommissar zu leiten; über dieselbe wird ein Protokoll aufgenommen. Lehnen die Gewählten die Annahme der Wahl ab, so findet eine Wiederholung derselben statt. Wird die Wahl durch die Versicherten verweigert (§. 39), so hat die Aufsichtsbehörde auf Vorschlag des Kommissars deren Vertreter zur Generalversammlung zu ernennen.

25. Der Kommissar beruft zur ersten Generalversammlung ihre sämmtlichen Mitglieder auf die in dem Statute vorgeschriebene Weise. In dieser Versammlung wird die Wahl des Kassenvorstandes vorgenommen. Seine Mitglieder wählen die Kassenmitglieder und Arbeitgeber getrennt in geheimer Wahl. Letzteren bleibt, falls das Statut nichts darüber bestimmt, überlassen, ob sie die ihnen zustehende Anzahl von Stimmen im Vorstande durch einen oder durch mehrere Vertreter, von denen aber jeder mindestens eine Stimme haben muß, führen wollen. Die Verhandlung wird von dem Kommissar nach Maßgabe der statutarischen Bestimmungen geleitet; über dieselbe wird ein Protokoll aufgenommen. Lehnen die Gewählten die Wahl ab, so findet eine Wiederholung derselben statt. Wird die Wahl von den Versicherungspflichtigen oder deren Vertretern verweigert, oder kommt die Generalversammlung nicht zu Stande, so ernennt die Aufsichtsbehörde auf Vorschlag des Kommissars die Vertreter der Kassenmitglieder zum Vorstand.

Nach Beendigung der Verhandlungen hat der

Kommissar der Aufsichtsbehörde von dem Ergebniß, insbesondere von der Zusammensetzung des Vorstandes, Anzeige zu machen.

d. Aufsicht.

26. Die Aufsichtsbehörde hat über die Personen, welche als Mitglieder des Kassenvorstandes angemeldet sind, ein Verzeichniß zu führen und nach Maßgabe der angemeldeten Veränderungen fortlaufend richtig zu halten. Entstehen über die Richtigkeit der nach §. 34 Abs. 2 zu erstattenden Anzeigen Zweifel, so hat die Aufsichtsbehörde den Sachverhalt festzustellen. In die Verzeichnisse der Vorstandsmitglieder ist Jedermann Einsicht zu gewähren. Auf Grund derselben sind die im §. 35 Abs. 2 erwähnten Bescheinigungen auszustellen.

27. Von der Ermächtigung, die Befugnisse und Obliegenheiten der Kassenorgane durch ernannte Vertreter auf Kosten der Kasse wahrzunehmen, so lange der Vorstand oder die Generalversammlung nicht zu Stande gekommen ist oder die Kassenorgane die Erfüllung ihrer gesetzlichen oder statutenmäßigen Obliegenheiten verweigern (§. 45), hat die Aufsichtsbehörde regelmäßig Gebrauch zu machen.

28. Die Aufsichtsbehörde hat nach ihrem Ermessen regelmäßige Revisionen, außerdem aber in jedem Jahre mindestens *eine* außerordentliche Revision aller Kasseneinrichtungen und der Kasse, vorzunehmen, für die Abstellung der vorgefundenen Mängel Sorge zu tragen,

nach Befinden die Bestrafung der Schuldigen herbeizuführen, nach Maßgabe des §. 42 den Zinsfuß für die bis zur Erstattung veruntreuter Kassengelder eintretende Verzinsung zu bestimmen und die Zinsbeträge von den Schuldnern nach §. 45 beizutreiben. Bei den Revisionen ist darauf zu achten, daß verfügbare Bestände auf die zugelassene Art zinsbar angelegt werden.

Ergiebt sich bei den Revisionen oder sonst, daß das Kassenstatut abzuändern (§§. 33, 48 a) oder die Schließung der Kasse (§. 47) in Erwägung zu ziehen ist, so hat die Aufsichtsbehörde dem Regierungs-Präsidenten sofort hierüber Bericht zu erstatten. Das weitere Verfahren richtet sich nach Nr. 36, 37, 42.

29. Für die im §. 41 bezeichneten Uebersichten und Abschlüsse sind die hierüber erlassenen Vorschriften des Bundesraths maßgebend.

Die Aufsichtsbehörde hat für die rechtzeitige Einlieferung Sorge zu tragen und dieselben mit den etwa erforderlichen Erläuterungen demnächst dem Regierungs-Präsidenten einzureichen. Dieser hat an der Hand der Nachweisungen zu prüfen, ob nach dem jeweiligen Vermögensstande für eine Kasse das Eintreten der Insolvenz zu befürchten ist. Ist dies der Fall, so sind unverzüglich Anordnungen zur Herstellung des Gleichgewichts zwischen den Einnahmen und Ausgaben der Kasse zu treffen. Kann dies namentlich auch durch eine entsprechende Erhöhung der Beiträge oder Herabminderung der Leistungen auf dem im §. 33 vorgesehenen Wege nicht erreicht werden, so ist die

Schließung der Kasse so zeitig herbeizuführen, daß der Fall der Insolvenz thunlichst vermieden wird.

Ueberschreitet die Zahl der Mitglieder einer Kasse, deren Generalversammlung nach dem Statut nicht aus Vertretern besteht, im Verlauf ihres Bestehens die Zahl 500, so hat die Aufsichtsbehörde eine der Vorschrift des §. 37 Abs. 2 entsprechende Abänderung des Statuts herbeizuführen. Versagt die Generalversammlung ihre Mitwirkung, so hat die Aufsichtsbehörde von der ihr nach §. 45 Abs. 5 zustehenden Befugniß Gebrauch zu machen.

30. Beschlüsse der Generalversammlung, welche Vorschriften über Krankenmeldung, über das Verhalten der Kranken und über die Krankenaufsicht oder Bestimmungen über Ordnungsstrafen enthalten (§. 26a Ziffer 2a), sind nach Nr. 11 Abs. 2 bis 4 zu behandeln.

e. Zuweisung von Gewerbszweigen oder Betriebsarten (§§. 18a, 43a).

31. Die Zuweisung von Gewerbszweigen oder Betriebsarten, für welche eine Orts-Krankenkasse nicht besteht, an eine bestehende Orts-Krankenkasse erfolgt, wenn der Bezirk der Orts-Krankenkasse auch nach der Zuweisung nur den Bezirk einer einzigen Gemeinde umfaßt, durch Gemeindebeschluß (§. 18a), bei Orts-Krankenkassen für die Bezirke mehrerer Gemeinden durch Beschluß des weiteren Kommunalverbandes (§. 43a), zu dessen Bezirk die in Betracht kommenden Gemeinden gehören.

Die Zuweisung von Gewerbszweigen oder Betriebsarten an bestehende Orts-Krankenkassen soll nur dann erfolgen, wenn die Bildung einer eigenen Kasse für diese unter Berücksichtigung der Zahl der zu versichernden Personen (§§. 16, 18) unthunlich ist. Die Zuweisung hat thunlichst an eine für verwandte Betriebsarten oder Gewerbszweige bestehende Orts-Krankenkasse zu erfolgen.

32. Handelt es sich um eine Orts-Krankenkasse für den Bezirk einer einzelnen Gemeinde, so hat die Gemeindebehörde vor der Beschlußfassung den betheiligten Versicherungspflichtigen von der beabsichtigten Zuweisung durch einmalige ortsübliche Bekanntmachung mit dem Bemerken Kenntniß zu geben, daß von ihnen gegen die Zuweisung binnen einer näher zu bestimmenden Frist Widerspruch erhoben werden könne. Wird nach Ablauf dieser Frist die Zuweisung beschlossen, so hat die Gemeindebehörde dem Kassenvorstand, geeignetenfalls unter Uebersendung der etwa eingegangenen Aeußerungen, von der Zuweisung mit der Aufforderung Mittheilung zu machen, binnen einer näher zu bestimmenden Frist die Aufnahme der in Betracht kommenden Gewerbszweige oder Betriebsarten unter entsprechender Abänderung der Kassenstatuten (§. 23 Abs. 2, Ziffer 1) herbeizuführen.

Gegen den Gemeindebeschluß, durch welchen die Zuweisung ausgesprochen wird, steht der Kasse innerhalb vier Wochen nach Zustellung des Bescheides die Beschwerde an den Regierungs-Präsidenten zu (§. 18 a).

33. Unterläßt die Vertretung der Kasse, aus Anlaß der endgültig angeordneten Aufnahme eine entsprechende Aenderung der Statuten zu beschließen, so hat die Gemeindebehörde durch Vermittelung der Aufsichtsbehörde dem Regierungs-Präsidenten von der Sachlage Anzeige zu machen. Dieser hat die Beschlußfassung der Kasse anzuordnen und, falls dieser Anordnung binnen der gesetzten Frist keine Folge gegegeben wird, seinerseits die erforderliche Abänderung des Kassenstatuts mit rechtsverbindlicher Wirkung und, ohne daß ein Rechtsmittel hiergegen stattfindet, zu vollziehen. Hierbei ist ein Exemplar des Statuts mit den erforderlichen Abänderungen zu versehen und mit dem Bemerken auszufertigen, daß das so abgeänderte Statut nach §. 48a an die Stelle des bisherigen Kassenstatuts trete. Ausfertigung ist der Aufsichtsbehörde zuzustellen, welche in dem für ihre amtlichen Bekanntmachungen bestimmten Organe und nach Befinden auf andere, am Sitze der Kasse ortsübliche Weise die Veröffentlichung der abgeänderten Bestimmungen veranlaßt.

34. Handelt es sich um eine Orts-Krankenkasse für den Bezirk mehrerer Gemeinden oder für den Bezirk eines weiteren Kommunalverbandes, so finden auf das Verfahren die Vorschriften der Ziffern 31—33 mit folgenden Maßgaben Anwendung:

a) Die Obliegenheiten der Gemeindebehörden versieht das ausführende Organ des weiteren Kommunalverbandes oder nach dessen Bestimmung diejenige Stelle, welche gemäß §. 43 Abs. 4 mit der Wahrnehmung der Obliegenheiten der Gemeindebehörden beauftragt worden ist;

b) die Aufforderung an die Versicherungspflichtigen ist durch öffentliche Bekanntmachungen zu erlassen; dabei kann denselben anheimgestellt werden, Vertreter zu wählen und diese zum Zwecke einer mündlichen Verhandlung derjenigen Stelle, welche die Obliegenheiten der Gemeindebehörde wahrnimmt (vergl. lit. a), namhaft zu machen;

c) der Beschluß über die Zuweisung bedarf der Genehmigung des Regierungs-Präsidenten oder Ober-Präsidenten; demselben sind die Beschlüsse mit den für die Beurtheilung des rechtsgültigen Zustandekommens erforderlichen Unterlagen einzureichen;

d) gegen den von dem Regierungs-Präsidenten oder dem Ober-Präsidenten genehmigten Zuweisungsbeschluß steht der Kasse innerhalb vier Wochen nach der Zustellung die Beschwerde an den Minister für Handel und Gewerbe zu.

f. Abänderung der Statuten.

35. Beschließt eine Orts-Krankenkasse Abänderungen des Kassenstatuts, so ist eine Zusammenstellung der abändernden Beschlüsse oder ein vollständig umgearbeitetes Statut in zwei Exemplaren unter Bei-

fügung der über die Beschlußfassung aufgenommenen Verhandlung der Aufsichtsbehörde und von dieser mit einer gutachtlichen Aeußerung dem Regierungs-Präsidenten vorzulegen. Das Verfahren richtet sich nach Nr. 21 ff.

Die der Genehmigung vorausgehende Prüfung hat sich auch darauf zu erstrecken, ob die Abänderungsbeschlüsse nach Maßgabe des Statuts gültig gefaßt sind.

36. Ergiebt sich, daß einem Statut die Genehmigung hätte versagt werden müssen, weil dasselbe gegen Vorschriften des Gesetzes verstößt oder mit den Bestimmungen einer anderen älteren Kasse im Widerspruch steht, so hat der Regierungs-Präsident diejenigen Bestimmungen, deren Abänderung erforderlich ist, zu bezeichnen und der Kasse für die Einreichung eines Abänderungsbeschlusses eine Frist zu bestimmen.

Gegen diesen Bescheid findet binnen 2 Wochen nach der Zustellung das Verwaltungsstreitverfahren statt. Die zur Entscheidung zuständige Instanz wird durch Königliche Verordnung bestimmt.

Geht binnen der in dem endgültigen Bescheide des Regierungs-Präsidenten gestellten Frist der Beschluß, durch welchen das Statut entsprechend abgeändert wird, ein, so beschließt der Bezirksausschuß gemäß Nr. 22 und 23. Anderenfalls hat der Regierungs-Präsident die Beschlußfassung binnen einer weiteren Frist anzuordnen und, wenn dieser Anordnung rechtzeitig nicht nachgekommen wird, nach den Vorschriften unter Ziffer 33 zu verfahren.

37. Bei einer nach §. 33 Abs. 1 bis 3 erforderlichen Abänderung hat der Regierungs-Präsident unbeschadet seiner aus §. 33 Abs. 4 sich ergebenden Befugnisse für die Einreichung des Abänderungsbeschlusses eine Frist zu bestimmen. Geht innerhalb dieser Frist ein Beschluß über eine hinreichende Abänderung des Statuts ein, so ist die Beschlußfassung des Bezirksausschusses gemäß Nr. 34 herbeizuführen. Im anderen Falle verfügt der Regierungs-Präsident die Abänderung und Veröffentlichung des Statuts entsprechend den unter Nr. 33 getroffenen Bestimmungen.

Dasselbe gilt, wenn und soweit die Festsetzung der den Maßstab für die Unterstützungen und Beiträge bildenden Durchschnittslöhne der Kassenmitglieder hat abgeändert werden müssen und hierdurch eine Abänderung der Bestimmungen der Kassenstatuten erforderlich geworden ist.

g. Auflösung, Ausscheidung, Schließung.

38. Die Gemeindebehörde oder in den Fällen des §. 43 die mit Wahrnehmung der Obliegenheiten der Gemeindebehörde betraute Behörde, welche die Auflösung einer Orts-Krankenkasse beantragt (§§. 16, 17), hat nachzuweisen, daß die Generalversammlung der Kasse der Auflösung zugestimmt hat (§. 47 Absatz 2). Der Antrag ist mit einer gutachtlichen Aeußerung über die anderweite Versicherung der versicherungspflichtigen Kassenmitglieder, sowie über die Höhe und die Verwendung des Kassenvermögens durch Vermittelung der

Aufsichtsbehörde dem Regierungs-Präsidenten einzureichen, welcher über die Auflösung die Beschlußfassung des Bezirksausschusses herbeiführt. Der Beschluß des Bezirksausschusses, durch welchen die Auflösung der Kasse abgelehnt wird, kann von der Gemeindebehörde oder der Generalversammlung im Verwaltungsstreitverfahren binnen zwei Wochen nach der Zustellung angefochten werden. Die Zuständigkeit und der Instanzenzug werden durch Königliche Verordnung geregelt.

39. Beantragt die Generalversammlung einer für mehrere Gewerbszweige oder Betriebsarten innerhalb des Bezirks einer Gemeinde (§§. 16, 17) errichteten gemeinsamen Orts-Krankenkasse deren Auflösung (§. 48 Absatz 1), so hat der Vorstand den Beschluß der Generalversammlung der Aufsichtsbehörde einzureichen. Diese erfordert über denselben, sowie über die anderweite Versicherung der versicherungspflichtigen Kassenmitglieder, über die Höhe und über die Verwendung des Kassenvermögens die gutachtliche Aeußerung der Gemeindebehörde und giebt dann die Verhandlungen an den Regierungs-Präsidenten ab, welcher über die Auflösung die Beschlußfassung des Bezirksausschusses herbeiführt. Gegen den Bescheid desselben, durch welchen die Auflösung versagt wird, steht dem Antragsteller innerhalb 4 Wochen nach der Zustellung die Beschwerde an den Minister für Handel und Gewerbe offen.

Anträge auf Auflösung einer für mehrere Gemeinden oder für einen weiteren Kommunalverband errichteten gemeinsamen Orts-Krankenkasse (§. 43), welche von einer der betheiligten Gemeinden oder von der Generalversammlung der Kasse gestellt werden (§. 48 Absatz 3), sind der Aufsichtsbehörde einzureichen. Diese veranlaßt die Aeußerung der übrigen bei der Kasse betheiligten Gemeinden oder der Vertretung des weiteren Kommunalverbandes, für dessen Bezirk die Kasse besteht, sowie die Aeußerung der Generalversammlung der Kasse, soweit dieselbe noch nicht gehört ist; im Uebrigen wird nach Absatz 1 verfahren.

40. Dem Antrage der Generalversammlung einer gemeinsamen Orts-Krankenkasse auf Ausscheidung eines Gewerbszweiges oder einer Betriebsart aus der Kasse (§. 48 Absatz 2) muß eine Uebersicht über die Anzahl der auszuscheidenden Personen und über die Art und Höhe der für die letzteren bereits erwachsenen Unterstützungsansprüche, sowie der Nachweis beigefügt sein, daß die Mehrzahl der den auszuscheidenden Gewerbszweigen oder Betriebsarten angehörenden Kassenmitglieder zustimmt. Im Uebrigen findet Nr. 39 Absatz 1 Anwendung.

Anträge der Generalversammlung einer gemeinsamen Orts-Krankenkasse für mehrere Gemeinden oder einen weiteren Kommunalverband, sowie Anträge einer an solcher Kasse betheiligten Gemeinde auf Ausscheidung von Angehörigen einer Gemeinde oder mehrerer Gemeinden aus der Kasse (§. 48 Absatz 3) sind nach Nr. 39 Absatz 2 zu behandeln.

41. Bei Anträgen auf Auflösung oder Ausscheidung wird zu erwägen sein, ob veränderte Um-

stände oder die durch die Erfahrung gewonnene richtigere Beurtheilung der Verhältnisse die Auflösung oder Ausscheidung zweckmäßig erscheinen lassen.

42. Kommt die Schließung einer Orts-Krankenkasse in Frage, so hat der Regierungs-Präsident die Aufsichtsbehörde anzuweisen, in einem Vorverfahren, in welchem die Generalversammlung der Kasse zu hören ist, den Sachverhalt festzustellen und nach dem Ergebniß dieser Verhandlungen entweder dieselben einzustellen, oder beim Bezirksausschusse den Antrag auf Schließung zu stellen. Der Beschluß des Bezirksausschusses, durch welchen die Schließung der Kasse ausgesprochen wird, kann von der Generalversammlung der Kasse binnen 2 Wochen nach der Zustellung im Verwaltungsstreitverfahren angefochten werden. Die Zuständigkeit und der Instanzenzug werden durch Königliche Verordnung geregelt.

43. Sobald die Auflösung, Ausscheidung oder Schließung endgültig feststeht, hat der Regierungs-Präsident den Zeitpunkt zu bestimmen, mit welchem diese Maßregel eintreten soll, und unter Beachtung der §§. 4, 47, 48 über die anderweite Verwendung des Kassenvermögens und über die anderweite Versicherung der versicherungspflichtigen Personen Verfügung zu treffen. Gegen diese Verfügung steht den Betheiligten binnen 4 Wochen nach der Zustellung die Beschwerde an den Minister für Handel und Gewerbe zu.

Die Aufsichtsbehörde hat sodann die betheiligten Kassenmitglieder und Arbeitgeber auf ortsübliche oder sonst geeignet erscheinende Weise davon in Kenntniß zu setzen, wohin die ersteren von dem festgesetzten Zeitpunkte ab überwiesen sind. Die gleiche Benachrichtigung ist derjenigen Gemeinde oder Orts-Krankenkasse zuzustellen, welcher die versicherungspflichtigen Mitglieder der aufgelösten oder geschlossenen Kasse oder die ausgeschiedenen Kassenmitglieder überwiesen worden sind.

Sofern in Folge der Ausscheidung von Gemeinden, Gewerbszweigen oder Betriebsarten aus einer gemeinsamen Orts-Krankenkasse oder in Folge der Zuweisung Versicherter an eine andere Orts-Krankenkasse eine Statutenänderung gemäß §. 23 Abs. 2 Ziffer 1 erforderlich wird, so hat die Aufsichtsbehörde dem Vorstande die Einreichung des die Statuten abändernden Beschlusses binnen einer näher zu bestimmenden Frist aufzugeben. Das weitere Verfahren richtet sich nach Nr. 33.

Die Abwickelung der Vermögensregulirung erfolgt durch den Vorstand der aufgelösten, geschlossenen oder verkleinerten Kasse unter Kontrole der Aufsichtsbehörde oder, falls der Vorstand die Erfüllung dieser Verpflichtung verweigert oder verzögert, durch die Aufsichtsbehörde.

VI. Betriebs- (Fabrik-) Krankenkassen.

a. Errichtung und Beaufsichtigung.

44. Wird für den Betrieb eines Unternehmers, welcher fünfzig oder mehr der Versicherungspflicht unterworfene Personen beschäftigt, von der Gemeinde, in

deren Bezirk die Beschäftigung stattfindet, oder von der Orts-Krankenkasse, welcher die beschäftigten Personen angehören, die Errichtung einer Betriebs- (Fabrik-) Krankenkasse beantragt, so hat der Regierungs-Präsident eine Erörterung des Sachverhalts herbeizuführen und anzuordnen, in welcher Weise bei derselben den Betheiligten oder deren Vertretern zur Aeußerung Gelegenheit zu geben ist. Erstreckt sich der Betrieb des Unternehmers über den Bezirk mehrerer Gemeinden, so sind diese sämmtlich zu betheiligen. Die Aeußerung der Gemeinden hat sich auch darauf zu erstrecken, wie hoch die Beiträge zu bemessen sind, welche dem Unternehmer im Falle des §. 62 aufzuerlegen sein würden.

Nach Abschluß der Verhandlungen entscheidet der Regierungs-Präsident nach pflichtmäßigem Ermessen unter Abwägung der Interessen sämmtlicher Betheiligter über die Errichtung der Betriebs- (Fabrik-) Krankenkasse. Wird der Antrag abgelehnt, so sind die Antragsteller, sowie die betheiligten Gemeinden hiervon in Kenntniß zu setzen. Der Bescheid, durch welchen die Errichtung der Kasse angeordnet wird, ist dem Unternehmer unter Hinweisung auf die Vorschriften des §. 62 gegen Zustellungsurkunde mit der Aufforderung mitzutheilen, binnen einer angemessenen, nach den Umständen festzusetzenden Frist zur Vermeidung der gesetzlichen Nachtheile ein den Bestimmungen des Gesetzes entsprechendes Kassenstatut zur Genehmigung einzureichen. Den betheiligten Gemeinden und Orts-Krankenkassen ist von diesem Bescheide Kenntniß zu geben.

Der Regierungs-Präsident bestimmt, ohne an Anträge gebunden zu sein, darüber, ob für Betriebe mit besonderer Krankheitsgefahr eine Betriebs- (Fabrik-) Krankenkasse zu errichten ist. Wird die Errichtung derselben angeordnet, so ist nach dem vorigen Absatz zu verfahren.

Auf den Antrag des Unternehmers, welcher weniger als fünfzig versicherungspflichtige Personen beschäftigt, ist die Errichtung einer Betriebs- (Fabrik-) Krankenkasse in der Regel zu gestatten, sobald die Voraussetzung des §. 61 Abs. 2 dargethan ist und von der Errichtung der Kasse Nachtheile nicht zu besorgen sind.

45. Wird von dem Unternehmer, welchem die Errichtung einer Betriebs- (Fabrik-) Krankenkasse aufgegeben ist, binnen der ihm gesetzten Frist ein bestimmungsmäßig aufgestelltes Kassenstatut nicht vorgelegt, so setzt der Regierungs-Präsident unter Berücksichtigung der hierüber abgegebenen Erklärungen der Gemeindebehörde fest, welche Beiträge von dem Unternehmer nach Maßgabe des §. 62 zu derjenigen Orts-Krankenkasse, der die in seinem Betriebe beschäftigten versicherungspflichtigen Personen angehören, oder bezüglich solcher Personen, die einer Orts-Krankenkasse nicht angehören, zur Gemeinde-Krankenversicherung derjenigen Gemeinde, in deren Bezirk sie beschäftigt sind, geleistet werden müssen. Diese Festsetzung wird dem Unternehmer und der Aufsichtsbehörde, sowie — durch Einziehung der Beiträge — den betheiligten Gemeinden und Orts-Krankenkassen mitgetheilt.

46. Ein Unternehmer, welcher eine Betriebs- (Fabrik-) Krankenkasse errichtet, hat über den Entwurf eines Kassenstatuts die Betheiligten oder die Vertreter derselben zu hören. Sind hierzu Bekanntmachungen erforderlich, so genügt ein Anschlag an einer von den Arbeitern häufig betretenen Stelle. Im Uebrigen finden die Bestimmungen unter Nr. 20—30 und 35—37 mit der Maßgabe Anwendung, daß die Unterlagen von dem Unternehmer oder seinem Beauftragten durch Vermittelung derjenigen Behörde einzureichen sind, welcher für den Fall der Errichtung die Aufsicht über die Betriebs- (Fabrik-) Krankenkasse zustehen würde, daß die Uebersicht über die Versicherungspflichtigen auf diejenigen Personen zu beschränken ist, welche in dem Betriebe beschäftigt werden, und daß an dem Genehmigungsverfahren nicht die Gemeinde, sondern der Unternehmer zu betheiligen ist.

47. Bei Vereinigung mehrerer Betriebs- (Fabrik-) Krankenkassen für Betriebe desselben Unternehmers zu einer Kasse (§. 67c) finden die Vorschriften unter 46 mit der Maßgabe Anwendung, daß an Stelle der in den Betrieben beschäftigten Personen die Generalversammlungen der zu vereinigenden Kassen zu hören und bei Einreichung des Statuts die Beschlüsse der Generalversammlungen der betheiligten Kassen, in welchen der Vereinigung zugestimmt wird, vorzulegen sind.

48. Ob bei zeitweiliger Einstellung oder erheblicher Einschränkung des Betriebes oder der Betriebe von der

Befugniß des §. 67 Gebrauch zu machen ist, hat die Aufsichtsbehörde unter Berücksichtigung der muthmaßlichen Dauer dieses Zustandes, des Interesses der Kassenmitglieder, der von dem Unternehmer gewährten Garantie und der sonstigen obwaltenden Verhältnisse sorgfältig zu prüfen. Uebernimmt dieselbe die Verwaltung der Kasse, so ist hiervon dem Regierungs-Präsidenten Anzeige zu machen.

b. Ausscheidung, Auflösung und Schließung.

49. Der Antrag eines Unternehmers auf Ausscheidung eines Betriebes aus einer gemeinsamen Betriebs- (Fabrik-) Krankenkasse (§. 67a) ist an die Aufsichtsbehörde zu richten. Dem Antrage ist eine Uebersicht über die derzeitige Gesammtzahl der in dem ausscheidenden Betriebe beschäftigten versicherungspflichtigen Personen — und zwar nach Gemeindebezirken geordnet —, wenn der auszuscheidende Betrieb sich über mehrere Gemeinden erstreckt, beizufügen.

Sofern für den auszuscheidenden Betrieb nach den Grundsätzen der §§. 60 ff. die Errichtung einer besonderen Betriebs- (Fabrik-) Krankenkasse oder die Ueberweisung an eine für Betriebe desselben Betriebsunternehmers bereits bestehende andere Betriebs- (Fabrik-) Krankenkasse in Frage kommt, hat die Aufsichtsbehörde den Unternehmer des auszuscheidenden Betriebes zu einer Erklärung zu veranlassen. Ist letztere erforderlich oder wird sie binnen der bestimmten Frist nicht abgegeben, so hat die Aufsichtsbehörde die Vorstände der

Gemeinden und der Orts-Krankenkassen, welchen die ausscheidenden Personen überwiesen werden können, zu einer Aeußerung innerhalb einer näher zu bestimmenden Frist aufzufordern. Nach Ablauf derselben sind die Verhandlungen mit einer gutachtlichen Aeußerung über den Zeitpunkt der Ausscheidung und die Weiterversicherung der auszuscheidenden Personen an den Regierungs-Präsidenten abzugeben. Dieser beschließt über den Zeitpunkt des Ausscheidens, sowie über die Weiterversicherung und veranlaßt die Abänderung des Statuts der bisher gemeinsamen Kasse, sowie nach Lage der Verhältnisse die Einreichung eines Statuts der für den ausgeschiedenen Betrieb zu errichtenden neuen Betriebs- (Fabrik-) Krankenkasse (Nr. 44 ff.) oder die Abänderung der Statuten derjenigen Orts-Krankenkassen, welchen die betreffenden Personen fortan angehören sollen (Nr. 33 ff.). Die Ausscheidung darf nicht verweigert werden.

Die Aufsichtsbehörde hat unmittelbar nach Eintritt des Zeitpunktes der Ausscheidung:

a) eine Nachweisung über die Gesammtzahl der am Tage des Ausscheidens vorhandenen Mitglieder der bisher gemeinsamen Betriebs- (Fabrik-) Krankenkasse und über die Zahl der ausscheidenden Kassenmitglieder,

b) eine Uebersicht über die Höhe des Kassenvermögens und der etwa vorhandenen Schulden der Kasse am Tage des Ausscheidens,

c) eine Uebersicht über die Art und Höhe der bis zum Tage des Ausscheidens bereits entstandenen Unterstützungsansprüche — soweit die Unterstützungsansprüche noch nicht festgestellt sind, ist ein angemessener Betrag für diese anzugeben —

mit einer gutachtlichen Aeußerung über die Theilung des Vermögens dem Regierungs-Präsidenten einzureichen. Dieser entscheidet über die Theilung und Erstattung eines etwaigen Fehlbetrages (§. 67a Abs. 2 Ziffer 2). Gegen den Bescheid steht den betheiligten Unternehmern, dem Vorstande der bisher gemeinsamen Betriebs- (Fabrik-) Krankenkasse und derjenigen Kasse oder Gemeinde-Krankenversicherung, welcher die ausscheidenden Mitglieder zugewiesen sind, binnen 2 Wochen nach der Zustellung die Beschwerde an den Minister für Handel und Gewerbe zu.

Für die Ausführung der endgültig festgestellten Theilung hat die Aufsichtsbehörde der bisher gemeinsamen Kasse auf Anrufen eines Betheiligten die erforderlichen Maßnahmen zu treffen.

50. Ein Unternehmer, welcher die Auflösung der für seine Betriebe errichteten Betriebs- (Fabrik-) Krankenkasse herbeiführen will, hat der Aufsichtsbehörde die Zustimmung der Generalversammlung der Kasse nachzuweisen und eine Uebersicht über die Zahl der Kassenmitglieder, welche für den Fall, daß der Betrieb sich über die Bezirke mehrerer Gemeinden erstreckt, nach diesen aufzustellen ist, sowie eine Uebersicht über

die noch nicht erledigten Unterstützungsansprüche und die vorhandenen Deckungsmittel einzureichen.

Die Aufsichtsbehörde fordert die Vorstände derjenigen Gemeinden und Orts-Krankenkassen, welche im Fall der Auflösung die bisherigen Mitglieder der Betriebs- (Fabrik-) Krankenkasse zuzuweisen sein würden, zu einer Aeußerung über den Antrag auf und reicht nach Ablauf der für dieselbe gestellten Frist die Verhandlungen mit einer gutachtlichen Aeußerung, in welcher sie sich über den Zeitpunkt der Auflösung, über die Weiterversicherung der versicherungspflichtigen Personen und über die Verwendung des Kassenvermögens auszusprechen hat, an den Regierungs-Präsidenten ein.

Kommt die Schließung einer Betriebs- (Fabrik-) Krankenkasse in Frage, so hat die Aufsichtsbehörde unter Anhörung des Unternehmers sowie der Generalversammlung der Kasse den Sachverhalt festzustellen. Soll die Schließung wegen ordnungswidriger Kassen- und Rechnungsführung erfolgen, so ist gleichzeitig die Höhe desjenigen Betrages zu erörtern, welcher nach Maßgabe der §§. 62, 68 Abs. 2 von dem Unternehmer geleistet werden soll.

51. Der Regierungs-Präsident beschließt über die Auflösung oder Schließung der Kasse. Der Bescheid, welcher die Auflösung oder Schließung ausspricht, muß enthalten:

a) die Bestimmung des Tages, mit welchem die Maßregel in Kraft tritt,

b) die Bestimmung, daß an diesem Tage zur Deckung der bereits entstandenen Unterstützungsansprüche ein von der Aufsichtsbehörde festzusetzender Betrag aus dem nach Abzug der Schulden verbleibenden Kassenvermögen, und soweit dasselbe nicht ausreicht, von dem Unternehmer aus eigenen Mitteln an die Aufsichtsbehörde oder nach deren Anweisung abzuliefern sei,

c) Bestimmungen über den Rest des Kassenvermögens und die Weiterversicherung der versicherungspflichtigen Kassenmitglieder,

d) die Bestimmung über die Höhe der nach §. 68 Abs. 2 zu leistenden Beiträge, falls solche auferlegt werden sollen.

Der Bescheid ist dem Unternehmer, sowie der Kasse in Ausfertigung zuzustellen und der Aufsichsbehörde abschriftlich mitzutheilen. Binnen zwei Wochen ist die Beschwerde an den Minister für Handel und Gewerbe zulässig.

52. Sobald die Auflösung oder Schließung endgültig feststeht, hat die Aufsichtsbehörde die betheiligten Kassenmitglieder und Arbeitgeber auf ortsübliche Weise davon in Kenntniß zu setzen, wohin die ersteren von dem festgesetzten Zeitpunkte ab überwiesen sind. Gleichzeitig sind die Orts-Krankenkassen oder die Gemeinden, welchen die Weiterversicherung der versicherungspflichtigen Personen zufällt, von dem Tage, an welchem dieser Wechsel eintritt und eventuell von

der auf Grund des §. 68 Abs. 2 getroffenen Anordnung über Beiträge des Unternehmers in Kenntniß zu setzen. Sofern die Zuweisung an eine Orts-Krankenkasse erfolgt und eine Statutenänderung gemäß §. 23 Abs. 2 Ziffer 1 erforderlich wird, ist nach Nr. 43 Abs. 3 zu verfahren. Den Betrag derjenigen Summe, welche am Tage der Auflösung oder Schließung abzuliefern ist, hat die Aufsichtsbehörde nach Anhörung des Unternehmers und des Kassenvorstandes rechtzeitig festzusetzen. Für die zur Zeit der Auflösung oder Schließung etwa schon entstandenen, aber noch nicht festgestellten Unterstützungsansprüche ist den ihrer Höhe nach bekannten Ansprüchen ein angemessener Betrag hinzuzusetzen. Soweit der Betrag am Zahlungstage nicht eingeht, ist er ungesäumt nach §§. 55, 65 von dem Unternehmer beizutreiben.

Die Aufsichtsbehörde bewirkt demnächst die Befriedigung der Unterstützungsberechtigten. Ueber die hierbei etwa erübrigten Beträge wird, soweit sie nicht in Ermangelung ausreichenden Kassenvermögens von dem Unternehmer hergegeben worden sind, nach Maßgabe der in dem Bescheid (Nr. 51) über die Verwendung des Kassenvermögens getroffenen Bestimmung verfügt; der Rest wird dem Unternehmer zurückerstattet; Ausfälle werden von ihm beigetrieben.

VIII. Bau- und Innungs-Krankenkassen.

53. Die Vorstände der Gemeinden sowie die Gutsherren in selbstständigen Gutsbezirken und die Gemar-

kungsberechtigten in selbstständigen Gemarkungen haben von vorübergehenden Baubetrieben, welche in ihrem Bezirk unternommen werden und welche voraussichtlich fünfzig oder mehr versicherungspflichtige Personen dauernd beschäftigen werden, dem Regierungs-Präsidenten Anzeige zu machen.

Darüber, ob bei derartigen Baubetrieben die Errichtung einer Bau-Krankenkasse anzuordnen und etwaigen Anträgen der Bauherren wegen Uebertragung ihrer Verpflichtungen auf Bauunternehmer zu entsprechen ist, hat der Regierungs-Präsident nach pflichtmäßigem Ermessen zu befinden. Die Verfügung, durch welche die Errichtung der Kasse angeordnet wird, muß für die Einreichung eines dem Gesetze entsprechenden Kassenstatuts eine Frist bestimmen. Im Uebrigen finden unter Berücksichtigung des §. 72 Abs. 3 die Bestimmungen der Nr. 44 ff. Anwendung.

Die bisherigen Bestimmungen über die Errichtung, Auflösung und Beaufsichtigung von Innungs-Krankenkassen, sowie über die Genehmigung ihrer Statuten bleiben unberührt. Mit dieser Maßgabe finden im Uebrigen die für die Orts-Krankenkassen gegebenen Bestimmungen (Nr. 15 ff.) entsprechende Anwendung.

VIII. Kassenverbände.

54. Wollen sich Gemeinde-Krankenversicherungen, Orts-, Betriebs- (Fabrik-), Bau- und Innungs-Krankenkassen nach Maßgabe des §. 46 zu einem Kassenverbande vereinigen, so sind die bezüglichen überein-

stimmenden Beschlüsse der betheiligten Kommunalverbände oder Generalversammlungen nebst den die Prüfung ermöglichenden Unterlagen und einem Statuten-Entwurf durch Vermittelung der Aufsichtsbehörde dem Regierungs-Präsidenten zur Genehmigung vorzulegen. Die Genehmigung kann nach Ermessen versagt werden.

Die Aufsichtsbehörde über den Kassenverband bestellt der Regierungs-Präsident. Die Aufsicht hat sich darauf zu beschränken, daß die Bestimmungen des Verbandsstatuts befolgt und die Beiträge richtig vertheilt und eingezogen werden.

Die Auflösung des Kassenverbandes ist von der Aufsichtsbehörde dem Regierungs-Präsidenten anzuzeigen.

IX. Gemeinsame Meldestelle.

55. Die Errichtung einer gemeinsamen Meldestelle (§. 49 Abs. 5) ist in denjenigen Gemeinden, für welche die Anordnung in Kraft tritt, auf ortsübliche Weise bekannt zu machen und durch dasjenige Organ, welches für die amtlichen Bekanntmachungen der die Meldestelle errichtenden Behörde dient, zu veröffentlichen.

56. Der gemeinsamen Meldestelle ist ein Verzeichniß der in ihrem Bezirk bestehenden Orts-Krankenkassen und derjenigen Gemeinden, für welche Gemeinde-Krankenversicherungen bestehen, zuzustellen. Die gemeinsame Meldestelle prüft, ob dasjenige Mitglied, dessen Austritt aus der Beschäftigung (§. 49) oder aus

einer Hülfskasse ohne Beitrittszwang (§. 49a) angemeldet wird, nach den Vorschriften des Gesetzes und der für ihren Bezirk gemäß §. 2 ergangenen statutarischen Bestimmungen versicherungspflichtig ist. Sofern dieses nicht der Fall ist, wird auf die Anzeige nichts weiter veranlaßt. Ist das ausgetretene Mitglied aber versicherungspflichtig, so giebt die gemeinsame Meldestelle ungesäumt derjenigen Orts-, Betriebs- (Fabrik-), Bau- oder Innungs-Krankenkasse, welcher der Ausgeschiedene als Mitglied anzugehören, oder derjenigen Gemeinde, zu deren Gemeinde-Krankenversicherung derselbe beizutragen haben würde, von der Anzeige Kenntniß. Die betreffende Kasse oder die Gemeinde kontrolirt auf Grund dieser Anzeige die weitere Versicherung. Erfolgt die Anzeige von dem Uebertreten eines Mitgliedes einer Hülfskasse ohne Beitrittszwang (§. 75) in eine niedrigere Mitgliederklasse, so hat die Meldestelle zu prüfen, ob das Mitglied versicherungspflichtig ist und ob, wenn dies der Fall ist, die dem Mitgliede in dieser Klasse zustehenden Unterstützungssätze den auf Grund der §§. 6 und 7 von der Gemeinde, in welcher derselbe beschäftigt ist, zu gewährenden Leistungen gleichkommen. Trifft letzteres nicht zu, so ist der Orts-Krankenkasse oder Gemeinde-Krankenversicherung von der Anzeige Kenntniß zu geben, um wegen der Versicherung das Weitere zu veranlassen. Andernfalls hat es bei der Anzeige sein Bewenden.

Gehen die Anzeigen bei der Aufsichtsbehörde ein, so giebt diese die Anzeigen, falls eine gemeinsame

Meldestelle errichtet ist, an letztere ab. Andernfalls verfährt die Aufsichtsbehörde ebenso, wie für die gemeinsame Meldestelle vorgeschrieben worden ist.

57. Wenn eine gemeinsame Meldestelle mit der in einem Kassenverbande eingerichteten gemeinsamen Rechnungs- und Kassenführung vereinigt wird, so sind von den bei der gemeinsamen Meldestelle eingehenden Anzeigen nur diejenigen weiterzugeben, bei denen die Gemeinde-Krankenversicherung oder solche Orts-, Betriebs- (Fabrik-), Bau- und Innungs-Krankenkassen betheiligt sind, welche dem Kassenverbande nicht angehören. Im Uebrigen fällt die Kontrole der Weiterversicherung der gemeinsamen Meldestelle zu.

58. Die im §. 81 wegen unterlassener An- und Abmeldung angedrohten Strafen können gemäß §. 1 des Gesetzes vom 23. April 1883 (Gesetz-Samml. S. 65) durch die Ortspolizeibehörde festgesetzt werden. Die Strafgelder sind nach Vorschrift des §. 82c abzuführen.

X. Hülfskassen ohne Beitrittszwang. (§. 75.)

59. Anträge von Hülfskassen, welche ihren Sitz innerhalb des Preußischen Staatsgebietes haben, auf Ertheilung der im §. 75a bezeichneten Bescheinigung sind nebst zwei Exemplaren der Kassenstatuten an die Aufsichtsbehörde zu richten und von dieser nach vorgängiger Prüfung mit einer gutachtlichen Aeußerung dem Minister für Handel und Gewerbe einzureichen. Die Prüfung hat sich insbesondere darauf zu erstrecken,

ob für versicherungspflichtige Mitglieder in allen Mitgliederklassen

1. die Krankenunterstützung mindestens bis zum Ablauf der dreizehnten Woche nach Beginn der Krankheit, im Falle der Erwerbsunfähigkeit mit der nach §. 6 Abs. 2 sich ergebenden Maßgabe mindestens bis zum Ablauf der dreizehnten Woche nach Beginn des Krankengeldbezuges gewährt wird,
2. eine Karenzzeit für neu eintretende Mitglieder nicht vorgesehen ist,
3. neben dem Krankengeld, vorbehaltlich der Bestimmungen des §. 75 Abs. 3, die im §. 6 Abs. 1 Ziffer 1 aufgeführten Leistungen gewährt werden.

Falls die Kasse sich das Recht vorbehält, statt sonstiger Unterstützungen freie Kur und Verpflegung in einem Krankenhause zu gewähren, so ist auch zu prüfen, ob dabei die Vorschriften des §. 7 beachtet werden.

Die Ertheilung der Bescheinigung ist im Register der eingeschriebenen Hülfskassen (Spalte 5) zu vermerken.

Für die Entscheidung der Frage, ob ein Mitglied einer Hülfskasse von der Verpflichtung der Gemeinde-Krankenversicherung oder einer organisirten Kasse beizutreten befreit ist, ist die Bescheinigung, soweit ihr Inhalt reicht, unbedingt maßgebend. Dagegen verbleibt den Verwaltungen der Gemeinde-Krankenversicherung, den Vorständen der einzelnen Kassen sowie den zur Entscheidung von Streitigkeiten berufenen Behörden die Pflicht zur Prüfung, ob das Krankengeld die Hälfte des ortsüblichen Lohnes gewöhnlicher Tagearbeiter am Beschäftigungsorte des Mitgliedes erreicht.

XI. Entscheidung von Streitigkeiten.

60. Den auf Grund des §. 58 Abs. 1 zu ertheilenden Bescheiden ist die Belehrung über das zulässige Rechtsmittel am Schlusse hinzuzufügen.

Ist bei Entscheidung von Streitigkeiten (§. 58) die Aufsichtsbehörde als Vertreterin einer Partei betheiligt, so darf, wenn die Aufsichtsbehörde ein Kollegium bildet, der nach Nr. 4 ernannte Kommissar bei der Entscheidung nicht mitwirken. Andernfalls bestimmt die Kommunalaufsichtsbehörde, welcher anderen Behörde die Entscheidung der Streitigkeit obliegen soll.

Berlin, den 10. Juli 1892.

Der Minister des Innern.
Herrfurth.

Der Minister für Handel und Gewerbe.
Freiherr **von Berlepsch.**

VIII. Auszug aus der Preußischen Anweisung zur Ausführung der Gewerbeordnungs-Novelle vom 26. Juli 1897.

Vom 1. März 1898.

Zur Ausführung des Gesetzes vom 26. Juli 1897, betreffend die Abänderung der Gewerbeordnung, wird Folgendes bestimmt:

Abschnitt I. Behörden.

(Bekanntmachung vom 15. August 1897.)

2. Unter der Bezeichnung „höhere Verwaltungsbehörde" sind zu verstehen:

a) die Bezirksausschüsse:

1. in den Fällen der Genehmigung der Statuten (§ 124 des Zuständigkeitsgesetzes) und Nebenstatuten der Innungen.

. . . .

Im Stadtkreise Berlin tritt in den unter a bezeichneten Fällen der Polizei-Präsident an die Stelle des Bezirksausschusses (vgl. § 161 des Zuständigkeitsgesetzes).

b) die Regierungspräsidenten in allen übrigen Fällen, sofern nicht für Handwerkskammern abweichende Bestimmungen getroffen werden (§§ 103 ff., 100t Abs. 4, 130a Abs. 2, 131b Abs. 2 und 133).

Im Stadtkreise Berlin tritt . . . . der Oberpräsident an die Stelle des Regierungspräsidenten.

3. Unter der Bezeichnung „untere Verwaltungsbehörde" sind zu verstehen:

in Städten über 10 000 Einwohnern — in der Provinz Hannover in Städten, auf welche die revidirte Hannoversche Städteordnung vom 24. Juni 1858 Anwendung findet, mit Ausnahme der im § 27 Abs. 2 der Hannoverschen Kreisordnung benannten Städte — die Gemeindebehörde, im Uebrigen der Landrath, in den Hohenzollernschen Landen der Oberamtmann.

4. Unter der Bezeichnung „Gemeindebehörde" ist zu verstehen der Vorstand der Gemeinde, in Gutsbezirken der Gutsvorsteher.

Abschnitt II. Innungen.

A. Freie Innungen.

15. Wird die Auflösung der Innung beschlossen, so liegt die Abwickelung der Geschäfte zunächst dem Vorstand oder den durch Innungsbeschluß besonders

beauftragten Personen ob. Die Aufsichtsbehörde übt hierbei dieselben Befugnisse aus, welche ihr bei der laufenden Verwaltung von Angelegenheiten der Innungen zustehen. Wenn jedoch der Vorstand oder die Beauftragten der Innung ihrer Verpflichtung nicht genügen, insbesondere die Gesetze, das Statut oder die Innungsbeschlüsse nicht beachten und wiederholte Aufforderungen zur ordnungsmäßigen Abwickelung der Geschäfte unbefolgt lassen, so übernimmt die Aufsichtsbehörde oder ihr Beauftragter die Erledigung der Geschäfte.

Im Fall der Schließung der Innung erfolgt die Abwickelung der Geschäfte durch die Aufsichtsbehörde oder durch ihre Beauftragte.

Bei der Auflösung oder Schließung kann der Regierungspräsident (in Berlin der Oberpräsident) den von der Innung errichteten, nicht unter §. 73 Krankenversicherungsgesetzes fallenden Unterstützungskassen Korporationsrechte ertheilen. Ueber das Vermögen aufgelöster oder geschlossener Innungs-Krankenkassen (§. 73 Krankenversicherungsgesetzes) ist nach Maßgabe des §. 47 Abs. 3 bis 6 des Krankenversicherungsgesetzes zu verfügen.

16. Die Nebenstatuten sind ausschließlich zur Ordnung derjenigen Einrichtungen bestimmt, welche zur Erfüllung der im §. 81 b Ziff. 3 bis 5 aufgeführten, durch das Hauptstatut unter die Zwecke der Innung aufgenommenen Aufgaben dienen sollen.

17. Der Entwurf der Nebenstatuten ist in zwei Exemplaren unter Anschluß einer Ausfertigung des Beschlusses der Innungsversammlung der Aufsichtsbehörde einzureichen. Diese hat darauf zu achten, daß die etwa erforderliche Zuziehung des Gesellenausschusses erfolgt, und die Vorgänge nach Anhörung des Gemeindevorstandes (§. 85 Abs. 1) mit einer gutachtlichen Aeußerung dem Bezirksausschuß (in Berlin dem Polizei-Präsidenten) zu überweisen. Darüber, ob die beabsichtigte Nebeneinrichtung überhaupt oder in der beantragten Form zuzulassen ist, ist nach freiem Ermessen zu befinden, wobei insbesondere zu prüfen ist, ob durch die beabsichtigte Einrichtung der Bestand ähnlicher, an denselben Orten bereits bestehender Organisationen gefährdet wird. Daß das Statut der Innung diese Einrichtungen unter die Aufgaben der Innung aufgenommen hat und mit dieser Bestimmung genehmigt ist, giebt der Innung keinen Anspruch auf Genehmigung des Nebenstatuts. Die Nebenstatuten müssen Bestimmungen über die Voraussetzungen und die Form ihrer Aufhebung treffen.

18. Wird die Genehmigung ertheilt, so ist ein Exemplar des genehmigten Nebenstatuts dem Innungsvorstand durch Vermittelung der Aufsichtsbehörde auszuhändigen. Für den Fall der Versagung der Genehmigung ist dem Innungsvorstand ein mit Gründen versehener Bescheid zuzustellen, in welchem darauf hinzuweisen ist, daß binnen vier Wochen die Beschwerde

an den Minister für Handel und Gewerbe eingelegt werden kann.

B. Zwangsinnungen.

25. Mit dem Zeitpunkte des Inkrafttretens der Anordnung über die Errichtung der Zwangsinnung sind die für die gleichen Gewerbszweige bestehenden freien Innungen, deren Sitz sich im Bezirk der Zwangsinnung befindet, durch den Regierungspräsidenten (in Berlin den Oberpräsidenten) zu schließen. Die Aufsichtsbehörde der freien Innung überwacht die Abwickelung der Geschäfte und den Uebergang des Vermögens der freien Innung auf die Zwangsinnung. Der Bestand des Vermögens der freien Innung ist durch den Regierungspräsidenten (in Berlin den Oberpräsidenten) in urkundlicher Form festzustellen.

27. Besteht bei der freien Innung eine Innungs-Krankenkasse (§. 73 Krankenversicherungsgesetzes), so hat die Aufsichtsbehörde in den Fällen, in denen nach §. 1001 Abs. 2 die Schließung der Kasse erfolgen kann, die Entschließung des Regierungspräsidenten (in Berlin des Oberpräsidenten) wegen Schließung der Kasse herbeizuführen. Erfolgt die Schließung, so ist nach §. 47 Abs. 3 bis 6 Krankenversicherungsgesetzes zu verfahren, andernfalls geht die Kasse mit ihren Rechten und Verbindlichkeiten auf die Zwangsinnung über. Ihre Verwaltung erfolgt, solange nicht der Regierungspräsident (in Berlin der Oberpräsident) die Abänderungen des Nebenstatuts vollzogen hat, durch die bis-

herigen Kassenorgane. Verweigern diese die Dienstleistung, so hat die Aufsichtsbehörde die Verwaltung zu übernehmen (§. 45 Abs. 5 Krankenversicherungsgesetzes).

30. Bleibt eine freie Innung unter Ausscheidung des in eine Zwangsinnung einbezogenen Theiles ihrer Mitglieder bestehen, so hat die Aufsichtsbehörde zunächst durch Verhandlung mit den Vorständen den Versuch einer Einigung über die Art der Vertheilung des Vermögens zu machen und demnächst eine Beschlußfassung der Innungen zu veranlassen. Kommt eine Einigung nicht zu Stande, so hat der Regierungspräsident (in Berlin der Oberpräsident) über die Vertheilung unter Berücksichtigung des Verhältnisses der Zahl der ausgeschiedenen Mitglieder zu der Zahl der in der freien Innung verbleibenden Mitglieder Bestimmung zu treffen (§. 100k Abs. 2).

Besteht bei der freien Innung eine Innungs-Krankenkasse, so ist über die Vertheilung ihres Vermögens auf eine Verständigung zwischen der Innung und den Orts-Krankenkassen (Gemeinde-Krankenversicherung) hinzuwirken. Ist eine solche nicht zu erzielen, so hat der Regierungspräsident (in Berlin der Oberpräsident) über die Vertheilung des Vermögens nach Maßgabe des §. 100m zu bestimmen. Von einer Vertheilung des Vermögens wird abzusehen sein, wenn aus der Kasse nur einzelne Mitglieder ausscheiden, oder die bei den Ausscheidenden beschäftigten Personen sich auf eine größere Zahl von Kasseneinrichtungen derart vertheilen, daß die auf die einzelnen Einrichtungen entfallenden Antheile der mit der Ueberweisung verbundenen Mühewaltung nicht entsprechen würden.

34. Auf die Beaufsichtigung der Zwangsinnungen finden die Bestimmungen in Ziffer 9 bis 12 mit den aus den §§. 100o und 100s Abs. 5 und 6 sich ergebenden Abänderungen entsprechende Anwendung.

Für die Nebenstatuten gelten die Bestimmungen unter Ziffer 16 bis 18 mit der Maßgabe, daß gemeinsame Geschäftsbetriebe nicht errichtet werden dürfen.

Berlin, den 1. März 1898.

Der Minister für Handel und Gewerbe.

Brefeld.

Register.

A.

B.

C.

D.

E.

G.

K.

M.

N.

O.

S.

T.

U.

V.

W.

Druck der Norddeutschen Buchdruckerei, Berlin, Wilhelmstr. 32.

FSC
www.fsc.org
MIX
Papier | Fördert
gute Waldnutzung
FSC® C083411

Kolibri 360 GmbH
Ferdinand-Jühlke-Straße 7
99095 Erfurt, Deutschland
produktsicherheit@kolibri360.de